ANATOMIE D'UN JOUAL DE PARADE

Du même auteur

Le Maquignon et son joual. L'aménagement du français québécois.
Préface de Jean Larose. Montréal, Liber, 1998.

DIANE LAMONDE

Anatomie
d'un joual de parade

Le bon français d'ici par l'exemple

Collection « Essais et Polémiques »

LES ÉDITIONS
VARIA

Catalogage avant publication de la Bibliothèque nationale du Canada

Lamonde, Diane

    Anatomie d'un joual de parade. Le bon français d'ici par l'exemple

    (Collection Essais et polémiques)
    Comprend des réf. bibliogr.

    ISBN 2-89606-006-5

    1. Français (Langue) - Qualité - Québec (Provinces). 2. Français (Langue) - Québec (Province) - Lexicographie. 3. Aménagement linguistique - Québec (Province). 4. Français (Langue) - Aspect social - Québec (Province). I. Titre. II. Collection.

FC3645.Q8L352 2004   447'.9714   C2004-940049-5

Les Éditions Varia
C. P. 35040, CSP Fleury
Montréal (Québec)
Canada H2C 3K4
Téléphone : (514) 389-8448
Télécopieur : (514) 389-0128
Courriel : info@varia.com
        ou varia@globetrotter.net

Nous remercions le Conseil des Arts du Canada et la Société de développement des entreprises culturelles (SODEC) de l'aide accordée à notre programme de publication.

Le Conseil des Arts du Canada   The Canada Council for the Arts
DEPUIS 1957   SINCE 1957

Société de développement des entreprises culturelles
Québec

Gouvernement du Québec • Programme de crédit d'impôt pour l'édition de livres • Gestion SODEC

Couverture, maquette et mise en pages :
Guy Verville
Photo de Diane Lamonde : Xavier Bonacorsi

Distributeur :
Diffusion Prologue inc.
Téléphone :
(450) 434-0306 / 1-800-363-2864
Télécopieur :
(450) 434-2627 / 1-800-361-8088

© Les Éditions Varia, 2004
ISBN : 2-89606-006-5
Tous droits réservés pour tous pays
Dépôt légal : 1er trimestre 2004

Bibliothèque nationale du Québec
Bibliothèque nationale du Canada
Imprimé au Canada

« … la rectitude des désignations. Vieux précepte, dont les civilisations les plus diverses affirment la nécessité. Le *zhèng míng* de Confucius, par exemple, "rendre les noms droits", "rectifier les dénominations", n'est pas simple recommandation de lexicologue ou souci arbitraire d'amateur de beau langage. Il y va de l'harmonie des relations sociales et de la stabilité de la vie publique. Un second enjeu tout aussi crucial est la vérité des rapports avec les autres nations. »

Claude HAGÈGE, *Le Français et les siècles.*

LA COMMISSION LAROSE,
LE DICTIONNAIRE NATIONAL ET LA GENÈSE D'UNE JEUNE NATION «INSÉCURE»

«Pour assurer sa survie, une langue de qualité est aussi importante que son statut[1]»... Si cette prégnante assertion est juste, le français ne devrait plus en avoir pour bien longtemps dans nos arpents de neige. D'ailleurs, ça tombe bien : son remplacement par le «français québécois standard» est déjà prévu, par les auteurs mêmes de cette énigme — devinez à quoi se rapportent les deux adjectifs possessifs ! En effet, les deux linguistes à qui on doit cette perle — pardon, cette illustration du «bon français d'ici» —, Pierre Martel et Hélène Cajolet-Laganière, travaillent actuellement à la rédaction d'un grand dictionnaire du français québécois, qui devrait consacrer l'autonomie de notre variété de français. Cela suppose qu'on «aménage» quelque peu ladite variété, c'est pourquoi on parle de l'*aménagement du français québécois*. On en parle d'ailleurs depuis longtemps, et la mouvance compte ses vieux routiers. L'aménagement du français québécois, c'est en fait l'idée d'un homme, Jean-Claude Corbeil, qui en fait la promotion sur toutes les tribunes depuis le début des années 1970. En 1973, déjà, alors qu'il était directeur du Service de linguistique de l'Office de la langue française, le linguiste faisait paraître dans la publication du Conseil international de la langue française, *La Banque des mots*, un article intitulé «Éléments d'une théorie de l'aménagement linguistique», où il proposait sa solution au débat québécois sur le français. On était en pleine «querelle du joual». Dans une des chroniques de langue qu'il signait à l'époque au quotidien *Le Monde*, le linguiste français Jacques Cellard rendait compte du projet dans ces termes : «C'est en linguiste et en agent responsable d'une politique de la langue dont l'ampleur, la continuité et les résultats sont exceptionnels que Jean-Claude Corbeil

---

1. P. Martel et H. Cajolet-Laganière, *La Qualité de la langue au Québec*, Québec, Institut québécois de recherche sur la culture, 1995, p. 9.

propose "de rendre plus rationnel le débat... d'y mettre un certain ordre" et suggère la constitution d'une nouvelle discipline : l'aménagement linguistique, "dont l'objet serait le développement harmonieux d'une langue au sein d'une culture"[2]».

Si déjà à l'époque Jacques Cellard pouvait parler d'ampleur et de continuité, quels mots trouverait-il aujourd'hui devant l'aboutissement du projet que constitue le chantier lexicographique en cours ? Dans la foulée des États généraux sur la situation et l'avenir de la langue française au Québec [Commission Larose], le lexicographe Claude Poirier, rédacteur principal du *Dictionnaire historique du français québécois*, en a trouvé quant à lui d'assez durs, parlant de «la mainmise qu'exerce un petit groupe de personnes sur le dossier linguistique depuis une trentaine d'années[3]», du «lobby formé de quelques personnes qui influencent depuis longtemps les politiques gouvernementales sur la qualité du français» et «qui a noyauté la Commission Larose à l'étape de la rédaction[4]». Ces termes rappellent étrangement ceux que j'ai moi-même employés pour dénoncer le dirigisme des «aménagistes», dans un livre paru en 1998 sous le titre *Le Maquignon et son joual*. Que Claude Poirier y fasse écho avec autant d'ardeur, fût-ce à retardement, m'a évidemment causé le plus vif plaisir. Malheureusement, les protestations *a posteriori* sont de peu d'utilité, et il est regrettable que le directeur du Trésor de la langue française au Québec n'ait pas usé de son influence pour dénoncer ce «noyautage» quand il en était encore temps. Dès le moment où la composition de la Commission a été rendue publique et où l'on a su que les deux linguistes qui y siégeraient étaient les aménagistes Jean-Claude Corbeil et Hélène Cajolet-Laganière, il était clair que les dés étaient jetés. Il ne restait plus qu'à attendre la publication du rapport pour compter le nombre de fois qu'y figurerait l'expression *français québécois standard*. Seul un représentant du milieu littéraire aurait pu opposer une résistance articulée et crédible aux deux linguistes sur la question de la norme. Or le choix de la

---

2. J. Cellard, *La Vie du langage. Chroniques 1971-1975*, Paris, Le Robert, coll. «L'ordre des mots», 1979, p. 169. On notera que, pour alléger le texte, les citations qui ne constituent pas une phrase complète sont traitées, même lorsqu'elles sont introduites par le deux-points, comme si elles étaient précédées d'une simple virgule, c'est-à-dire sans les habituels points de suspension.

3. C. Poirier, «Vers un standard linguistique *in vitro*», *Québec français*, n° 124, hiver 2001-2002, p. 28.

4. C. Poirier, «Organismes linguistiques et purisme d'État», *Le Fil des événements*, journal de l'Université Laval (Québec), 13 septembre 2001, p. 4.

Commission s'était judicieusement porté sur un jeune écrivain de qui on n'avait manifestement rien à craindre.

La mainmise des aménagistes sur la Commission Larose méritait d'ailleurs à double titre d'être dénoncée. Outre le fait qu'ils monopolisaient le discours sur la norme, ces linguistes étaient juges et partie sur la question. Depuis des années, Hélène Cajolet-Laganière et son collègue Pierre Martel étaient à la recherche d'une source de financement public pour mener à bien leur projet lexicographique. Il va sans dire que quelques recommandations idoines dans le rapport de la Commission Larose (Rapport Larose) ne pouvaient pas faire de tort dans une demande de subvention. Quelques petits coups d'encensoir en direction de «notre variété de français» non plus : «La langue parlée et écrite au Québec est belle[5]», peut-on lire dans l'introduction du rapport... *Comme le hasard fait bien les choses : nous avons justement un projet de dictionnaire du québécois dans nos cartons!* Mais les deux linguistes disposaient déjà d'un autre atout : leur mentor Jean-Claude Corbeil était depuis quelques années président du Secrétariat à la politique linguistique — fonction qu'il quitta temporairement pour assumer le secrétariat de la Commission Larose. Si bien qu'avant même la publication du rapport de la Commission, au printemps 2001, Pierre Martel et Hélène Cajolet-Laganière se voyaient octroyer une généreuse subvention de près de six millions de dollars. L'information fut rendue publique par un bref article paru dans *La Presse* sous le titre «L'Université de Sherbrooke prépare un "vrai" dictionnaire du français québécois» : «Lui [Pierre Martel] et sa collègue travaillaient depuis plusieurs années sur ce projet et cherchaient depuis longtemps un financement de longue haleine. Celui-ci a été approuvé par le dernier Conseil des ministres de Lucien Bouchard et viendra du ministère de la Recherche, de la Science et de la Technologie[6]».

---

5. *Le Français, une langue pour tout le monde*, rapport de la Commission des États généraux sur la situation et l'avenir de la langue française au Québec, 2001, p. 5.

6. «L'Université de Sherbrooke prépare un "vrai" dictionnaire du français québécois», *La Presse*, 22 mars 2001, p. A 3. Deux ans plus tard, grâce à la Commission d'accès à l'information, on put prendre connaissance du dossier qui avait été soumis à l'organisme subventionnaire. On y retrouve, sans grand étonnement en fait, le nom du secrétaire de la Commission Larose : il était donc déjà prévu, avant même la tenue de la Commission, que M. Corbeil exercerait au sein de l'équipe de chercheurs la fonction de conseiller linguistique. On y apprend également que M. Jean-Claude Boulanger «supervisera l'ensemble de la description lexicographique» : le rédacteur principal de l'ouvrage sera donc l'auteur du très contesté *Dictionnaire québécois d'aujourd'hui*, dont on n'a même pas fait figurer le titre dans la demande de subvention, se contentant laconiquement de signaler que le lexicographe «a déjà à son actif la publication de plusieurs dictionnaires,

Trois mois après l'octroi de cette subvention, nouvelle victoire pour les aménagistes : l'Office de la langue française basculait dans leur camp. Un entrefilet paru dans *Le Devoir* révélait que l'organisme entendait modifier profondément sa mission : « L'Office de la langue française s'apprête à abolir sa commission de terminologie qui depuis trente ans impose à l'appareil gouvernemental l'emploi de certains mots dans les textes, l'affichage, les ouvrages d'enseignement et les contrats impliquant le gouvernement du Québec. » La nouvelle façon de faire, disait le document de l'Office cité par *Le Devoir*, « est susceptible de contribuer à l'explicitation de ce français standard du Québec, [qui] correspond à l'usage socialement valorisé par la population en général[7] ». On reconnaît là le principe de légitimation préconisé par les aménagistes : appartient au « bon usage d'ici » ce qui est socialement valorisé par les Québécois. Laissons donc les fonctionnaires diffuser tranquillement leurs barbarismes « socialement valorisés »... C'était au début des vacances d'été, et la nouvelle est restée sans écho. Le bastion de la norme française venait tranquillement de tomber.

Le changement de cap ne s'est cependant pas fait sans heurts et il y avait des poches de résistance à l'Office. On n'est jamais trop prudent, dit l'adage... Pour s'assurer de pouvoir continuer à tenir sous leur coupe tous les organismes de la Charte — le Conseil de la langue française leur est acquis depuis longtemps —, les aménagistes ont introduit dans le rapport de la Commission la recommandation de les fusionner. Il faut savoir que cette recommandation, unanimement critiquée — au point d'avoir pu rallier contre elle le porte-parole libéral en matière de langue et le comité du Parti québécois de Montréal-Centre ! — faisait partie des propositions contenues dans le mémoire présenté par un linguiste du nom de... Pierre Martel[8]. Le même Pierre Martel fut

---

tant pour les jeunes élèves que pour la population en général »... Détail cocasse, cette belle équipe de chercheurs, réunie par deux linguistes qui ont fait du rejet des anglicismes dans la langue soignée une des caractéristiques de la norme québécoise, est essentiellement constituée de « Ph. D. en linguistique » : on croirait sans doute démériter de la république des cuistres si on n'avait que de banals doctorats à faire valoir !

7. « De la contrainte à la suggestion », *Le Devoir*, 14 juin 2001, p. A 1.
8. Le linguiste proposait, dans cette perspective, la création d'une « Commission [*sic*] supérieure de la langue française du Québec » : « Dans le nouveau contexte de mise en examen de l'ensemble de la Charte de la langue française, n'y aurait-il pas lieu [...] de procéder à un réexamen de la structure des organismes de la langue [*sic*], actuellement distincte [entendre : *il y a quatre organismes distincts*], pour envisager une mise en commun de leurs services de recherche, d'information et de diffusion et de leurs

d'ailleurs le seul auditeur à se prononcer en faveur du projet à la tribune téléphonique de la première chaîne de Radio-Canada, *La Tribune du Québec*, consacrée à la question. Le linguiste se garda bien d'y évoquer ses liens avec le secrétaire de la Commission et la «commissaire aménagiste», et put ainsi passer pour un quelconque représentant de la confrérie. Il ne suffisait pas de noyauter la Commission, d'agir de l'intérieur; il fallait aussi s'assurer qu'un aménagiste puisse tenir auprès du public le rôle du simple linguiste, qui parle en connaissance de cause, et qui a soumis un mémoire *dans lequel, justement...*

Cette désolante affaire qu'a été la Commission Larose aura en tout cas permis de mettre en lumière l'ignorance du public, fût-il «bien informé», en ce qui concerne les enjeux liés à la norme. À ma connaissance, pas un seul éditorialiste ne s'est intéressé aux recommandations relatives au québécois standard. Quant aux quelques personnalités qui ont exprimé leur inquiétude ou leur clair désaccord dans les journaux, pas une n'a accordé la moindre attention aux linguistes qui siégeaient à la Commission. Tout s'est passé comme si le québécois standard était une trouvaille de l'ex-syndicaliste Gérald Larose! Les aménagistes peuvent remercier notre perspicace élite: ils ont encore de belles années de grenouillage devant eux...

Dans ces conditions, pourquoi se priver? D'autant que ce genre de pratique a des retombées à long terme. Une fois qu'ils ont quitté un organisme, les aménagistes peuvent encore se servir des avis, rapports et documents divers auxquels ils ont imprimé leur marque, comme de lettres de recommandation auprès du public, qui n'y verra que du feu: comme si c'était en toute indépendance, après avoir bien pesé le pour et le contre, que tel organisme avait appuyé leur projet. Exemple paroxystique, si l'on peut dire, cet extrait du mémoire présenté par Pierre Martel devant la Commission Larose: «En 1990, Le Conseil de la langue française reprenait à son tour cette définition [du français

---

services administratifs?» (P. Martel, «Le français au Québec: une présence à renforcer et un outil de communication à maîtriser», mémoire présenté à la Commission Larose, octobre 2000.) La restructuration, qui prendra effet à l'automne 2002, n'ira toutefois pas aussi loin que le souhaitait la Commission aménagiste: le Conseil de la langue française est demeuré indépendant. L'organisme perd cependant ce qui avait été jusque-là une de ses principales attributions: c'est désormais l'Office qui assurera le suivi de la situation linguistique. Et, pour faire bonne mesure, on a modifié les noms de ces deux organismes, ajoutant *québécois* ici, enlevant *français* là... Si bien qu'il faut parler aujourd'hui de l'Office québécois de la langue française et du Conseil supérieur de la langue. Je n'utiliserai dans ce livre que les anciennes dénominations.

québécois standard] et proposait un avis au ministre responsable de l'application de la Charte de la langue française affirmant l'importance de procéder à une description et à une hiérarchisation des usages linguistiques au Québec. [...] En 1996, ces propositions étaient endossées [sic] par le gouvernement du Québec lui-même (voir *Le français langue commune : promouvoir l'usage et la qualité du français, langue officielle et langue commune au* [sic] *Québec*). Enfin, dans leur document de consultation, *Le français, parlons-en*, les commissaires de la Commission des États généraux sur la situation et l'avenir de la langue française au Québec font les mêmes constats à propos de la qualité de la langue»... qui passerait par «l'instrumentation de la langue standard au Québec[9]». On peut avancer sans risque de se tromper que ce n'est pas Gérald Larose qui a trouvé ça ! Et cet édifiant morceau fut sans doute benoîtement récité par Pierre Martel devant ses collègues Cajolet-Laganière et Corbeil. Le profane, qui ne manquera pas d'être impressionné par d'aussi solides appuis, ne sait évidemment pas qu'en 1990 «le Conseil», c'était Jean-Claude Corbeil et Pierre Martel lui-même, qui en assumait la présidence ; qu'en 1996 «le gouvernement du Québec», c'était Jean-Claude Corbeil, qui était président du Secrétariat à la politique linguistique, d'où émane la proposition de politique citée par Pierre Martel ; qu'aux États généraux sur la langue tout ce qui avait trait à la norme était «inspiré» par sa collègue Hélène Cajolet-Laganière. Et notre brave profane ignore bien sûr également les liens qui existent entre Pierre Martel et ces derniers.

On objectera sans doute que les aménagistes doivent tout de même arriver à convaincre quelques personnes de l'intérêt de ce français québécois standard. Je reviendrai brièvement au début de ce livre sur la critique que j'ai faite de cette notion dans *Le Maquignon*. Pour le moment, voyons ce qu'en dit le lexicographe Claude Poirier dans l'analyse qu'il fait des recommandations du Rapport Larose : « Quand on passe à la partie du rapport consacrée à l'aménagement linguistique, la question n'est plus de savoir si l'adoption d'un concept est trop hâtive, mais bien si le concept correspond à quelque chose ! Quel est donc ce concept ? Celui de français québécois standard. Or, il est tellement restrictif et mal défini qu'on peut se demander si les commissaires ne l'ont pas gâché à tout jamais[10]. » Ce que Claude Poirier craint de voir

---

9. *Ibid.*
10. «Vers un standard linguistique *in vitro*», art. cit., p. 28.

ainsi gâché, c'est la possibilité de définir une norme québécoise qui ait quelque rapport avec la réalité linguistique. Car la norme du bon usage, selon les aménagistes — si on se fie en tout cas aux exemples avec lesquels ils l'illustrent —, est à peu près assimilable à une liste de québécismes de bon aloi. D'où, justement, le fort attrait qu'elle exerce : si la norme québécoise version aménagiste emporte l'adhésion, c'est qu'elle occulte tous les problèmes de norme que pose le québécois.

Les aménagistes parviennent sans doute à vaincre les dernières résistances en affirmant que les linguistes partagent leur vues sur la question. La vérité, c'est que les aménagistes ne citent jamais que « les linguistes »... qui partagent leur vues. J'ai montré dans *Le Maquignon* de quelle manière ils fabriquent du consensus. La méthode est bien rodée, ainsi qu'on a pu le constater encore une fois à la Commission Larose, où il était parfaitement prévisible qu'il y aurait un « consensus » sur leur conception de la norme[11]. Voyons ce qu'en pense même un ardent défenseur du français québécois comme Claude Poirier : « Le soi-disant consensus qu'on brandit en faveur d'un français québécois standard ne repose que sur quelques témoignages hors contexte [...]. Et d'ailleurs, que prouvent ces témoignages ? On peut être d'accord pour dire qu'il existe un registre soigné du français québécois, mais pas nécessairement sur la nature des éléments qui le composent[12]. » Claude Poirier fait ici allusion aux huit citations triées sur le volet et présentées dans une annexe au Rapport Larose abusivement intitulée « Consensus sur la norme du français au Québec ». C'est peu dire qu'il y a là des citations hors contexte, puisqu'il y en a une de Claude Poirier lui-même, qui se trouve rallié contre son gré à un projet à l'égard duquel il a toujours eu de sérieuses réserves. On trouve même une citation de l'ancien conseiller linguistique de Radio-Canada, Robert Dubuc, dont la conception du dictionnaire de « français québécois » — en réalité, un dictionnaire de langue française adapté aux besoins des Québécois — est aux antipodes de ce que proposent les aménagistes. Pour s'en convaincre, lisons attentivement ce qu'y dit Robert Dubuc sur les particularismes

---

11. La ministre responsable de l'application de la Charte a eu, à ce propos, ce mot admirable : « La Commission Larose a permis de palper les consensus, de capter [*sic*] où les gens en sont par rapport à différents aspects de la langue. » Nous connaissions bien *tâter le pouls*, mais pas *palper un consensus*... Un atout de plus pour les aménagistes : la ministre responsable de la langue parlait déjà couramment le québécois standard ! (« Diane Lemieux entend colmater la brèche », *Le Devoir*, 29 janvier 2002, p. A 2.)

12. « Vers un standard linguistique *in vitro* », art. cit., p. 28.

québécois : «L'objet de l'ouvrage n'est pas de sauver de l'oubli nos particularismes langagiers, mais de mettre entre les mains des jeunes un outil qui leur permettra de bien comprendre le français là où il s'utilise[13]. » Et comparons à ce passage du Rapport Larose où est exprimé le point de vue aménagiste sur notre «patrimoine linguistique» : «Le français au Québec s'est développé au fil des siècles sur un nouveau continent et a donné lieu à une variété distincte de la langue source. Les mots et les sens créés ici et faisant partie du patrimoine linguistique légitime doivent être reconnus et définis avec précision»; et encore, ce français du Québec «constitue un tout, et non plus une espèce de marginalité [*sic*] de la France[14]». Voilà, il me semble, des points de vue diamétralement opposés, et un remarquable exemple de sans-gêne dans l'art de la récupération. En fait, on pourrait ironiser en disant que l'ex-conseiller linguistique de Radio-Canada n'a pas à craindre qu'on cultive les particularismes, puisque dans la perspective aménagiste il n'y a tout simplement plus de particularismes : le français québécois est une «variété distincte», autonome par rapport au français standard. Non plus «une espèce de marginalité de la France», ainsi qu'il est dit dans ce délicieux québécois standard, auquel, mine de rien, nous voilà en train de nous initier.

En ce qui concerne cette assertion, relevée dans le corps même du rapport, il n'est pas sans intérêt de signaler qu'on la retrouve presque mot pour mot dans une des huit citations, celle justement du collègue aménagiste Pierre Martel : «le français du Québec constitue un tout et non une espèce de marginalité linguistique de la France[15]». On peut d'ailleurs faire un autre intéressant recoupement en comparant le passage du mémoire de Pierre Martel, cité plus haut, dans lequel est évoqué l'appui du Conseil et du «gouvernement lui-même» : «En 1996, ces propositions étaient endossées par le gouvernement du Québec lui-même (voir *Le Français langue commune*…» et ce passage du Rapport Larose : «Enfin, en 1996, ces propositions étaient endossées par le gouvernement québécois lui-même dans son document *Le Français langue commune*…[16]» Ce qui ici révèle la parenté — pour ne pas dire la consanguinité — des deux textes, c'est l'anglicisme que constitue l'emploi d'*endossé* au sens d'*approuvé*. Il n'est pas

---

13. *Le Français, une langue pour tout le monde, op. cit.*, p. 219.
14. *Ibid.*, p. 83.
15. *Ibid.*, p. 220.
16. *Ibid.*, p. 83.

superflu de rappeler que Pierre Martel n'était pas membre de la Commission, et que par conséquent il n'est pas censé avoir participé à la rédaction du rapport. En fait, quiconque a fréquenté les textes de Martel et Cajolet-Laganière sait que les deux aménagistes auraient parfaitement pu rédiger le chapitre 4 du Rapport Larose avant même la tenue de la Commission, en procédant à un petit collage d'autocitations, et en ayant soin de ponctuer les temps forts de vibrants et consensuels *la Commission est arrivée à la conclusion que...* Je ne dis pas qu'ils l'ont fait, ce qui est une question tout à fait secondaire. Je dis qu'il est évident qu'ils auraient pu le faire. Et pour tout dire : j'aurais très bien pu le faire moi-même[17].

Mais revenons à l'intérêt que présentent les huit citations censées prouver l'existence d'un consensus sur la norme — parmi lesquelles deux sont complètement hors contexte, une est de Pierre Martel et une autre de Jean-Claude Corbeil ! Comme le fait valoir Claude Poirier, elles portent pour la plupart sur des généralités avec lesquelles on peut difficilement être en désaccord. Prenons par exemple cette affirmation de Jean-Claude Corbeil : « Le français québécois n'est pas ce qui reste une fois qu'on a enlevé tous les mots communs à tous les francophones. Le français québécois est la somme de tous les mots français qui sont utilisés par la communauté québécoise pour parler, indépendamment du fait qu'ils soient partagés ou pas avec les autres francophones[18]. » On peut être d'accord avec cette définition du français québécois sans pour autant souhaiter la légitimation de cette langue dans un dictionnaire usuel. En ce qui me concerne, non seulement je suis d'accord, mais je me bats justement pour que la description de l'usage « valorisé par les Québécois », d'après lequel devrait être définie la norme du québécois standard, soit fondée sur cette définition rigoureuse, la seule valable du point de vue de la linguistique. C'est ainsi seulement que les listes de québécismes de bon aloi que nous servent les aménagistes apparaîtraient pour ce qu'elles sont : au mieux, le fruit du travail de mauvais linguistes ; au pire, un des volets d'une vaste entreprise de manipulation. C'est d'ailleurs à partir de cette définition large du français québécois que j'ai conçu la leçon d'anatomie proposée

17. Pour s'en convaincre, on lira l'annexe 1, où je me suis amusée à retracer dans les œuvres complètes de Pierre Martel et d'Hélène Cajolet-Laganière les sources d'inspiration du chapitre 4 du Rapport Larose, sur le « vaste chantier d'aménagement linguistique ».
18. *Ibid.*, p. 219.

dans ce livre, que j'aurais pu intituler *Pour en finir avec la truite mouchetée…*

Voilà le genre de réflexions que peuvent inspirer ces huit citations à qui connaît bien l'usage québécois et les questions de norme et de lexicographie. Qu'en pensera quant à lui le profane? Que c'est «plein de bon sens», ou quelque autre banalité. Et du coup il se trouvera à cautionner un projet qui pourrait mettre un terme à l'autorité de la lexicographie française au Québec, et qui ne lui aura jamais été exposé clairement. Si le passé est garant de l'avenir, les aménagistes ne devraient pas hésiter, si le vent tournait et que leur projet venait à être sérieusement contesté, à affirmer que la Commission Larose avait dégagé un consensus sur la rédaction d'un dictionnaire complet du français québécois. Qui se rappellera que «la Commission Larose», sur la question de la norme, c'était eux? Qui d'ailleurs y a jamais prêté attention? Claude Poirier sera-t-il là pour rappeler que le «français québécois standard» y fut à peu près essentiellement illustré par une liste de néologismes: «les québécismes dont on fait mention appartiennent tous à la terminologie, c'est-à-dire à des vocabulaires spécialisés (*nordicité, acériculture, douance, andragogie, téléavertisseur, covoiturage, urgentologue,* etc.)[19]»? On n'attire pas les mouches avec du vinaigre… Et, comme à l'accoutumé, on a tartiné épais de miel. Claude Poirier oubliait là de mentionner les quelques québécismes de bon aloi, dont les bucoliques *brunante* et *épinette,* la sacro-sainte féminisation des titres de fonction et les non moins sacro-saints équivalents d'anglicismes lexicaux «en usage en France mais rejetés au Québec[20]». Et pour le reste… des sigles, des acronymes et des gentilés! Comment s'étonner dès lors — et c'est bien là la preuve que toute cette affaire de norme québécoise a baigné dans la confusion la plus totale — que dans le petit essai critique qu'ils ont consacré à la Commission Larose, des intellectuels de sensibilité québécisante comme Jean-Claude Germain et Victor Lévy-Beaulieu n'aient retenu de tout cela que l'esprit «campagne de bon parler»[21]? Ils n'ont pas eu

---

19. «Vers un standard linguistique *in vitro*», art. cit., p. 28.
20. *Le Français, une langue pour tout le monde, op. cit.,* p. 86.
21. «Le suivi logique du rapport de la Commission Larose est une campagne du "Bon parler français" avec comme têtes de turc les enseignants et les enseignantes» (Pierre Dubuc); «le président de la Commission des États généraux sur l'avenir de la langue recommande, comme avant la loi 101, la mise sur pied d'une vaste campagne pour stimuler la fierté du Bon parler» (Jean-Claude Germain). (Charles Castonguay, Pierre Dubuc, Jean-Claude Germain, *Larose n'est pas Larousse,* préface de Victor Lévy-Beaulieu, Montréal, VLB, 2002, p. 97, 103.)

un mot pour se réjouir de l'éventuelle publication d'un dictionnaire du français québécois. Pas plus d'ailleurs que le critique du
Devoir, Louis Cornellier, lui-même grand défenseur du québécois
devant l'Éternel, qui dans le compte rendu qu'il fit de l'ouvrage
concluait : «l'exercice n'aura accouché que d'un discours mou à
propos du "bien perler" français[22]».

Les partisans du français québécois peuvent se rassurer : les
aménagistes n'ont certainement pas reçu une subvention de
quelques millions de dollars pour insérer bêtement des néologismes et des québécismes de bon aloi dans la nomenclature d'un
dictionnaire de français.

* * *

Dans toute cette affaire, quel fut donc le rôle du Conseil de
la langue française, organisme qui, comme son nom l'indique, a
pour mission de conseiller le gouvernement? De toute évidence,
le Conseil a laissé faire. Depuis des années, en fait, l'organisme
entretient un habile flou artistique autour du projet des aménagistes, qui a pourtant pris forme en son sein même, en 1990,
quand Pierre Martel et Jean-Claude Corbeil — alors, rappelons-
le, respectivement président et membre du Conseil —, propo-
sèrent un projet de dictionnaire national, dans un avis intitulé
*L'Aménagement de la langue : pour une description du français
québécois*[23]. Une enquête menée par le Secrétariat à la politique
linguistique révéla par la suite que le projet était accueilli tiède-
ment, même dans les milieux généralement assez favorables au
français québécois[24] — sachant cela, on mesure mieux à quel point
le consensus dégagé à la Commission Larose, dix ans plus tard, est
suspect. Peu de temps après, Pierre Martel quittait la présidence
du Conseil et retournait à l'enseignement universitaire. Quant à
son confrère Jean-Claude Corbeil, poursuivant sa carrière dans la
haute fonction publique, il fut nommé quelques années plus tard
à la présidence du Secrétariat à la politique linguistique. De là, il

22. L. Cornellier, «Le Québec français est-il encore légitime?», *Le Devoir*, 22-23 juin 2002, p. D4.
23. *L'Aménagement de la langue : pour une description du français québécois*, Conseil de la langue française, rapport et avis, 1990.
24. Voir P. Martel, «Quelles sont les suites à l'avis du Conseil de la langue française sur l'aménagement de la langue?», dans *Les Actes du colloque sur la problématique de l'aménagement linguistique*, tome II, Montréal, Office de la langue française, coll. «Langues et sociétés», 1994, p. 406.

put s'employer à mettre en œuvre, discrètement, pièce à pièce, ce projet dont tout donnait à penser qu'il avait été sagement mis au placard. C'est ainsi que le Secrétariat, faisant fi des résultats de l'enquête menée quelques années plus tôt, reprenait les grandes lignes du projet, en 1996, dans sa proposition de politique *Le Français, langue commune*. Si l'avis de 1990 n'y est jamais explicitement mentionné, on en reconnaît aisément la terminologie : les notions de *français standard d'ici* et de *norme du français québécois* sont au cœur de la section consacrée à la qualité de la langue. Et le Secrétariat n'en faisait pas mystère, il entendait subventionner généreusement les linguistes qui travaillent à la description de ce standard d'ici : « Cette description est la tâche des spécialistes, notamment des linguistes. Certains d'entre eux en font leur champ d'intérêt et de recherche. Ils doivent, pour ce faire, pouvoir compter sur des subventions à la recherche et à la publication. Ce thème devrait être privilégié dans les programmes de subvention qui existent actuellement[25]. »

C'est donc sans surprise que, deux ans plus tard, on apprenait, dans un avis du Conseil rédigé par le chercheur Jacques Maurais, *Maîtriser la langue pour assurer son avenir*, que le Secrétariat à la politique linguistique entendait donner suite à une des principales recommandations de l'avis sur l'aménagement du français québécois, soit la création d'un fonds de données linguistiques. Rien là que de très normal, en effet : le Secrétariat voulait encourager la recherche sur la définition d'une norme québécoise du français, et c'est précisément à quoi devait servir le fonds de données en question. Ce point était central dans l'avis de 1990 : « La création d'un fonds québécois de données linguistiques est la première étape en vue de l'élaboration d'un dictionnaire complet du français québécois[26]. » Et pourtant, il y a bien quelque chose qui surprend dans cette annonce, plus précisément dans sa formulation. En lisant le résumé qu'en fait le chercheur du Conseil, on pourrait croire en effet que cet avis ne portait que sur d'anodins « outils langagiers » destinés à améliorer la qualité du français : « ... dans un avis rendu public en 1990, le Conseil a constaté qu'[...] on ne peut guère agir en matière de qualité de la langue que par le biais de l'instrumentation, c'est-à-dire en produisant les outils langagiers nécessaires pour que les gens

---

25. *Le Français, langue commune. Promouvoir l'usage et la qualité du français, langue officielle et langue commune du Québec*, proposition de politique linguistique, document de consultation, Québec, ministère de la Culture et des Communications, 1996, p. 70.

26. *L'Aménagement de la langue : pour une description du français québécois, op. cit.*, p. 53.

puissent, en toute connaissance de cause, faire des choix éclairés lorsque plusieurs usages sont en concurrence. Il s'agissait donc de l'élaboration de grammaires, de dictionnaires, d'ouvrages sur la prononciation correcte, etc., dont le Conseil entendait favoriser la production. Pour ce faire, il proposait la création d'un fonds de données linguistiques. Le Secrétariat à la politique linguistique a, depuis peu, entrepris de mettre en pratique cette recommandation dans un programme de développement [sic] qui s'échelonnera jusqu'à l'an 2000[27].» L'avis de 1990 est complètement vidé de sa substance par le chercheur du Conseil, qui ne fait nulle part allusion à la notion de norme québécoise. Où est passé le chapitre 5 de cet avis, «Le dictionnaire, sous-produit privilégié du fonds de données linguistiques», avec ses sections 5.2 et 5.3 aux titres on ne peut plus explicites: «La fonction symbolique d'un dictionnaire national» et «Les caractéristiques que devrait avoir un dictionnaire du français québécois»? Tout ce qui à la rigueur pourrait évoquer l'idée de norme québécoise est l'énoncé sur «les choix éclairés lorsque plusieurs usages sont en concurrence», où — avec un peu d'imagination et beaucoup de bonne volonté — un linguiste pourra voir quelque rapport avec la notion de concurrence entre deux variétés du français. Encore qu'il soit question non pas de deux mais de «plusieurs» usages. Il est intéressant de noter qu'on retrouve, mot pour mot, la même lénifiante formulation à la page 86 du Rapport Larose.

Comment expliquer cette soudaine discrétion sur le projet aménagiste? Que s'est-il donc passé entre la publication, en 1996, de la proposition de politique *Le Français, langue commune*, où abondent les allusions au français québécois, et la rédaction de l'avis *Maîtriser la langue*, paru à l'été 1998, où on a évité jusqu'à l'adjectif *québécois*? Rien d'autre à signaler que la parution du *Maquignon et son joual*, en février 1998, qui n'est peut-être pas tout à fait étrangère à ce singulier changement de ton — nous verrons d'ailleurs plus loin quel accueil le Conseil a réservé à ce livre. Quoi qu'il en soit, une chose est sûre: l'absence de toute allusion à la norme québécoise et au «standard d'ici» n'est pas simplement le fruit de quelque fâcheuse omission, comme la suite des choses allait le montrer.

Un an après la parution de l'avis *Maîtriser la langue*, le chercheur du Conseil publiait un rapport intitulé *La Qualité de la*

---

27. *Maîtriser la langue pour assurer son avenir*, Québec, Conseil de la langue française, 1998, p. 8.

langue: un projet de société. Le fameux avis sur l'aménagement du français québécois y est à nouveau présenté — sous le titre sibyllin «l'instrumentation» — comme si on n'y avait jamais préconisé autre chose que «de produire des grammaires, des dictionnaires, des ouvrages sur la prononciation correcte, etc.», pour «agir en matière de qualité de la langue». À croire qu'il était question d'ouvrages correctifs du type *ne dites pas... dites plutôt*! Le linguiste, cette fois, se fait tout de même un peu plus précis, et risque les mots *Québec* et *québécois*: «Le Conseil ajoutait qu'il était important de "décrire les usages du français au Québec", mais d'une façon qui permettrait de "maintenir le contact avec le reste de la francophonie". Pour ce faire, il estimait qu'il était essentiel que les dictionnaires québécois comportent des marques topo-lectales...[28]» *Le Conseil ajoutait qu'il était important de décrire...* La formulation donne à penser que, pour importante qu'elle fût, la description du français québécois n'était qu'un aspect secon-daire du projet, sur lequel le Conseil «ajoutait» quelques préci-sions. Bien malin, en tout cas, qui peut comprendre là que la «description» des usages québécois devait essentiellement servir à dégager une norme, définie en toute autonomie par rapport au français standard. Et que par conséquent les «dictionnaires québécois» dont parle le chercheur étaient en fait des diction-naires de français québécois.

Dans ce volumineux rapport de 356 pages, Jacques Maurais réussit en fait le tour de force de ne pas écrire une ligne sur l'auto-nomie du français québécois, qui fait pourtant l'objet de débats entre spécialistes depuis plus de dix ans et dont le Conseil même a été un des principaux promoteurs. Pour ce faire, il ne suffisait pas de détourner de son sens l'avis de 1990, en passant sous silence le projet de dictionnaire national, il fallait encore bana-liser l'ouvrage de Pierre Martel et Hélène Cajolet-Laganière, dans lequel il allait être exposé en détail quelques années plus tard. De cet ouvrage, *Le Français québécois. Usages, standard et aménage-ment*, l'auteur du rapport sur la qualité de la langue ne cite qu'un bref passage sur le rôle de l'Office de la langue française en matière de norme, dans un chapitre d'ailleurs entièrement consacré à l'Office[29]. Bref, rien qui permette de saisir les tenants et aboutis-sants du projet lexicographique mené par les deux linguistes, qui

---

28. J. Maurais, *La Qualité de la langue: un projet de société*, Québec, Conseil de la langue française, 1999, p. 27. Jacques Maurais est maintenant à l'Office québécois de la langue française.

29. Voir *ibid.*, p. 277.

étaient vraisemblablement déjà les principaux bénéficiaires des subventions du Secrétariat à la politique linguistique.

De cette extraordinaire occultation devait logiquement découler celle de mon livre, *Le Maquignon et son joual*: pourquoi serait-on allé citer un ouvrage consacré à une question qui n'existe pas? Dans ce rapport richement documenté — 654 notes en bas de page —, à peu près tout ce qui s'est écrit sur la qualité de la langue trouve place: des savantes théories sociolinguistiques sur la norme aux rituelles critiques sur l'état du français publiées dans les quotidiens... en passant par la condamnation du tutoiement tous azimuts par l'auteur de *Cette impolitesse qui nous caractérise*! Tout, sauf le seul ouvrage critique jamais consacré à l'aménagement du français québécois. Comment expliquer l'absence de ce livre: *Le Maquignon* manquait-il peut-être de substance? Voici ce qu'on en disait dans un compte rendu paru dans une revue de l'Office de la langue française consacrée à l'aménagement linguistique — où, soit dit en passant, on n'a guère de sympathie à mon endroit: «On regrettera [...] qu'un travail aussi assidu et qui se voulait quasi exhaustif sur ce qui s'est dit et écrit sur l'aménagement linguistique au Québec n'ait pas été exploité à des fins plus constructives[30].» On comprend qu'il y a deux ou trois critiques dans ce livre, et qu'elles sont étayées.

Or il se trouve que ces critiques mettaient directement en cause des linguistes connus des organismes de la Charte, et qu'elles ont fait mouche à en juger par certains comptes rendus. Celui du critique du *Devoir*, par exemple, qui concluait de la lecture du *Maquignon* «que l'aura scientifique dont les aménagistes aiment parer leurs travaux n'est qu'un vaste écran de fumée», et que l'ouvrage «dévoile une fraude intellectuelle d'envergure[31]». Le critique de la revue littéraire *Spirale* semble, quant à lui, avoir trouvé fort convaincante une certaine façon «d'épingler ce qui est devenu un véritable *topos* du discours québécois sur la langue, qui consiste à dénoncer de façon rituelle l'anglomanie des Français, tout en faisant l'impasse sur les anglicismes de tout genre qui pullulent ici». Au point de conclure: «S'il ne servait qu'à stigmatiser ce double langage, qui sévit malheureusement depuis des années chez les élites, ce livre aurait déjà sa raison d'être[32].» De qui était-il question au juste? Notamment de Pierre Martel, Hélène

---

30. *Terminogramme*, n° 86, mai 1998, Québec, Office de la langue française, Les Publications du Québec, p. 23.

31. R. Saletti, «La langue nationale», *Le Devoir*, 21-22 mars 1998, p. D 6.

32. C. Vandendorpe, «Le québécois comprend-il le français?», *Spirale*, sept.-oct. 1998, p. 12.

Cajolet-Laganière et Jean-Claude Corbeil, qui « font l'impasse » sur les anglicismes du français québécois parce que le problème constitue pour eux une pierre d'achoppement. Il est intéressant de noter que l'auteur de ce compte rendu, Christian Vandendorpe, a été plus de dix ans directeur de la revue *Québec français*, bien connue pour son nationalisme linguistique. C'est dire que *Le Maquignon et son joual* a pu trouver écho même dans les milieux favorables au français québécois. Raison de plus pour que les aménagistes lui administrent le traitement chape de plomb.

Faisant contre mauvaise fortune bon cœur, j'ai trouvé dans l'exclusive dont mon livre a été frappé la consolation de voir confirmer les critiques que j'y formulais à l'égard des aménagistes, de l'arbitraire et de l'arrogance dont ils font preuve. Le lecteur quant à lui saura y voir, je l'espère, un troublant révélateur de la façon dont le Conseil des ministres a été renseigné avant de prendre la décision de subventionner le projet aménagiste.

* * *

Ces ministres, on leur aura sans doute servi l'habituelle logorrhée identitaire, fondée sur une fausseté : « il n'y a pas de nation qui n'ait son dictionnaire[33] ». Car les aménagistes n'hésitent pas à faire vibrer la fibre nationaliste par un parallèle entre autonomie linguistique et autonomie politique. À les en croire, tous les peuples « normaux » auraient leur norme propre et leur dictionnaire national. Or c'est parfaitement faux : il y a des dizaines de nations qui suivent une norme linguistique définie dans un pays étranger. Prenons simplement, pour rester dans la francophonie, le cas des Belges wallons et des Suisses romands. Pensons encore aux peuples germaniques. Les Suisses alémaniques parlent un dialecte qui n'a pas droit de cité à l'école, où on enseigne l'allemand standard. Pas d'autonomie linguistique non plus pour les Autrichiens, qui ont renoncé à leur dialecte et dont le dictionnaire d'allemand standard ne recense tout au plus que quelques particularismes. Et, chez les anglophones, ni les Écossais, ni les Irlandais, ni, plus près de nous, les Canadiens n'ont de norme propre.

---

33. P. Martel et H. Cajolet-Laganière, *Le Français québécois — Usages, standard et aménagement*, Sainte-Foy, Institut québécois de recherche sur la culture / Les Presses de l'Université Laval, 1996, p. 113.

Les aménagistes pourtant n'en démordent pas : la constitution de l'identité nationale passe par le dictionnaire national. À lire certains passages du *Français québécois*, on en viendrait à croire qu'il n'y a tout simplement pas de vie en collectivité qui soit possible sans ce fameux dictionnaire : «... il constitue le "ciment indispensable" qui façonne la pensée collective autour d'une manière commune d'être, de penser et de vivre. Il donne au contenu spirituel d'une nation une expression ; au moi collectif une possibilité d'exister et de se reconnaître. L'identité collective entre les membres d'une nation n'est possible que s'il existe une langue commune renvoyant aux mêmes référents. [...] Historiquement le dictionnaire a été un instrument qui a forgé l'âme des peuples ou des communautés linguistiques. Ce fut le cas pour l'Italie, l'Espagne, la France»... Et, en bonne logique, n'est-ce pas, ce devrait être le cas pour le Québec. Il faut dire que les auteurs affirmaient tranquillement, dans l'introduction de l'ouvrage, que «le Québec est le seul pays francophone en dehors de l'Europe où le français est la langue maternelle de la grande majorité de la population[34]». Le seul *pays*... Quand on est capable d'aménager la réalité politique avec autant d'aplomb, on peut évidemment sans rire comparer le Québec à la France, à l'Italie et à l'Espagne. Et établir un rapprochement entre l'aménagement du français québécois et la constitution des langues vulgaires issues du latin.

Quand ils ne se laissent pas emporter par le lyrisme, les aménagistes se contentent habituellement de nous donner comme exemples les pays d'Amérique où on a établi une norme nationale, les États-Unis et le Brésil, et celui où on songe à le faire, le Mexique. La première remarque qui vient à l'esprit, c'est évidemment qu'on ne tient là aucun compte des rapports de force, démographiques et culturels, entre les communautés linguistiques d'Amérique et d'Europe. On peut passer rapidement sur le cas des États-Unis, qui, comme chacun le sait, ont les moyens d'imposer leur «variété d'anglais», et leur culture, au monde entier. En ce qui concerne le Brésil, notons que sa population est environ douze fois plus nombreuse que celle du Portugal — petit pays, par ailleurs, dont la culture n'a jamais connu un grand rayonnement dans le monde, ce qui facilite sans doute l'autonomie des rejetons. Pour montrer à quel point la situation du Brésil diffère de la nôtre, il devrait suffire de dire que c'est au

---

34. *Ibid.*, p. 113, 13.

Brésil uniquement que se fait le doublage des films en portugais. Le Mexique, quant à lui, est un pays deux fois plus peuplé que l'Espagne. Et, il faut le préciser, le dictionnaire national de l'espagnol du Mexique n'étant pas encore paru, il est prématuré de parler de norme mexicaine, comme le font constamment les aménagistes. Il faut d'abord attendre de voir comment la norme proposée sera reçue par les Mexicains. Le directeur du projet lexicographique a publié il y a quelques années — un peu comme un ballon d'essai — un petit dictionnaire pour les besoins scolaires, et l'ouvrage a soulevé un tel tollé dans la population qu'on n'a même pas pu l'introduire dans les écoles[35]. Il faut dire encore que le Mexique est le seul pays hispanophone où on envisage de s'engager dans la voie de l'autonomie linguistique, ce que les aménagistes se gardent bien de dire. Notons au passage que le fait de ne pas avoir de norme propre, consacrée dans un dictionnaire national, n'a pas empêché les hispanophones d'Amérique de donner à la littérature universelle les Garcìa Màrquez, Borges, Neruda, Cortazar et Vargas Llosa. Mais, au-delà de l'argument du poids démographique, il faut revenir à la question proprement linguistique. Est-il besoin de rappeler que la Conquête et deux siècles de contact avec l'anglais, aggravé par la sous-scolarisation, ont créé chez nous un problème linguistique, et sociolinguistique, qui n'a d'équivalent nulle part sur le continent? Dans aucun pays d'Amérique, on n'a eu à créer un organisme comparable à l'Office de la langue française, pour redonner au peuple les mots de sa langue.

Comme il fallait s'y attendre, ce ramassis de faussetés et d'approximations sur les dictionnaires nationaux allait être repris

---

35. Je tiens cette information d'une linguiste d'origine mexicaine, elle-même très favorable au projet. On peut en fait consulter ce dictionnaire, le *Diccionario del español usual en México*, sur Internet (http://cervantesvirtual.com/FichaAutor.html?Ref = 2678&portal = 6). La brève introduction qui accompagne l'ouvrage est d'ailleurs fort instructive. On y apprend d'abord que, deux ans après la publication du Rapport Larose, la rédaction (sous la direction de Luis Fernando Lara Ramos) du grand dictionnaire de l'espagnol du Mexique n'était toujours pas terminée. Le petit dictionnaire de 14 000 entrées qu'on trouve sur Internet est, nous dit-on, "une avance" («El *Diccionario del español usual en México* es un avance de aquél [*Diccionario del español de México*], que seguimos elaborando.»). En outre, les réticences des Mexicains à l'égard de la norme nationale y apparaissent en filigrane : on en est encore à devoir leur expliquer que leur jugement sur l'espagnol du Mexique a été faussé par les dictionnaires de régionalismes, qui les ont amenés à voir leurs particularismes comme des usages déviants par rapport à l'espagnol européen... Air connu! («... la tradición hispanoamericana de ofrecer diccionarios de regionalismos [...] como complementos de lo pintoresco en nuestros territorios o incluso de lo "vicioso" o "bárbaro" de nuestro hablar, no nos ha educado en el aprecio de nuestra variedad lingüística, sino en el sentimiento del "desvío" que supuestamente padecemos en relación con el español peninsular.»)

dans le Rapport Larose : « De fait, toutes les grandes nations ont procédé à la description de leurs usages et les ont consignés dans un dictionnaire usuel », etc. ! Pour aboutir, on s'en doutait un peu, à un touchant consensus sur la rédaction d'un dictionnaire du français québécois : « La Commission estime que le Québec est arrivé à cette étape de son évolution[36]. » Nous voudrions bien savoir qui, parmi les membres de la Commission, avait une connaissance suffisante de la langue pour pouvoir se prononcer sur cette question avec autant d'assurance. Qui, à part la commissaire aménagiste, Hélène Cajolet-Laganière ? Laquelle, comme nous le verrons justement dans ce livre, n'est peut-être pas la linguiste la plus compétente pour évaluer l'écart entre le français standard et le français québécois. Tout cela montre, s'il en était encore besoin, que, sur la question de la norme, le Rapport Larose aura essentiellement été l'occasion pour les aménagistes de recycler leurs vieux textes. La seule nouveauté qu'on y trouve, en ce qui a trait aux dictionnaires nationaux, est une citation tirée de l'ouvrage de Gérard Bouchard, *Genèse des nations et cultures du nouveau monde*. Qui a lu l'ouvrage en portant une attention particulière à la question de la langue n'en sera pas surpris : ce qu'on y dit sur le rapport des jeunes nations à la langue de la métropole est tout à fait de nature à plaire aux partisans du français québécois, toutes tendances confondues. Mais, au fond, qu'y a-t-il là d'étonnant : d'où cet historien tient-il ce qu'il sait sur la question, sinon des spécialistes du français québécois ? On se trouve en quelque sorte devant un cercle vicieux : l'historien s'alimente à des sources québécisantes, et le québécisant le cite à l'appui de sa thèse.

La citation qu'on a choisie dans le Rapport Larose n'est pas, en fait, très explicite : « le Québec se signale comme étant l'une des rares cultures fondatrices à n'avoir pas fait son choix, étant profondément divisée entre diverses variantes du français parisien, international et québécois[37] ». Que les autres cultures fondatrices aient « fait un choix » ne signifie pas qu'elles aient opté pour l'autonomie linguistique. Toutefois, dans son essai, Gérard Bouchard l'affirme bien : « La norme linguistique espagnole ou portugaise a été récusée depuis plus d'un siècle, sans que cette rupture donne lieu à un traumatisme durable[38]. » En ce qui concerne la norme de l'espagnol, c'est inexact. Et même

---

36. *Le Français, une langue pour tout le monde, op. cit.*, p. 82, 83.
37. *Ibid.*, p. 82.
38. G. Bouchard, *Genèse des nations et cultures du nouveau monde*, Montréal, Boréal, 2000, p. 216.

en supposant que la norme mexicaine s'impose, cela laisserait pendant le cas de tous les autres pays hispanophones[39]. Fâcheuse lacune, qu'on a comblée dans le Rapport Larose en donnant à entendre qu'une norme mexicaine pouvait être valable pour toute l'Amérique hispanophone. Outre l'anglais, peut-on y lire, «les autres langues européennes transplantées dans les Amériques ont été décrites dans des dictionnaires: l'espagnol du Mexique pour l'Amérique centrale et l'Amérique latine et le portugais brésilien pour le Brésil[40]». Il faut n'avoir de linguiste que le nom pour avancer l'idée que la norme d'une variété de l'espagnol marquée par le contact avec les langues amérindiennes pourrait s'appliquer dans un pays comme l'Argentine, par exemple, où les populations autochtones ont été décimées dès les débuts de la colonie. Tous ceux qui connaissent un tant soit peu l'espagnol d'Amérique savent que, de toute façon, les particularismes varient considérablement d'un pays à l'autre. C'est sans parler des aspects extralinguistiques de la question: noms des institutions, toponymes, enfin tout ce qui est censé faire du dictionnaire le lieu où une collectivité «se reconnaît». Et dont, avec la rigueur qui les caractérise, les aménagistes font bon marché quand cela les arrange. Ce n'est pas d'hier en fait qu'on essaie d'intimider les Québécois en les faisant passer, sur cette question de la norme, pour les attardés de l'Amérique. Il y a une dizaine d'années déjà, on affirmait dans l'introduction du *Dictionnaire québécois d'aujourd'hui*: «Le français est sans doute[!] la dernière des grandes langues de l'Amérique, à côté de l'espagnol, du portugais et de l'anglais, à ne pas avoir encore affirmé son autonomie par rapport à son origine historique[41].» Disons-le sans détour: sur cette question, l'auteur de *Genèse des nations* a été renseigné, comme l'ont été

---

39. À cet égard, l'introduction du *Diccionario del español usual en México* (voir note 35) est très claire: par crainte de voir la langue espagnole «se fragmenter» dans la foulée de leur accession à l'indépendance, les pays de l'Amérique hispanophone ont choisi de s'aligner sur la lexicographie européenne. Et c'est aujourd'hui encore le cas partout ailleurs sur le continent, peut-on y lire. («Paradójicamente, los mexicanos nunca habíamos recopilado nuestro propio diccionario; es decir, un diccionario del español tal como efetivamente lo hablamos y lo escribimos [...]. Quizá porque durante mucho tiempo se temió que la lengua española se fragmentara en muchas lenguas diferentes entre sí, como resultado de la evolución política de Hispanoamérica a partir de su independencia, se había mantenido, como hasta la fecha en el resto de nuestro continente, una dependencia directa de la lexicografía peninsular que nos proveía, como lo hace todavía, de diccionarios generales de la lengua.»)

40. *Le Français, une langue pour tout le monde, op. cit.*, p. 82-83.

41. *Dictionnaire québécois d'aujourd'hui*, sous la direction de J.-C. Boulanger, Saint-Laurent, Dicorobert, 1992, p. XX.

les membres de la Commission Larose et du Conseil des ministres de Lucien Bouchard, par des vendeurs de dictionnaires.

Il n'y aurait que cette erreur factuelle, dans l'essai de Gérard Bouchard, qu'on ne s'y arrêterait pas. Mais il y a plus. Glorification de la parlure populaire, banalisation des séquelles de la Conquête sur la langue, discrédit jeté sur une élite qui aurait injustement boudé l'inventivité langagière du peuple : on retrouve là tout le nouveau discours sur le français québécois. L'élite n'est plus la gardienne d'une certaine norme française, mais ni plus ni moins que l'empêcheuse de patoiser et de s'angliciser en rond. Pendant que les élites étaient « astreintes à la norme parisienne » — car on est nécessairement « astreint » à la norme parisienne —, la langue du peuple « poursuivait son vagabondage continental », pour devenir un « parler de l'américanité », toujours connoté positivement : « américanité vivante et robuste qui, ailleurs, a fourni un riche matériau aux pratiques discursives ». Sous la plume de l'essayiste, la langue populaire n'est qu'« innovations lexicales » et « authenticité locale »... Et, bien sûr, elle « se révélait plus apte que la culture savante à *nommer* son environnement[42] ». Toutes choses dont l'historien est évidemment incapable de juger par lui-même. À aucun moment, Bouchard ne se demandera quel aurait pu être l'intérêt, pour un petit peuple isolé, de cultiver ses particularismes, aussi « inventifs » fussent-ils ; et si ce n'est pas cette question, que lui ne se pose pas, qui se posait de manière cruciale à cette élite réfractaire à l'américanité langagière. Pour peu, il lui reprocherait d'avoir empêché l'aimable « vagabondage continental » de notre variété de français d'aboutir à l'apothéose louisianaise.

La question de l'anglicisation n'est jamais abordée que de manière anecdotique, souvent même comme s'il s'agissait de la conséquence normale d'une glorieuse saga américaine : « La langue poursuivait son aventure continentale, surtout chez les urbains, où elle s'anglicisait ». Et encore : « Sous le Régime anglais [...], le parler populaire a poursuivi son américanisation (au sens de l'appropriation du continent) au gré de ses inventions, souvent reliées au climat ou à la géographie, et en absorbant des apports amérindiens puis anglais. Les travaux de Claude Poirier et de son équipe [...] ont établi qu'après la Cession, l'essor de l'écrit s'est accompagné d'un transfert de certaines formes populaires vers la

---

42. *Genèse des nations et cultures du nouveau monde, op. cit.*, p. 90, 122, 90, 149, 90, 171, 151.

langue des élites[43]. » Voilà un passage qui nous éclaire sur une des sources du discours de Gérard Bouchard sur la question linguistique. Depuis quelques années, Claude Poirier s'emploie à rédimer la Conquête en mettant l'accent sur une de ses conséquences peu connue, et dont il n'est d'ailleurs pas sûr qu'elle présente grand intérêt, aujourd'hui, du point de vue de la norme. La reprise en main des affaires publiques par une élite canadienne après le départ de l'aristocratie française — plus encore que l'essor de l'écriture évoqué par Bouchard — aurait donné lieu à l'apparition d'usages populaires dans les textes officiels. Il ne s'agit pas pour le lexicographe de nier qu'il y ait eu anglicisation généralisée de la langue — Claude Poirier est un chercheur trop sérieux pour cela[44] —, mais de braquer les projecteurs ailleurs.

Et l'éclairage est si habilement dirigé que notre historien perd de vue qu'il y avait bel et bien lieu de s'inquiéter de l'état de la langue, à une certaine époque. Ce passage enflammé sur la langue populaire en dit long sur son appréciation des efforts faits par l'élite pour maintenir le cap sur l'usage français : « Appauvrie, inhibée, mais *survivante* elle aussi, à sa manière, comme le montrent ses résistances, ses persistances, ses transgressions : en dépit des interdictions et des malédictions, la langue ne s'est pas châtiée ». Ces accents lyriques, pour chanter la « survivante », qui « ne s'est pas châtiée »... On est à deux doigts de l'ode au joual. L'obnubilation de l'historien est telle qu'il ira jusqu'à s'étonner que le Canada anglais n'ait pas connu de problèmes de langue comparables aux nôtres : « la culture canadienne-anglaise ne semble pas avoir connu une crise de la langue nationale avec les déchirements et les traumatismes qui y sont ordinairement associés, comme on le voit au Québec ». Et je ne sache pas, non plus, qu'on ait dû former des terminologues pour « angliciser » les usines d'automobiles d'Oshawa ou la langue des financiers de

---

43. *Ibid.*, p. 151, 93.
44. En ce qui concerne les conclusions des recherches menées par l'équipe du Trésor de la langue française au Québec, que Claude Poirier dirige aujourd'hui, on peut d'ailleurs se fier à ce qu'en dit son fondateur, Marcel Juneau. Le lexicographe est on ne peut plus clair à propos du jugement que portaient sur la langue de l'élite sociale québécoise au XIXe siècle les auteurs de *L'Anglicisme, voilà l'ennemi* et *Anglicismes et canadianismes*, Jean-Paul Tardivel et Arthur Buies : « L'un et l'autre apportent maints exemples de l'anglicisation massive, pendant cette période, des milieux ci-dessus décrits [parlementaires, avocats, journalistes...] ; les dépouillements systématiques actuellement en cours au Trésor de la Langue [*sic*] française du [*sic*] Québec (T.L.F.Q.) confirment la justesse de leur diagnostic. » (« Le français au Québec », dans *Histoire de la langue française (1880-1914*, sous la direction de G. Antoine et R. Martin, Paris, CNRS, 1885, p. 392.)

Bay Street! Et c'est avec la même candeur que Bouchard constate qu'en Amérique latine «la langue du continent ne devint nulle part une source lancinante de malaise ou d'humiliation par rapport à celles de Madrid ou de Lisbonne[45]»...

Redoutable efficacité du discours québécisant: l'historien est devenu amnésique. Mais, à lui seul, Claude Poirier n'aurait pu accomplir un tel prodige. Parmi les références de l'historien sur la question de la langue figure également l'ouvrage de la linguiste Chantal Bouchard, *La Langue et le nombril*, qui a pu contribuer, à sa manière, à égarer l'historien. L'ouvrage en question est essentiellement une analyse du discours sur l'état du français au Québec, des débuts de la colonie jusqu'aux années 1970. On ne s'étonne donc pas que, déjà dans l'introduction, il soit beaucoup question d'«opinions» sur la langue. Néanmoins, la lecture de cette introduction d'une quinzaine de pages crée chez le lecteur le sentiment que tout est affaire d'états d'âme, de *self-esteem* collective. Bref, que les opinions qu'on va analyser dans l'ouvrage n'ont à peu près pas de rapport avec la réalité linguistique: «Elles [les opinions négatives] expriment une inquiétude, une angoisse parfois, de ce que nous sommes collectivement et de ce que nous deviendrons»; «L'analyse du discours métalinguistique est particulièrement révélatrice, car elle permet de découvrir, du moins en partie, l'opinion des auteurs sur leur propre communauté»; «À travers tous ces discours *sur* la langue, on peut voir se dessiner, en filigrane, l'opinion, ou les opinions, des auteurs sur la collectivité à laquelle ils appartiennent»; «...les Québécois ont acquis [dans les années 1970] une meilleure opinion de ce qu'ils sont et de ce dont ils sont capables. Cette amélioration globale a des répercussions sur l'idée qu'ils se font de la langue qu'ils parlent...[46]» Fort bien! Mais est-ce que ces opinions ne révèlent pas aussi quelque chose sur l'état du français au Québec? À cette question Chantal Bouchard répond avec la belle neutralité du linguiste: «Il faut avant tout faire une distinction très nette entre l'évolution objective de la langue, telle que la linguistique peut la décrire [...] et l'évolution de la perception qu'a la collectivité de sa langue.» L'ennui est que l'auteur, du haut de son titre de linguiste, donne d'entrée de jeu le sentiment que cette «perception» est faussée. D'abord, par le sous-titre qu'elle a donné à son ouvrage, *Histoire*

---

45. *Genèse des nations et cultures du nouveau monde, op.cit.*, p.154, 329, 199.
46. Ch. Bouchard, *La Langue et le nombril. Histoire d'une obsession québécoise*, Saint-Laurent, Fides, 1998, p.8, 14, 14-15, 15.

d'une obsession[47]; et ensuite en se livrant dans l'introduction à une navrante caricature des points de vue critiques sur l'état actuel du français au Québec: «Imagine-t-on des journalistes, des écrivains, des comédiens américains, français, italiens ou allemands se répandre en lamentations sur la dégénérescence de leur culture sous prétexte que leurs adolescents ont un jargon spécial, ou que la télévision présente des amuseurs qui utilisent pour faire rire une langue populacière, ou qu'on n'écrit plus en 1997 l'anglais, le français, l'italien ou l'allemand comme on le faisait au XIXe siècle[48]?» Et encore ne s'agit-il là que d'un exemple: toute l'introduction est à l'avenant. Le lecteur est déjà conditionné à voir dans le discours sur la langue qui sera analysé dans l'ouvrage une sorte de délire obsessionnel, sans commune mesure avec les problèmes de langue, dont une linguiste vient de lui exposer la désastreuse conséquence: l'insécurité linguistique de tout un peuple. Si la lecture que je fais de ces quelques pages est erronée, il semble bien en tout cas que Gérard Bouchard ait fait la même. Comment expliquer autrement qu'un essayiste qui a parmi ses références un ouvrage presque entièrement consacré au discours sur l'anglicisation se révèle à tel point incapable de saisir l'importance du phénomène dans la dévaluation du français québécois?

L'envolée de Chantal Bouchard est trop exemplaire du discours convenu d'une sociolinguistique bien-pensante — on avait servi le même à Georges Dor dans *États d'âme, états de langue* — pour qu'on n'y regarde pas d'un peu plus près. D'autant que la nomination de la linguiste au Conseil de la langue française n'avait pas tardé à suivre la parution de son ouvrage, ce qui donne à penser qu'il doit y avoir là de quoi faciliter la légitimation de notre variété de français[49]. Ce qui frappe d'abord, c'est qu'en donnant

---

47. La deuxième édition de l'ouvrage porte d'ailleurs un nouveau sous-titre, plus explicite et plus neutre, «Une histoire sociolinguistique du Québec». Reste, il est vrai, le *nombril* du titre, beaucoup moins facile à interpréter toutefois que la notion d'*obsession*. Ce dont l'auteur rend justement compte dans la préface à cette nouvelle édition: «Certains y ont vu une intention ironique, d'autres se sont montrés déçus de ne pas trouver dans l'ouvrage la critique que sa présence dans le titre leur avait fait supposer. Les Québécois sont-ils nombrilistes, repliés frileusement sur eux-mêmes, ou sont-ils au contraire sûrs d'eux-mêmes, ouverts et sereins?» (Ch. Bouchard, *La Langue et le nombril. Une histoire sociolinguistique du Québec*, Saint-Laurent, Fides, 2e édition, 2002, p. 11.) L'ennui est que le nombrilisme («Attitude égocentrique», selon le *Petit Robert*), c'est pratiquement le contraire de la frilosité...
48. *La Langue et le nombril, op. cit.*, 1re édition, p. 8. (Les références qui suivent renvoient toutes à cette édition.)
49. L'auteur de *La Langue et le nombril* a été membre du Conseil de la langue française de juin 1998 à octobre 2002, c'est-à-dire jusqu'à la restructuration des organismes de la Charte.

à entendre qu'on peut tout naturellement comparer les discours sur l'état de la langue qui ont cours en France, aux États-Unis et au Québec, la linguiste gomme complètement la spécificité linguistique québécoise. Ce qui lui évite commodément d'avoir à prouver qu'elle n'est pour rien dans les critiques dont elle fait état. Dans ce portrait qu'elle trace d'une élite à qui l'insécurité linguistique aurait fait perdre tout jugement — au point de penser qu'il faudrait encore écrire comme au XIXᵉ siècle! —, elle oublie également de tenir compte des Québécois d'origine étrangère qui ne se privent pas de critiquer le français que parlent leur compatriotes «de souche». De Sergio Kokis à Régine Robin en passant par Françoise Tétu de Labsade et le publicitaire Jean-Jacques Stréliski, ils sont nombreux. Et ils ne souffrent tout de même pas d'insécurité linguistique par procuration. Plus intéressant encore est l'objet des critiques, selon Chantal Bouchard. Il n'est pas indifférent qu'elle ait évoqué le jargon des jeunes et la langue des humoristes. Il est courant chez les linguistes qui s'emploient à les invalider de prétendre que les critiques sur l'état du français portent essentiellement sur des faits de langue justifiés pas des situations de communication exceptionnelles — ce dont le profane serait évidemment trop bête pour se rendre compte. Le locuteur déviant parlerait donc «mal» en toute connaissance de cause, et ses incartades langagières ne révéleraient rien sur sa maîtrise de la langue ni sur le français québécois en général. Chez les québécisants, on a bu ça comme du petit-lait…

En ce qui me concerne, ce genre de simplifications me restent en travers de la gorge, surtout quand elles sont énoncées par des linguistes. À une émission de télévision consacrée au français à l'école, on demande à une étudiante en pédagogie s'il est important, selon elle, que les futurs enseignants aient une bonne maîtrise de la langue: «Oui, parce que c'est nusaut' qui va l'enseigner[50]», répond candidement la jeune fille. Un jargon de jeunes, ça? Pas du tout. C'est du français québécois, langue dans laquelle *c'est nous qui allons* se dit, le plus couramment du monde, *c'est nusaut' qui va*. Et j'insiste: le plus couramment du monde. Je me plais à dire qu'il suffit, pour le constater, d'avoir des oreilles pour entendre. Ce qui ne m'empêche pas pour autant de m'intéresser à la description linguistique, en l'occurrence aux travaux du linguiste Philippe Barbaud sur la syntaxe du français québécois. Barbaud a analysé le français québécois oral «à partir de l'usage

---

50. *Zone libre*, Radio-Canada, 17 octobre 1999.

le plus banal [je souligne] que font de leur langue maternelle les monologuistes, les politiciens, les auteurs et comédiens de télé-romans et même un nombre appréciable d'universitaires[51]». Or ses travaux révèlent que «les élites québécoises n'exercent plus le moindre ostracisme sur une quantité impressionnante de faits morphologiques et syntaxiques nettement dissidents par rapport au français européen[52]». Si bien, conclut le linguiste, que si la tendance se maintient, «des pans entiers du système syntaxique de la langue française sont appelés à se modifier à moyen terme», et qu'on pourrait bien se voir un jour «forcé de rendre le verdict que le français québécois est devenu le cajun du Canada».

Barbaud, qui fait «un diagnostic pessimiste du parler québé-cois *le plus courant*[53]» (je souligne), serait-il un peu alarmiste dans ses conclusions? Ce n'est pas exclu. Mais, quoi qu'il en soit, il n'est pas seul à observer ce qu'il appelle la «dissidence» de l'usage québécois oral. Dans le rapport du Conseil de la langue française *La Qualité de la langue: un projet de société*, Jacques Maurais évoque les travaux de Barbaud, qu'il rapproche de ceux du spécialiste de la grammaire du français québécois, Jean-Marcel Léard: «On peut trouver dans le livre récent de Jean-Marcel Léard sur la grammaire du québécois des propos qui, eux aussi, vont dans le sens de l'existence d'une diglossie au Québec entre français standard à l'écrit et langue québécoise à l'oral[54].» Le «francisant» Philippe Barbaud s'est d'ailleurs appuyé sur les travaux du très québécisant Jean-Marcel Léard. Ce qui montre que quand on fait de la linguistique, on observe les mêmes faits de langue. On peut, comme Barbaud, s'en désoler et craindre que le québécois oral ne devienne le «cajun du Canada». On peut, comme Léard, penser qu'il faudrait légitimer cet usage, qu'il est déplorable qu'à l'école «les jeunes doivent parler et écrire une langue qui n'est pas vraiment la leur[55]». Mais on ne peut pas, sauf à compromettre sa réputation de linguiste, feindre d'ignorer une situation linguis-tique aussi singulière.

---

51. Ph. Barbaud, «Dissidence du français québécois et évolution dialectale», résumé de la communication prononcée dans le cadre du 66e Congrès de l'ACFAS (http://www.is.mcgill.ca/acfas66/C3169.htm — 14 avril 1998). La communication a été publiée, sous le même titre, dans *Revue québécoise de linguistique*, vol. 26, n° 2, 1998, p. 107.
52. Ph. Barbaud, «Propos sur la qualité de la langue des Québécois», *L'Univers du français*, n° 73, mars 1997, p. 22.
53. «Dissidence du français québécois et évolution dialectale», art. cit.
54. *La Qualité de la langue: un projet de société*, op. cit., p. 332.
55. Cité dans *ibid.*, p. 332.

Or, pour l'auteur de *La Langue et le nombril*, il est d'emblée exclu que l'insatisfaction des Québécois puisse avoir quelque fondement : tout s'explique essentiellement par l'insécurité linguistique. En ce qui a trait à l'enseignement du français, par exemple : « Il semble bien [...] que l'école québécoise n'ait pas encore comblé les attentes des citoyens à cet égard. La longue histoire d'insécurité linguistique des Québécois fait porter sur le système scolaire un lourd fardeau, plus lourd qu'ailleurs sans doute...[56] » Le moins qu'on puisse dire est que l'école québécoise prend son lourd fardeau bien à la légère... Le Québec est sans doute le seul endroit du monde où on tolère que les enseignants ne parlent pas correctement en classe, selon une norme, un standard. Et que le standard soit français ou québécois ne change rien à l'affaire : il est évident que la norme du québécois ne légitimera pas, fût-ce à l'oral, des fautes d'accord à répétition, ni des tours comme *ça l'a pas* ou *ça n'en prend*. J'ai cité dans *Le Maquignon* une enquête du linguiste Gilles Bibeau, qui révélait que plus de 80 pour cent des enseignants utilisent en classe le registre dit familier — en fait, le français québécois courant décrit par Barbaud et Léard. Les résultats de cette enquête n'ont rien de surprenant si on en juge d'après cette confession que faisait à une émission de radio le président du Comité d'agrément des programmes de formation à l'enseignement, le linguiste Conrad Ouellon : « La qualité de la langue orale dans l'enseignement, c'est pas quelque chose dont on s'occupe, ni à l'école ni dans la formation des professeurs. [...] Qu'est-ce que c'est du bon français, à l'oral ? C'est pas [*sic*] défini nulle part. Y a personne qui s'est avancé jusqu'à présent à le définir. [...] Lorsqu'on ouvre la bouche, là, y a tous les préjugés : on est mal à l'aise vis-à-vis [*sic*] ça[57]. » Quelque chose nous dit que M. Ouellon, qui est un des coauteurs de la réplique à Georges Dor, n'a pas dû « s'ouvrir la bouche » là-dessus bien souvent, occupé qu'il est à défendre les *qui qui* et les *que que*... Pas plus d'ailleurs que son collègue Gilles Bibeau, spécialiste de l'enseignement du français et ardent défenseur du québécois, qui disait trouver la situation tout à fait normale. En fait, l'école québécoise a été réquisitionnée pour « la cause » il y a longtemps. Et cela commence enfin à se savoir[58].

---

56. *La Langue et le nombril*, *op. cit.*, p. 16.
57. *Histoire de parler*, première chaîne de Radio-Canada, 7 mai 2000.
58. Voici à ce propos ce que dit le linguiste Gilles Gagné, spécialiste des programmes de français, sur les programmes du primaire et du secondaire de 1993 et 1995 : « ... concernant le français oral, on n'y trouve pas suffisamment de précisions sur le registre de

Si l'analyse sociolinguistique de l'auteur de *La Langue et le nombril* était juste, les parents québécois devraient normalement exprimer leur «insécurité linguistique» en inondant les journaux de lettres dénonçant l'incurie du ministère de l'Éducation. Or il n'en est rien. Non seulement les Québécois ne se plaignent pas de la qualité de la langue parlée par les enseignants, mais, selon une enquête menée par deux linguistes du Conseil de la langue française, ils s'en disent très satisfaits : «En général, les francophones sont très positifs envers [*sic*] le parler des enseignants. Ils sont 83 % à affirmer que le personnel enseignant parle bien[59]». Cela n'a en fait rien d'étonnant : le Québécois moyen est absolument incapable de remarquer les particularismes qui caractérisent sa langue parlée. Et c'est tant mieux... S'il fallait qu'il sache ! Imaginez l'insécurité linguistique, et l'alourdissement du déjà *lourd fardeau de l'école québécoise*... Moralité : heureusement qu'il y a la sociolinguistique, sans quoi on serait obligé de faire de la linguistique et de regarder la réalité en face. Merci monsieur Labov !

Quant à la cause de cette insécurité qui nous tarauderait collectivement, la linguiste ne se fait pas faute de signaler, dans la conclusion de l'ouvrage, l'absence d'une norme québécoise, le fait que «la norme, qu'on reconnaît explicitement ou non, étant une norme extérieure, on n'est jamais tout à fait assuré de son jugement[60]». C'est exactement ce qu'au Conseil de la langue française on voulait entendre.

---

langue soutenu ou soigné. Est-ce à cause de l'absence d'une norme officielle du français parlé au Québec ou par souci d'éviter les condamnations du français québécois familier ?» («Les programmes d'enseignement du français», dans *Le français au Québec : 400 ans d'histoire et de vie*, sous la direction de M. Plourde, H. Duval et P. Georgeault, Conseil de la langue française et Fides, 2000, p. 394.) Si on se réjouit de voir évoquer enfin le rôle d'instrument de légitimation du «registre familier» du français québécois qu'on fait jouer à l'école depuis des années (sous couleur d'éviter l'insécurité linguistique aux élèves), on regrette toutefois que le linguiste accorde crédit à l'idée, colportée par les aménagistes, selon laquelle le ministère de l'Éducation et le corps enseignant attendraient la mythique norme du québécois standard pour mettre fin au laxisme dans la langue parlée. À qui veut-on faire croire qu'un enseignant a besoin de l'autorisation d'une caste de mandarins autoproclamés pour reprendre un élève quand il fait une grossière faute de genre ? Il n'est d'ailleurs même pas besoin pour cela de «précisions sur le registre de langue soutenue», il devrait suffire d'un peu de bon sens !

59. Ph. Bouchard et J. Maurais, «Les Québécois sont satisfaits des enseignants mais trouvent que le français des étudiants [*sic*] est inadéquat», *Le Devoir*, 8 septembre 1999, p. A 7. Notons qu'un des deux linguistes qui ont réalisé cette enquête est l'auteur de *La Qualité de la langue : un projet de société*, rapport dans lequel on admettait qu'il y a bien un problème : «les enseignants ne s'exprimant pas toujours correctement eux-mêmes, comment pourraient-ils corriger la langue orale de leurs élèves ?» (*La Qualité de la langue...*, *op. cit.*, p. 335.)

60. *La Langue et le nombril*, *op. cit.*, p. 292.

Il y a trente ans, à l'époque où il faisait valoir le point de vue aménagiste à Paris, Jean-Claude Corbeil se félicitait de l'intérêt pour le français québécois qu'avait suscité la querelle du joual : «Durant cette période, la linguistique comme science recrute, dans les facultés des Lettres, de nombreux jeunes adeptes, qui sont ainsi formés à l'observation scientifique des faits de langue. Le temps de l'impressionnisme en matière de langue achève[61].» *Le temps de l'impressionnisme achève...* Le temps de la manipulation n'aura pas tardé à lui succéder. Et le manipulateur fait son miel de la sociolinguistique impressionniste. Les aménagistes devraient avoir la décence de ne pas se draper dans la toge du linguiste : il est par trop évident que, dans leur camp, l'impressionnisme est diversement apprécié selon qu'il nuit à la cause ou qu'il la sert. Et on s'y adonne même sans vergogne. Ce qui explique sans doute que, comme le concédaient Pierre Martel et Hélène Cajolet-Laganière dans la conclusion d'un de leurs ouvrages, «des questions fondamentales au chapitre de la qualité de la langue demeurent floues[62]». On ne saurait mieux dire. Et c'est justement pour dissiper un peu ce flou que j'ai écrit ce livre. *Le temps de l'impressionnisme achève...*

Mais avant d'entrer dans le vif du sujet, un rappel des idées des aménagistes s'impose. Il y a, là aussi, de troublantes zones d'ombre. Et quelques déroutants raccourcis.

61. J.-C. Corbeil, «Origine historique de la situation linguistique québécoise», dans *Le Français au Québec*, sous la direction de J.-C. Corbeil et L. Guilbert, coll. «Langue française», Paris, Larousse, 1976, p. 13.
62. *La Qualité de la langue au Québec, op. cit.*, p. 158.

CHAPITRE PREMIER

L'AMÉNAGISME:
ESSAYONS UN PEU D'Y VOIR CLAIR

Selon les deux auteurs du *Français québécois*, les positions sur la norme se diviseraient en quatre grands courants: puriste, joualisant, québécisant et aménagiste. Premier sujet d'étonnement: la québécitude langagière peut s'exprimer au pluriel, alors que la défense du français standard est réduite à un courant monolithique, comme de juste représenté par des esprits passéistes, étriqués et rigides. Les tenants du français standard sont grossièrement caricaturés, tous rangés sans distinction sous l'étiquette «partisans de l'alignement inconditionnel sur le français de Paris». On notera: le *français de Paris*, où il faut entendre que le français standard n'est qu'une variété régionale parmi d'autres, ce que ses naïfs partisans n'auraient pas encore compris. Les aménagistes ne craignent pas de forcer le trait pour décrire ces «inconditionnels» de la variété parisienne, qui «s'opposent farouchement à toute reconnaissance du français québécois ainsi qu'à la moindre variation officielle de ce parler par rapport au français de Paris[1]». Certes, ils tempèrent: cette sombre description ne s'appliquerait qu'aux «tenants extrêmes de ce courant»; mais, tous étant d'entrée de jeu qualifiés d'inconditionnels, il faut comprendre qu'il n'y a dans ce camp que des puristes plus ou moins bon teint.

S'ils ont soin de préciser que les «"joualisants" purs sont peu nombreux à l'heure actuelle[2]», les auteurs du *Français québécois* se gardent bien de dire que les «puristes purs» le sont tout autant. À telle enseigne d'ailleurs que nos aménagistes ont quelque mal à renouveler leur stock d'épouvantails, et qu'après avoir cité comme représentant de ce courant le regretté Gérard Dagenais, ils doivent se rabattre sur la journaliste Lysiane Gagnon. La journaliste de *La Presse* compterait donc, selon eux, parmi ces puristes pour qui le «fait de parler une langue qui diffère de celle des Français conduit invariablement à un enfermement, à un ghetto

---

1. *Le Français québécois*, op. cit., p. 92-93.
2. *Ibid.*, p. 94.

culturel»… Invariablement! Et pour nous persuader de cela, qui est une énormité, on cite une de ces diatribes contre la parlure québécoise dont la journaliste est coutumière: «ce qui menace le plus le français au Québec, c'est ce processus d'enfermement linguistique par lequel nous dilapidons notre plus précieux héritage: une langue de dimension internationale[3]». S'il est bien question ici d'enfermement, strictement rien dans cet énoncé ne permet d'affirmer que, pour son auteur, l'emploi du moindre québécisme mène au ghetto linguistique. Tirer pareille conclusion d'une aussi banale envolée, cela s'appelle, purement et simplement, du détournement de citation.

Imaginons un instant que, par extraordinaire, les aménagistes se souviennent qu'ils sont linguistes — c'est d'ailleurs auréolés de ce titre qu'ils s'adressent à leurs lecteurs —, et que, dans quelque improbable sursaut de conscience professionnelle, l'idée leur vienne d'analyser la prose de la journaliste, histoire de vérifier si leur jugement est fondé. Il ne leur faudrait pas longtemps pour constater qu'il ne l'est pas. Pour peu qu'on lise la journaliste de temps à autre, il est en effet facile de voir que ses articles recèlent bon nombre d'écarts par rapport au français parisien. Et je parle bien sûr d'usages dont l'auteur ne peut pas ignorer qu'ils n'ont pas cours en Île-de-France. Tenez, jouons un peu au linguiste et prenons par exemple cet article intitulé «On est drôlement bien protégés!» Lysiane Gagnon y raconte avec force ironie une bévue commise au Service canadien des renseignements, par une «agente» distraite qui se trouve être une «amatrice de hockey», et de surcroît «une membre d'une minorité visible» — nous n'avons par ailleurs jusqu'à présent relevé aucune attestation, sous la plume de Mme Gagnon, des formes *un victime* et *un personne* pour désigner un homme. Et, devant la réaction du premier ministre canadien, qui trouve l'affaire comique, c'est dans une expression bien de chez nous que la journaliste laisse éclater son indignation: «c'est la cerise sur le sundae[4]»! Drôle de puriste, on en conviendra.

De *magasinage* à *patates frites* en passant par *cheap*, *pinotte* et *quétainerie*, *acheter une idée* et *faire du millage avec*, on trouve en fait de ces québécismes populaires en abondance dans les articles de Lysiane Gagnon. Il ne m'a donc pas fallu dépouiller *La Presse* pendant des semaines pour trouver ces exemples. Je les ai relevés

---

3. *Ibid.*, p. 93.
4. L. Gagnon, «On est drôlement bien protégés!», *La Presse*, 18 novembre 1999, p. B 3.

dans le deuxième article qui m'est tombé sous la main au moment où j'ai entrepris ma petite recherche. Et n'allons surtout pas croire qu'il n'y ait rien eu d'intéressant dans le premier. Bien au contraire. On y trouvait également des québécismes, qui ne présentaient toutefois aucun intérêt pour étayer mon propos, puisqu'il s'agissait de ce type de particularismes dont le locuteur n'est généralement pas conscient, des anglicismes sous forme d'emprunts sémantiques : «Il a montré le plan à un entrepreneur privé… qui lui aurait *chargé* 700 $»; «Tout commerçant a le droit de cesser ses *opérations*»; «Les employés ne savaient pas s'ils allaient recevoir […] leur *paie de vacances*[5]». Ces anglicismes montrent deux choses. La première est que, si Lysiane Gagnon est de la lignée des Colpron et des Dagenais, il est clair en tout cas qu'elle n'a pas fait de leurs ouvrages ses livres de chevet. La seconde est que, si une journaliste réputée pour sa défense du français standard, au point d'être taxée de purisme, n'a pas éliminé de son usage ce genre de «particularismes», il n'est pas aventureux de conclure que l'élite québécoise en général ne l'a pas fait non plus. Ce qui donne à penser qu'elle pourrait bien ne pas être tout à fait à la hauteur du rôle de modèle langagier auquel les aménagistes la destinent. Sauf à croire que, par nationalisme linguistique, les Québécois seraient prêts à légitimer les anglicismes et barbarismes de leur élite. On devrait pouvoir être entendu quand on dit ce genre de chose[6]. Mais voilà, les aménagistes n'aiment pas la critique, alors

---

5. L. Gagnon, «Avec l'argent des autres», *La Presse*, 16 novembre 1999, p. B 3. Les équivalents français de ces anglicismes — que nous avons mis en italique — sont *demandé*, *activités* et *indemnité de licenciement*. Disons, à la décharge de Mme Gagnon — qui, si elle lit ce livre, ne m'en voudra pas, je l'espère —, que le vocabulaire du commerce est particulièrement abondant en anglicismes.

6. Et on devrait pouvoir être entendu correctement… Dans un compte rendu de mon premier livre, où je citais deux journalistes connus pour illustrer l'emploi d'une impropriété qui s'est récemment répandue dans l'usage, un critique a compris que je «déplorais» la présence de fautes dans la langue de locuteurs de prestige. Or il ne s'agit pas davantage pour moi de déplorer ou de dénoncer les fautes de Lise Bissonnette, de Stéphan Bureau ou de Lysiane Gagnon que pour des grammairiens comme Grevisse ou Thomas de se désoler quand chez Mauriac, Gide ou Valéry ils relèvent quelque emploi critiqué. Il s'agit essentiellement pour eux d'arguer du prestige de ces écrivains pour légitimer l'usage en question; ou à tout le moins de prendre acte de l'évolution de la langue, et du fait que la légitimation ne saurait tarder. C'est ce principe de légitimation que les aménagistes proposent d'appliquer pour définir le bon usage québécois. Voici par exemple avec quel argument une de leurs nouvelles recrues, Marie-Éva de Villers, justifiait, à une émission de radio, l'inclusion dans la quatrième édition du *Multidictionnaire* d'*achalandage* (pour *fréquentation*) à titre de québécisme appartenant au bon usage: «C'est un mot qui appartient au registre standard, ou même relevé. Pourquoi? Parce que c'est Lise Bissonette qui l'emploie dans un éditorial, ce sont des articles relatant l'actualité où on le trouve…» (*Bouquinville*, deuxième chaîne

ils la neutralisent en réduisant leurs opposants à un quarteron de nostalgiques de «l'option d'un français unique, le franco-français des années 1960[7]».

L'affaire réglée, les aménagistes passent sans transition aux mouvances québécisantes. Il n'y a pas lieu de s'étendre sur la description du courant joualisant, sinon pour signaler qu'ils y associent, dans la plus totale confusion, le chantre du joual Léandre Bergeron et les écrivains de la revue *Parti Pris*, pour qui le recours à cette langue dégradée n'était qu'un moyen de conscientisation. L'idée que ces écrivains préconisaient, comme l'avancent les aménagistes, «l'option du "joual" comme parler propre aux Québécois[8]» est complètement erronée. Soyons juste, il y a tout de même progrès : il fut un temps où ils classaient également parmi les joualisants l'auteur du *Dictionnaire du français Plus* et directeur du Trésor de la langue française au Québec, Claude Poirier, ainsi que l'auteur du *Dictionnaire québécois d'aujourd'hui*, Jean-Claude Boulanger. À qui, magnanimes, ils concédaient tout de même une position «nettement plus nuancée[9]». Parions que cela n'aura pas suffi à réfréner les protestations des deux lexicographes, ce qui expliquerait que, dans *Le Français québécois*, les aménagistes les aient élevés au rang de «québécisants», leur rendant du coup leur crédibilité. Et c'est là que les choses se compliquent pour les aménagistes, qui doivent maintenant tenter d'expliquer ce qui distingue leur projet de celui des deux lexicographes, dont les dictionnaires ont été plutôt mal accueillis.

de Radio-Canada, 7 septembre 2003.) Mme de Villers a choisi de s'en tenir à *achalandage* — «issu du fonds français», ainsi qu'elle ne manqua pas de le signaler —, et de ne pas parler des anglicismes *image corporative* et *citoyen corporatif* — dont elle a pourtant également relevé nombre d'attestations crédibles, comme nous le verrons plus loin. J'ai quant à moi choisi d'attirer l'attention sur des «écarts» qui pourraient bien se révéler plus difficiles à légitimer. Mon opinion sur les emplois critiqués que je cite n'est d'aucun intérêt : c'est de la réalité linguistique et du discours sur la norme qu'il est question. Je devrais pouvoir dire que je trouve inacceptable d'entendre l'auteur du *Multidictionnaire* affirmer qu'*achalandage* «est un mot essentiel pour décrire l'actualité» au Québec — ce qui est évidemment faux — sans qu'on en conclue que je m'oppose à la légitimation du mot. Cela étant dit, je ne me fais guère d'illusions sur l'effet que produira cette mise au point sur les aménagistes, qui se sont empressés de réduire *Le Maquignon et son joual* à une thèse puriste. Étant donné le risque qu'on court d'être mal compris du profane quand on aborde la question de la norme sous cet angle — en particulier dans un essai polémique —, il n'est sans doute pas inutile de préciser en outre qu'il ne s'agit aucunement de me poser moi-même en modèle de perfection.

7. *Le Français québécois, op. cit.*, p. 93.
8. *Ibid.*, p. 94.
9. Voir *Le Maquignon et son joual*, Montréal, Liber, 1998, p. 121, note 24.

C'était si commode de n'avoir à se démarquer que de puristes obtus et d'inconvenants *joualeux*...

* * *

Voyons donc où résiderait la différence de points de vue selon les aménagistes. Le principal reproche que ceux-ci formulent à l'égard du *Dictionnaire du français Plus* et du *Dictionnaire québécois d'aujourd'hui* est que «leur dessein est surtout descriptif», et qu'ils «décrivent de façon prioritaire le français parlé et familier du Québec[10]». Rappelons que le dictionnaire descriptif, comme son nom l'indique, se propose essentiellement de décrire une langue, sans recourir au jugement normatif, que ce soit directement par des marques d'usage ou indirectement par la sélection des mots recensés. Il est difficile de comprendre comment les aménagistes peuvent affirmer que des dictionnaires comportant des marques d'usage normatives, comme c'est le cas de ces deux ouvrages, pourraient être «surtout descriptifs». Les deux lexicographes québécisants sont d'ailleurs clairs quant à leur projet normatif, essentiellement le même que celui des aménagistes : légitimer le français d'Amérique. Ils s'en expliquent en long et en large dans l'introduction de leur dictionnaire. Voici par exemple ce qu'on peut lire dans l'introduction du *Dictionnaire québécois d'aujourd'hui*, sur les visées de ses auteurs : «Il [l'ouvrage] naît [...] d'une suite d'exigences à la fois d'origine sociale, culturelle et pédagogique visant à représenter le monde à partir d'une conscience linguistique propre au peuple québécois, valorisée socialement. [...] il veut être le premier véritable dictionnaire d'un français américain, reflétant la réalité fonctionnelle d'un usage — dont la norme sociale est aujourd'hui, malgré les polémiques qui montrent sa vitalité, en voie de constitution. [...] Le français d'Amérique du Nord existe. Il doit survivre. Il ne le pourra qu'en se *défendant* et en *s'illustrant* — c'est-à-dire, d'abord en se *reconnaissant*[11].» Les aménagistes auraient parfaitement pu signer cela.

Par ailleurs, les auteurs de ces deux dictionnaires ont fait plus d'un accroc à la lexicographie descriptive, en exerçant une censure — chacun avec ses critères propres et en fonction du public visé — sur une foule de mots de la langue populaire, voire de la langue courante, ce dont on n'a pas manqué de leur

---

10. *Le Français québécois, op. cit.*, p. 94.
11. *Dictionnaire québécois d'aujourd'hui, op. cit.*, p. IX-X.

faire reproche, comme le rapportent d'ailleurs les aménagistes eux-mêmes. Voici dans quels termes, dans *Le Français québécois*, ils font état des critiques formulées à propos du *Dictionnaire du français Plus* : «on s'étonne de nombreuses lacunes lexicales touchant le français québécois : des mots d'usage courant comme *quétaine, gosser, avant-midi, chialer, être sur une tablette, casse-tête, sous-tapis, piqueter, pogner, espadrilles, hot-chicken, gale, finissant,* etc., y sont absents». Détail particulièrement éclairant, on aurait aussi reproché au *Dictionnaire du français Plus* de recenser «les mots *liqueur douce, soda, marshmallow, abreuvoir, centre d'achat, sacoche,* etc., [...] malgré leur condamnation par l'Office», alors que son auteur affirmait avoir choisi de «ne pas retenir les québécismes et les anglicismes condamnés par l'Office de la langue française[12]», de préciser les deux aménagistes... Car le *Dictionnaire du français Plus,* malgré ces quelques libertés, s'en tenait essentiellement à la très restrictive politique de l'Office en matière de québécismes. Et les aménagistes voudraient faire passer l'ouvrage pour un dictionnaire trop laxiste! Quant au *Dictionnaire québécois d'aujourd'hui,* et à son caractère prétendument trop descriptif, nous y avons nous-même relevé de remarquables omissions, de *coconut* à *truck* en passant par *switch* et *switcher*[13].

Le deuxième point soulevé par les aménagistes a trait à la surreprésentation du vocabulaire familier dans la nomenclature des deux dictionnaires québécisants. Or les aménagistes eux-mêmes se proposent de publier un dictionnaire complet du français québécois, dans lequel ils feraient place à tout le vocabulaire populaire et familier : «À ce français québécois standard [...], il faut greffer et hiérarchiser [*hiérarchiser au* français québécois?] l'ensemble des usages québécois (archaïsmes, mots familiers, littéraires, spécialisés et autres.)». Et encore : «les niveaux de langue populaire, familier, etc. devront être décrits et hiérarchisés par rapport à ce français québécois standard»; «L'existence de ce français québécois standard justifie et appelle la rédaction d'un dictionnaire complet[14].» Signalons, à propos de la dernière assertion, qu'il s'agit d'une affirmation totalement dénuée de fondement, assenée d'autorité, dans la plus pure manière aménagiste: on ne voit absolument pas en quoi l'existence de particularismes

---

12. *Le Français québécois, op. cit.,* p. 43.
13. Voir *Le Maquignon et son joual, op. cit.,* chapitre 11.
14. *Le Français québécois, op. cit.,* p. 112, 126-127.

dans la langue soignée obligerait les Québécois à adopter la formule du dictionnaire complet. Autrement dit, en quoi *fin de semaine* «appellerait» *c'est le bout' de la marde*. On peut parfaitement estimer qu'il n'est pas souhaitable que le vocabulaire familier du français québécois soit considéré comme appartenant, à titre de registre, à la langue légitime, avec tous les traits morphosyntaxiques dont il est indissociable et que sa légitimation ne manquerait pas de conforter dans l'usage. Les aménagistes se sont-ils déjà penchés sur les effets pervers que pourrait avoir cette consécration de la parlure populaire par l'«institution dictionnairique», comme ils disent? En tout cas, ils sont remarquablement discrets sur la question dans *Le Français québécois*. Si on exclut une furtive allusion à la grammaire du québécois oral de Jean-Marcel Léard — qui n'évoque strictement rien dans l'esprit du lecteur profane —, ces deux petits passages sont en fait les seuls, dans un ouvrage de cent vingt neuf pages, où soient évoqués la langue parlée et le registre familier. Et encore le dernier se trouve-t-il dans la conclusion.

Nous voulons bien, comme le répètent les aménagistes et autres québécisants, que le français québécois ne se distingue pas que par des usages populaires, mais ces derniers n'en existent pas moins. Et si le dictionnaire des aménagistes doit être complet, ils y seront infiniment plus nombreux que les usages du québécois standard, puisque dans toutes les variétés régionales d'une langue, c'est dans le registre familier qu'on observe le plus d'écarts par rapport à la langue de référence. Loin de faire exception à la règle, le français québécois se caractérise par une étonnante persistance d'usages populaires, parfois même franchement dévalués socialement, dans la langue des locuteurs instruits. Il est par conséquent difficile de comprendre comment on a pu rédiger un ouvrage sur l'aménagement du français québécois sans consacrer au moins un chapitre à la question. Et en l'exposant dans toute sa complexité: vocabulaire et morphosyntaxe, l'un n'allant pas sans l'autre. Autrement dit — et pour reprendre la formule des deux aménagistes — *pogner* «appelle» *minque*, pour donner *minque j'te pogne…*[15] Mais il est vrai que, ce faisant, on risquait d'éloigner la manne des subventions.

---

15. On réprime difficilement un sourire en voyant de quelle manière l'auteur du *Multidictionnaire* se dédouane d'avoir consacré *pogner* dans son dictionnaire: «Inscrire un mot au dictionnaire lui donne droit de cité. Mais il est inacceptable d'inscrire un mot comme "pogner" — au sens d'"attraper" — sans aucune mention sur l'archaïsme de ce sens.» («Oubliez le Bescherelle, voici le Multi», *Forum*, Université de Montréal,

L'autre point sur lequel les aménagistes prétendent se démarquer significativement des québécisants est la question centrale de l'autonomie du français québécois, dont dépend directement la décision de marquer ou non les québécismes. Voyons comment ils exposent le point de vue des québécisants : « Pour ces lexicographes, il importe de décrire dans des dictionnaires québécois uniquement l'usage de la langue au Québec et de la considérer comme une langue indépendante du français de France. Pour cela, ils suppriment les marques topolectales ou géographiques, qui indiqueraient au lecteur le caractère québécois exclusif d'un mot ou d'un sens. Cette option prive le lecteur de toute référence au français international[16]. » On me permettra ici une petite digression. Il serait décidément regrettable que cette spectaculaire réhabilitation passe inaperçue : le même idiome qui était présenté comme une simple variété locale, le « français de Paris », quand on s'employait à ridiculiser ses défenseurs, se voit hissé au rang de « français international » maintenant qu'il s'agit de reprocher aux québécisants de vouloir nous en priver... C'est à des petits détails comme ceux-là qu'on mesure la rigueur et l'objectivité des aménagistes. Et il en foisonne dans *Le Français québécois*. Dans le même énoncé, encore, cette insinuation selon laquelle les deux principaux lexicographes du français québécois se soucieraient comme d'une guigne de la compréhension entre francophones. Quand par ailleurs Lysiane Gagnon dit craindre qu'on ne sacrifie le français international sur l'autel de la québécitude, ce ne serait que purisme et alarmisme... Voilà comment deux professeurs d'université défendent leurs idées, dans une publication subventionnée par l'État, avec la bénédiction de hauts fonctionnaires des organismes de la Charte. Et on voudrait que notre belle jeunesse ait le sens de la rigueur !

Trêve d'ironie. Voyons, par comparaison, ce que les aménagistes proposent pour faire droit au français standard : une « position plus modérée, qui tente de respecter la spécificité et l'autonomie linguistique du Québec tout en conservant nos liens avec la francophonie[17] ». Maintenant, essayons de voir en quoi

---

12 janvier 1998, p. 2.) Mme de Villers croit-elle sérieusement que les Québécois consultent un dictionnaire de difficultés pour savoir à quoi s'en tenir à propos du verbe *pogner*, et que la marque *archaïsme*, qui est en porte-à-faux par rapport à l'usage qu'ils font de cette expression, changera quoi que ce soit à l'habitude qu'ils ont d'y recourir à tout propos ? En donnant de la patine au mot, elle lui confère au contraire une légitimité qu'il n'avait pas quand on n'y voyait qu'un usage familier.

16. *Le Français québécois, op. cit.*, p. 94.
17. *Ibid.*, p. 95.

précisément l'«autonomie linguistique du Québec», défendue par les aménagistes, diffère du point de vue québécisant selon lequel le français québécois est une «langue indépendante du français de France» — cela ne vous rappelle-t-il pas quelque chose, au fait? Tout tournerait autour de la fameuse marque topolectale: pour consacrer l'indépendance du français québécois, les québécisants refuseraient de marquer les québécismes. Les aménagistes affirment quant à eux qu'il «convient de marquer les particularités québécoises». Mais ils n'expliquent pas comment ils entendent s'y prendre pour créer chez les Québécois la «conception autonomiste de soi-même comme communauté linguistique», en assortissant leurs usages d'une marque topolectale, qui les désignerait automatiquement comme des particularismes. Il y a bien de leur part une tentative pour résoudre la contradiction, mais elle tourne court: ce marquage topolectal ne devrait pas, disent-ils, être fait au moyen de la marque *québécisme*, car ce type d'indication donnerait le sentiment que le terme marqué «n'appartient pas au français selon la supranorme acceptée jusqu'à présent[18]». L'ennui est qu'ils ne proposent rien d'autre, et qu'on se retrouve devant la quadrature du cercle: marquer les particularismes québécois, sans trop attirer l'attention sur leur particularité et leur québécité... Et, encore là, la parenté de vue avec les québécisants est patente: «Si nous identifions [*sic*] les québécismes, dit Claude Poirier, nous contribuons à propager la perception traditionnelle, à savoir que les québécismes ne sont pas des mots tout à fait français, qu'il faut mettre entre guillemets ou à part[19].»

La position des aménagistes est en fait absolument intenable. En clair et en résumé, il ne peut pas y avoir deux standards: on ne peut tout simplement pas prétendre vouloir à la fois faire du français québécois la langue de référence et situer systématiquement ses usages par rapport à une autre langue de référence. Le point de vue aménagiste sur l'autonomie et la légitimité de l'usage québécois, et sur la marque topolectale, est en fait fort bien résumé par Jean-Claude Corbeil, cité — par inadvertance? — dans *Le Français québécois*: «... dans un projet de dictionnaire de l'usage du français au Québec, il faut prendre l'usage légitime québécois comme critère d'acceptabilité d'un mot ou d'un sens. Serait-ce à

---

18. *Ibid.*, p. 116, 79, 81.
19. A. Boivin et A. Gaulin, «Dictionnaire du français Plus», *Québec français*, n° 72, décembre 1988, p. 91.

dire qu'il ne faut rien marquer de ce qui est proprement québécois ? Je ne le crois pas, parce que, pour certains mots ou certains sens, les Québécois ressentent le besoin de se situer par rapport à l'usage français ou auraient avantage à connaître l'écart entre notre usage et celui de France...[20] » Il ne s'agit pas de ne *rien* marquer, dit Corbeil, mais de marquer *certains* québécismes, exceptionnellement. Le lexicographe aménagiste étant évidemment seul juge de ce que nous avons « avantage à connaître », et surtout de ce que nous avons avantage à ignorer, pour que puisse se former une conscience normative autonome.

Le marquage topolectal est en fait absolument incompatible avec l'entreprise aménagiste, et la méthode lexicographique sur laquelle elle est fondée, la méthode non différentielle ou globale : « La méthode globale [...] considère le français québécois comme la langue d'une communauté linguistique pour laquelle il n'existe pas de variété témoin. [...] Cette approche met l'accent sur l'autonomie des langues nationales, complètes en soi. C'est cette approche que nous privilégions dans ce chapitre et dans le suivant[21]. » Bref, c'est cette approche qu'ils privilégient. Ce qui ne les empêche pas d'affirmer tranquillement qu'il convient de signaler les particularismes québécois.

* * *

Pas clair, dites-vous ? Vous n'avez encore rien vu. Et vous risquez d'ailleurs de ne rien voir, car à cet art consommé de l'entourloupe, les aménagistes allient de remarquables talents de prestidigitateurs. Témoin les stupéfiants tours de passe-passe par lesquels ils ont réussi à faire disparaître de ce québécois standard dont ils font leur fonds de commerce à la fois les anglicismes et tout le vocabulaire abstrait. Ce qui est quand même extraordinaire ! Tout cela sous le regard médusé du profane, à la décharge de qui il faut dire que les linguistes n'ont guère fait montre de plus de sens critique devant nos thaumaturges du verbe.

C'est ainsi que l'épineuse question des anglicismes dans la langue soignée a été expédiée en trois coups de cuiller à pot : après la « chasse effrénée aux anglicismes » à laquelle on s'est livré, il « serait jugé malvenu de continuer à employer ces mots dans le discours public ou officiel[22] ». Comme réflexion socio-

---

20. *Le Français québécois, op. cit.*, p. 117-118.
21. *Ibid.* p. 81-82.
22. *Ibid.*, p. 110-111.

linguistique, c'est un peu court. Et de surcroît, complètement à côté de la plaque : les anglicismes propres à ces types de discours étant essentiellement des calques et des emprunts sémantiques, le locuteur n'en est généralement pas conscient et les emploie bien malgré lui, que cela soit malvenu ou pas. La question de leur légitimation en québécois standard se pose donc bel et bien, si l'usage québécois fait loi. Quant aux emprunts lexicaux dits populaires, comme *checker* ou *scraper*, loin d'être plus malvenus aujourd'hui qu'hier dans le discours public, leur emploi y est complètement banalisé. Et il y aurait quelque tartuferie de la part des aménagistes à ne pas admettre que la légitimation du «registre familier» ou des «formes argotiques» de notre variété de français, à laquelle ils travaillent, discrètement mais non moins efficacement, a quelque chose à voir avec le phénomène.

Autre omission de taille : le vocabulaire abstrait a purement et simplement été évacué de l'étude des deux aménagistes. Dans le chapitre portant sur les «caractéristiques langagières propres au français standard du Québec», sur les quelque cent vingts mots et expressions donnés comme exemples de québécois standard, il n'y a pas un malheureux petit verbe, pas l'ombre d'une locution prépositive, pas trace d'un adverbe ou d'un adjectif. Pardon, il y a bien tout de même un adjectif, *collégial*. On a misé sur une valeur sûre : l'adjectif figure dans le *Petit Robert* avec la mention «régionalisme (Québec)», et dans le *Multidictionnaire*, avec le sceau d'approbation de l'Office de la langue française. Voilà en fait le type même du québécisme de bon aloi : il se trouve que le collège d'enseignement général et professionnel, qui n'a pas d'équivalent en France, occupe une place importante dans notre système d'éducation, ce qui nous a tout naturellement amenés à dériver un adjectif du substantif *collège*, entendu au sens d'établissement d'enseignement. Car, si en français standard *collégial* a également le sens de relatif à un collège, c'est au sens religieux de collège de chanoines que l'adjectif renvoie.

Cet exemple nous mène tout droit à une des plus évidentes faiblesses de la démonstration aménagiste : les mots et expressions choisis pour illustrer le québécois standard correspondent pour la plupart à des faits de société ou de culture, et ne sont pas à proprement parler des faits de langue. Les «particularismes» énumérés par les deux aménagistes sont pour l'essentiel des expressions qui désignent des réalités québécoises (*théâtre d'été, pourvoirie, cour des petites créances*), voire des noms d'organismes

(*Cercle des fermières, gala de l'ADISQ, Conseil des arts*). Le français québécois, ça? On croit rêver! Même les plus sourcilleux parmi les normalisateurs de l'Office approuveraient sans réserve l'entrée des inoffensifs *pâté chinois, trempette* et *concours d'amateurs* au panthéon lexical auquel les destinent les aménagistes. Il est d'ailleurs intéressant de comparer le minilexique du québécois standard établi par les aménagistes et la liste de «canadianismes de bon aloi» approuvés par l'Office en 1969, qui nous est aimablement fournie par les auteurs du *Français québécois*, à la page 50 de leur ouvrage. Cette liste date donc d'il y a trente ans, époque où, comme le font remarquer les aménagistes eux-mêmes, l'Office n'acceptait qu'avec la plus extrême parcimonie ce qu'on appelait encore les «canadianismes». Or que trouve-t-on dans cette énumération passée au filtre puriste? Les mêmes *outarde, érablière, catalogne* que dans le minilexique aménagiste, auxquels nos farouches autonomistes ont trouvé l'audace d'ajouter, *minifourgonnette, écotourisme* et *pizza toute garnie*... Histoire sans doute de «défolkloriser» notre variété de français, comme on dit dans le milieu. Bref, dans un cas comme dans l'autre, on trouve presque essentiellement des usages qui sont utiles pour décrire le milieu dans lequel nous vivons. Et il est, ma foi, assez difficile de voir dans ce genre d'usages — citons encore des expressions comme *carte-soleil, sous-ministre, centre de services sociaux* ou *abri d'auto* — des signes de cette «affirmation linguistique» des Québécois dont parlent les aménagistes, qui justifierait plus que le simple recensement de particularismes utiles dans un dictionnaire de français standard.

Après des pages de grandiloquentes envolées sur l'autonomie de notre variété de français, les deux aménagistes l'admettent d'ailleurs, en toute ingénuité: «Ces marques, ces manifestations linguistiques québécoises ne sont pas des écarts ni des fautes, mais bien des attestations qu'on a affaire à un référent québécois différent du référent français.» Les auteurs du *Français québécois* se plaisent par ailleurs à répéter — avec l'air de vouloir épater la galerie — qu'ils peuvent aisément déceler à la lecture d'un texte, aussi soigné fût-il, que son auteur est québécois: «... après analyse de centaines d'écrits de niveau soutenu, publiés au Québec [...], nous pouvons affirmer qu'aucun d'entre eux n'est neutre. Chacun révèle des marques, des formulations, des expressions, qui indiquent clairement que l'auteur est un Québécois ou une Québécoise[23].» À les en croire, cependant, ce serait la présence

---

23. *Ibid.*, p. 105, 104.

dans un texte d'expressions comme *hôpital francophone* ou *agglo-mération autochtone*, par exemple, qui permettrait de conclure, «avec assurance», que son auteur est Québécois. Comme, sans doute, la présence de *kangourou* dans un texte anglais trahirait son Australien! En fait, tout Français, Belge ou Suisse qui vit au Québec est tenu d'employer ce genre d'expressions, parce qu'elles désignent des réalités sociales, administratives, culturelles de leur pays d'adoption. Ce n'est donc pas à des usages comme ceux-là qu'on reconnaît infailliblement le locuteur québécois, mais à l'emploi particulier qu'il fait de certains mots ou locutions qui appartiennent au vocabulaire abstrait. Il peut s'agir d'anglicismes, d'archaïsmes ou de simples impropriétés: *dispendieux* employé pour *cher*, *récipiendaire* pour *lauréat*, *mériter* ou *se mériter* pour *gagner*, *achalandage* pour *fréquentation*, par exemple.

Le silence des aménagistes sur la question est d'autant plus gênant que ces usages sont à peu près les seuls à poser un problème sur le plan normatif, bon nombre étant d'ailleurs déjà traités dans les divers ouvrages québécois sur les difficultés de la langue. Prenons l'exemple du verbe *quitter*, employé sans complément direct, au sens de *partir*. Le *Multidictionnaire* le marque *vieilli*. Le *Dictionnaire québécois d'aujourd'hui* n'en fait pas mention. Dans le *Lexique des difficultés du français dans les médias*, le chroniqueur de langue de *La Presse*, Paul Roux, y voit un particularisme tout à fait acceptable: «*Quitter* est parfois critiqué au sens de *partir, s'en aller*. Mais le *Petit Larousse* fait remarquer que cet usage reste vivant en Afrique. Alors pourquoi pas chez nous[24]!» Le conseiller linguistique de Radio-Canada et auteur de *400 capsules linguistiques*, Guy Bertrand, n'a pas la même indulgence: «En bon français, tranche-t-il, il faut toujours préciser ce qu'on quitte[25].» Ajoutons, pour compliquer encore les choses, une attestation tirée d'un roman de Michel Tremblay: «Je vais poster la lettre dans le hall juste avant de quitter, tu la recevras dans quelques jours[26]». Qu'en pensent les aménagistes: faute de français ou bon français d'ici?

Il ne nous sera malheureusement pas donné de l'apprendre, les auteurs du *Français québécois* ayant jugé prudent de ne pas ouvrir la boîte de Pandore.

---

24. P. Roux, *Lexique des difficultés du français dans les médias*, Montréal, La Presse, 1997.
25. G. Bertrand, *400 capsules linguistiques*, Montréal, Lanctôt, 2000, p. 147.
26. M. Tremblay, *Hôtel Bristol New York, N. Y.*, Paris, Actes Sud, 1999, p. 90.

* * *

Si bien que nous voilà encore une fois Gros-Jean comme devant, à tenter de saisir la nature de ce singulier idiome, exempt d'anglicismes et dépourvu de vocabulaire abstrait. Dans notre inlassable quête de savoir, nous revenons donc à l'introduction de l'ouvrage des deux aménagistes, où ceux-ci donnaient d'entrée de jeu une définition du français québécois standard : « Par standard, nous faisons référence à un usage valorisé, servant de modèle, et utilisé dans tout genre de communications publiques et officielles[27]. » Voilà qui est probablement censé rassurer le lecteur, l'évocation des communications « officielles ». L'ennui est que proposer de définir le bon usage d'après la langue des communications officielles pose deux problèmes. Ou, plus justement, occulte — encore une fois ! — deux problèmes.

D'abord, le fait que c'est l'usage courant qui constitue l'essentiel d'une langue, sa trame en quelque sorte, et qu'au Québec la langue courante s'écarte considérablement de la langue officielle. C'est de là d'ailleurs que vient le malaise québécois dont parlent les aménagistes, le sentiment de l'illégitimité de notre variété de français. Dans les communications publiques, on utilise pour l'essentiel le vocabulaire de la langue standard, que la plupart des Québécois n'ont pas l'habitude d'employer, bien qu'ils le connaissent généralement. Les municipalités, par exemple, ne font pas l'enlèvement des *vidanges*, mais des *ordures*, et les méritants travailleurs qui s'acquittent de cette besogne y sont appelés *éboueurs* et non pas *vidangeurs*. Dans les magazines de coiffure québécois, on parle de *frange* et non pas de *toupet'*. Et dans les magazines de mode, on n'emploie pas *carreauté* mais *à carreaux*, comme à Paris. On n'y parle pas non plus de *costume barré bleu marin*, mais de *tailleur rayé marine*. Bref, à l'exception d'une poignée de québécismes de bon aloi, le vocabulaire du français québécois, aussi courant fût-il, n'a pas droit de cité dans cette langue officielle par laquelle passerait, au dire des aménagistes, la légitimation de notre variété de français. Comprenne qui peut...

Second problème : cette langue officielle, celle de l'administration publique en particulier, est la plupart du temps littéralement réécrite par des réviseurs, qui éliminent, du mieux qu'ils peuvent, tous ces barbarismes et anglicismes propres au français québécois que les aménagistes tiennent soigneusement sous le

---

27. *Le Français québécois, op. cit.*, p. 18.

boisseau. C'est largement grâce au travail de bénédictin de ces *rewriters* que les aménagistes peuvent entretenir cette illusion selon laquelle il existerait un standard québécois qui pourrait faire consensus au Québec, et qui serait maîtrisé par un vaste groupe social.

Or c'est bien ce que prétendent les aménagistes, qui, au fil des pages, énoncent d'autres définitions du québécois standard, dont curieusement aucune ne fait mention de la langue officielle. Il est intéressant de lire ces définitions dans l'ordre dans lequel elles se présentent dans l'ouvrage, et en reprenant la première, pour bien saisir la tendance à la «démocratisation» de la norme qui s'y dessine :

> «Par standard, nous faisons référence à un usage valorisé, servant de modèle, et utilisé dans tout genre de communications publiques et officielles.»

> «... ce modèle du français québécois standard est le français tel qu'il est parlé et écrit par l'élite intellectuelle, politique et scientifique québécoise, qui possède un français de qualité tout en incluant dans leur [sic] discours des mots, des expressions, des références, des sens différents du français de France.»

> «... ce français québécois standard, que l'on associe au "bon usage québécois", celui que valorise l'élite intellectuelle québécoise, c'est-à-dire la classe instruite de la société...»

> «... nous avons démontré l'existence d'un français québécois standard, c'est-à-dire d'un usage valorisé au Québec [...]. Cet usage valorisé, nous le retrouvons dans l'ensemble des textes de divers genres écrits par la classe instruite de notre société[28].»

On aura remarqué l'étonnante gradation, ou rétrogression, c'est selon les points de vue : de la langue officielle, dont les aménagistes ne peuvent guère ignorer qu'elle est essentiellement le fruit du travail de professionnels de la rédaction, on est insensiblement passé aux «textes de divers genres écrits par la classe instruite», à laquelle tout titulaire d'un diplôme d'études collégiales peut légitimement prétendre appartenir.

---

28. *Ibid.*, p. 18, 95, 112, 119. Ajoutons à la liste cette autre définition, tirée du Rapport Larose : «Au Québec, ce bon usage est communément appelé "français standard". Il renvoie [entendre *l'expression renvoie*] à la somme des usages linguistiques utilisés au Québec ; il constitue un tout, et non plus une espèce de marginalité [*resic*] de la France.» (*Le Français, une langue pour tout le monde, op. cit.*, p. 83.) Le moins qu'on puisse dire est que la notion est élastique : voilà maintenant que le bon usage ne serait plus que «la sommes des usages linguistiques utilisés au Québec» !

Entre ces deux pôles, deux définitions font mention de l'élite intellectuelle. Dans la première, celle-ci est associée aux élites politique et scientifique, par rapport auxquelles on peut pourtant penser qu'elle se distingue significativement sur le plan des usages. En simplifiant un peu, on pourrait dire qu'aligner la norme du bon usage sur la langue de l'élite intellectuelle reviendrait à reconduire la norme française. Choisir pour modèles normatifs les représentants des milieux politique et scientifique impliquerait au contraire la légitimation d'une foule d'usages déviants par rapport au français standard, d'anglicismes en particulier. L'écart entre ces deux groupes de locuteurs serait plus grand encore si on parlait d'élite littéraire plutôt qu'intellectuelle. Et les aménagistes ne l'ignorent pas. Quelques années plus tôt, à un colloque sur l'aménagement linguistique, Pierre Martel résumait ainsi le «problème»: «... les textes littéraires québécois, s'ils reflètent les usages linguistiques en cours [entendre *qui ont cours*] au Québec, véhiculent tout autant l'usage du français de France. À cause de cela, ils ne sont donc pas nécessairement les meilleurs textes pour refléter le français standard d'ici[29].» D'autres concluraient à la complexité de la situation linguistique, à la difficulté d'établir un consensus sur la norme; les aménagistes, eux, escamotent le problème en évacuant les textes littéraires pour cause de non-représentativité. Si, dans *Le Français québécois*, les deux aménagistes ne se prononcent pas explicitement sur la question, ils insistent toutefois lourdement sur la place démesurée qu'occuperait selon eux la langue des écrivains comme modèle normatif dans la lexicographie française. Enfin, il faut encore noter, dans ces définitions du québécois standard, que, non content de noyer le littéraire dans l'intellectuel, Martel et Cajolet-Laganière amalgament l'élite intellectuelle et la population instruite: «l'élite intellectuelle québécoise, c'est-à-dire la classe instruite de la société»... Conclusion: les aménagistes disent franchement n'importe quoi.

Preuve supplémentaire, s'il en était besoin: ces définitions du québécois standard font allusion à la fois à l'«usage valorisé» par certains groupes de locuteurs et au français «tel qu'il est parlé et écrit» par ces mêmes groupes, en donnant à entendre que l'un et l'autre se confondent: «Cet usage valorisé nous le retrouvons dans l'ensemble des textes de divers genres écrits par la classe

---

29. «Quelles sont les suites de l'avis de mai 1990 du Conseil de la langue française sur l'aménagement linguistique», art. cit., p. 422.

instruite». Tout se passe comme si, dans l'esprit des aménagistes, il y avait adéquation entre l'usage valorisé et l'usage réel, c'est-à-dire entre norme idéale et norme réelle (ou *norme évaluative* et *norme statistique*, pour employer les termes du lexicographe Alain Rey). Est-il besoin de dire que ce meilleur des mondes langagiers n'existe nulle part? Et que son avènement dans notre Laurentie n'est pas pour demain.

L'idée qui sous-tend toutes ces définitions, c'est qu'il n'y aurait de fautes au regard de la norme du français standard ni dans l'usage valorisé par les Québécois ni dans l'usage réel de leur élite. Ce n'est que dans la conclusion, dans une dernière définition du québécois standard, qu'on trouve enfin une allusion à la présence d'emplois critiqués dans les textes utilisés pour mettre en lumière le bon usage québécois : «Le français québécois standard correspond à l'expression des Québécoises et des Québécois quand ils écrivent bien. Il s'agit des [on voulait sans doute dire *En particulier les...*] Québécois scolarisés, jouissant d'un certain prestige et qui, aux yeux de tous, utilisent correctement le français d'ici. L'explicitation du bon usage se retrouve [entendre *se trouve*] donc dans leurs textes [...]. Ces textes et discours doivent être exempts de particularismes familiers et critiqués[30].» Ce passage résume à lui seul toutes les failles de la réflexion aménagiste sur la norme. La première phrase, d'abord : le québécois standard étant par définition le bon usage d'ici, dire que c'est le français «des Québécois quand ils écrivent bien» n'est qu'une confondante tautologie. Et ce vice logique en cache un autre, qu'on appelle une pétition de principe, c'est-à-dire un énoncé dans lequel on tient pour admis cela même qu'il s'agit de démontrer ou d'expliquer. Ce que disent en fait les aménagistes, c'est ceci : nous proposons une nouvelle norme, qui est illustrée par les gens qui écrivent bien. Or ils n'ont jamais expliqué ce qu'ils entendent par «bien écrire» selon les critères de cette norme qu'ils proposent. Les expressions qu'ils donnent comme exemples de québécois standard, qu'il s'agisse de *certificat d'immatriculation*, de *caisse populaire* ou de *centre de main-d'œuvre*, ne révèlent strictement rien sur la maîtrise de la langue chez les locuteurs qui les emploient : l'analphabète comme le docteur en philosophie sont également tenus d'y recourir pour parler des réalités qu'elles désignent. Les expressions que citent les aménagistes ont d'ailleurs, pour la plupart, si peu à voir avec la norme qu'elles ne peuvent même pas faire l'objet d'un choix.

---

30. *Le Français québécois*, op. cit. p. 125-126.

On préférerait, par exemple, *caisse d'épargne* à *caisse populaire* qu'on ne pourrait pas employer l'expression de crainte qu'elle n'évoque autre chose que ce que tout le monde connaît sous le nom de *caisse populaire*.

Les choses s'embrouillent encore dans la deuxième phrase. Car si, dans la première, c'est de l'usage réel qu'il est question («l'expression» des Québécois qui écrivent bien), il est dit dans la deuxième que cet usage réel, aussi «bon» fût-il, devrait, pour pouvoir s'imposer, être véhiculé par des locuteurs qui, dans un premier temps, ont du prestige et, dans un deuxième temps, sont considérés «aux yeux de tous» comme des modèles langagiers. Signalons d'abord le fait que la plupart des expressions énumérées par Martel et Cajolet-Laganière étant essentielles pour désigner des réalités québécoises, il n'est nul besoin de la caution de locuteurs de prestige pour les légitimer. Ce qui nous amène à penser que ces anodins «québécismes» — qui en fait n'en sont pas vraiment — ne sont en réalité qu'un écran de fumée. Quoi qu'il en soit, les deux aménagistes admettent ici implicitement que le prestige social au Québec n'est pas une garantie de crédibilité en matière de langue, et que le français de notre élite devrait en quelque sorte être plébiscité. Mais voilà, bien qu'ils s'entêtent à gommer les disparités qui existent entre groupes de locuteurs instruits, tant sur le plan des usages que sur le plan du sentiment normatif, et répètent à qui mieux mieux qu'il y a consensus sur la norme, nos aménagistes ont sans doute été quelque peu ébranlés par les échecs répétés de la lexicographie québécoise. Et de se demander comment ils pourraient bien s'y prendre, eux, pour emporter l'adhésion «de tous». Eh bien, il suffisait d'y penser, en expurgeant le corpus étudié: «Ces textes et discours doivent être exempts de particularismes familiers et critiqués». Autrement dit, les textes qu'on analysera pour en dégager la nouvelle norme seront sélectionnés en fonction de leur respect de la norme établie… On renverrait un étudiant de première année en linguistique refaire ses devoirs pour cent fois moins que ça!

La notion d'emploi critiqué n'a évidemment de sens qu'en fonction d'une norme donnée. Il peut s'agir d'une norme explicite, définie dans des ouvrages lexicographiques, ou de ce qu'on appelle une norme implicite, ou spontanée, qu'on pourrait définir comme le sentiment normatif d'une population ou d'un groupe particulier de locuteurs. C'est justement cette norme implicite que les aménagistes disent vouloir cerner en analysant un corpus de textes québécois. Il s'agit pour eux de montrer que la norme explicite, trop alignée à leur avis sur le français standard, ne correspond pas toujours au sentiment normatif des Québécois. La seule façon d'y parvenir est de montrer que des locuteurs crédibles, l'équivalent des «bons auteurs» d'autrefois, ne répugnent pas à commettre quelques écarts lexicaux dans la langue soignée. (Encore faudrait-il, si on prétend en faire des signes d'affirmation linguistique, pouvoir déterminer si ces écarts sont sentis comme tels par le locuteur, autrement dit pouvoir distinguer la norme réelle et la norme idéale ; or on a vu que ces notions sont encore quelque peu nébuleuses dans la théorie aménagiste.) Il va sans dire que l'exercice est complètement vain si le critère de sélection des textes est l'absence de particularismes critiqués : on ne fait alors que reconduire la norme explicite, telle qu'elle est définie par les actuelles instances de légitimation québécoises, l'Office de la langue française et le *Multidictionnaire*. Or ces instances sont critiquées par les aménagistes, pour s'en tenir trop servilement au modèle hexagonal : «L'auteure [du *Multidictionnaire*] privilégie la norme du français de France et, en principe, seuls les écarts déjà approuvés par l'Office de la langue française sont jugés acceptables[31].» Ce qui est nettement insuffisant, croit-on comprendre. Selon la norme proposée pas les aménagistes, il faudrait donc s'attendre à ce qu'un nombre significatif d'écarts stigmatisés dans le *Multi* soient recensés dans leur dictionnaire sans aucune marque normative. On ne propose pas autrement une nouvelle norme, cela tombe sous le sens. Pourtant, les auteurs du *Français québécois* s'abritent prudemment derrière l'Office, et prétendent même le plus sérieusement du monde que, « au niveau soutenu de la langue», les particularismes québécois sont, «pour la plus grande partie, acceptés par les organismes officiels responsables de la langue au Québec[32]». Ce qui ne peut avoir les apparences de la vérité qu'à condition de faire l'impasse sur deux ou trois broutilles, dont le vocabulaire abstrait.

Une chose est sûre, en tout cas, le soin méticuleux que mettent les aménagistes à occulter les problèmes normatifs ne laisse rien présager de bon en ce qui concerne le marquage, et le simple recensement, des usages québécois litigieux dans leur dictionnaire. Il suffit de voir de quelle façon ils ont traité le cas de l'anglicisme *juridiction* employé au sens de *compétence* : relégué

---

31. *Ibid.*, p. 40.
32. *Ibid.*, p. 105.

en douce dans une fumeuse catégorie «vocabulaire sociopolitique fédéral[33]». On aura deviné que, selon cette singulière classification, *compétence* appartiendrait au vocabulaire «provincial»... C'est assez amusant. Pour peu qu'on arrive à conserver son sens de l'humour dans toute cette affaire. Ça permet en tout cas de «se pratiquer» avant de fréquenter le dictionnaire aménagiste, où il y aura sans doute bien d'autres couleuvres à avaler.

33. *Ibid.*, p. 102.

CHAPITRE DEUX

LES LOCUTEURS MODÈLES

Dans l'introduction du *Dictionnaire historique du français québécois*, le directeur de l'équipe de rédaction, Claude Poirier, écrit fort justement : « Le Québécois ne soupçonne pas à quel point sa langue est originale dans son lexique ; même le Québécois instruit, même celui qui voyage régulièrement en France n'a qu'une perception limitée des emplois lexicaux qui le font reconnaître comme francophone du Québec[1]. » Si, comme le dit le réputé spécialiste de notre variété de français, les Québécois ne soupçonnent pas l'originalité de leur lexique, ce n'est certainement pas à la lecture des gentils québécismes de bon aloi avec lesquels les aménagistes les appâtent qu'ils en prendront conscience. Disons-le tout net : la description de l'usage québécois que nous servent les aménagistes ne repose sur aucune étude linguistique digne de ce nom. Si, comme ils le prétendent, les auteurs du *Français québécois* ont dépouillé des centaines de textes pour en arriver au résultat qu'ils nous livrent dans cet ouvrage, ils auraient pu s'épargner tout ce mal. Il n'est pas besoin d'être linguiste ni même d'avoir une maîtrise exceptionnelle du français pour « découvrir » que *gala de l'ADISQ, abri d'auto, Cercle des fermières* ou *banc des joueurs* ne sont pas des expressions très répandues sur les rives de la Seine. Un élève de cinquième secondaire moyennement doué en français arriverait à peu près au même résultat que Martel et Cajolet-Laganière en se triturant un peu les méninges et en fouillant dans les dictionnaires de français québécois existants. À l'instar des deux aménagistes, les plus futés iraient sans doute directement puiser dans les avis de normalisation de l'Office de la langue française.

Mais notre élève s'en tiendrait sans doute là dans son petit travail scolaire sur le français québécois standard. Cela pour deux raisons. La première est que, comme la plupart des Québécois, il ne lui viendrait pas à l'idée de considérer la notion de québécisme

---

1. *Dictionnaire historique du français québécois*, sous la direction de C. Poirier, Québec, Presses de l'Université Laval, 1998, p. XVIII.

du strict point de vue linguistique, sans faire intervenir la notion de norme. Si bien qu'il ne songerait pas à inclure dans sa description les anglicismes et les barbarismes répertoriés dans les ouvrages sur les difficultés de la langue au Québec, qui appartiennent pourtant presque tous à la langue courante, voire soignée. Des expressions comme *moi pour un, à sa face même, une décision à l'effet de* ou *se mériter un prix* n'appartiennent certainement pas à la langue de la rue. Mais, dans l'esprit du profane, où il est automatiquement associé à la notion de *bon aloi*, le terme *québécisme* est en quelque sorte une appellation contrôlée. Nous verrons plus loin que le discours sur le marquage des «québécismes» dans le *Multidictionnaire* tend à conforter cette idée, extrêmement utile du point de vue de la légitimation de notre variété de français.

La seconde raison est que la maîtrise du français de notre élève ne lui permettrait pas de relever dans le français d'ici les écarts lexicaux qui n'ont encore jamais été consignés dans des ouvrages de référence. Et, à cet égard, le Québécois moyen ne ferait sans doute guère mieux. Car, comme le dit encore Claude Poirier : «les caractéristiques du lexique québécois ne sont pas toutes évidentes à première vue et ne sont pas à chercher seulement dans les mots qu'on a déjà classés sous l'appellation de québécismes[2]». Pour illustrer le propos du lexicographe, prenons un article paru dans le quotidien *Le Devoir*, sous le titre «L'opéra de Pékin bientôt en chantier», qu'on a coiffé du sur-titre «Un architecte français a été retenu». Qui saurait voir un usage québécois dans cet emploi du verbe *retenir*? où un Français aurait employé *choisir*. Le contexte est parfaitement clair : le bâtiment sera «bientôt en chantier», l'architecte a donc certainement été *choisi*, et non pas simplement *retenu*, c'est-à-dire sélectionné, parmi d'autres candidats. Ce qu'on peut aisément vérifier d'ailleurs à la lecture de l'article, repris du quotidien parisien *Le Monde* : «c'est un architecte français, Paul Andreu, qui vient d'être choisi à Pékin pour édifier le Grand Théâtre national[3]».

Depuis quelques années, le verbe *choisir* est victime de la désaffection des locuteurs québécois, qui, pour d'obscures raisons, semblent trouver plus de charme à *retenir*. On estimera peut-être qu'il est prématuré de parler, à propos de cet usage, de particularisme québécois. Pourtant, l'impropriété — au regard de la norme française, s'entend — a déjà fait son entrée dans

---

2. *Ibid.*
3. *Le Devoir*, 17 août 1999, p. B 8.

la quatrième édition du guide de rédaction administrative de l'Office de la langue française, *Le Français au bureau*. Et en fort bonne position, dans la liste des expressions fautives, où on a eu l'idée d'opposer emplois *à éviter* et emplois *à retenir*[4]... Qu'on me cite un seul ouvrage du genre publié en France, en Suisse ou en Belgique, où on vous dise qu'il faut éviter telle expression, et en *retenir* plutôt une autre. En fait, il faut en *choisir* une autre ; autrement dit, puisqu'il est question d'usage, en *employer* une autre. Ce qui s'oppose à *à éviter*, c'est bien sûr *à employer* et non pas *à retenir*. Ce glissement de sens de *choisir* à *retenir* — dont on trouve de nombreux autres exemples dans l'ouvrage, comme nous le verrons plus loin — n'est pas aussi anodin qu'il y paraît. Il ne va pas sans créer des ambiguïtés : la « proposition retenue » a-t-elle été *retenue* au sens français, pour être évaluée tout simplement, ou a-t-elle été *retenue* au sens québécois, c'est-à-dire carrément *adoptée*? Le contexte ne permet pas toujours de trancher. Il est tout de même remarquable que, dans le guide de rédaction de l'Office de la langue française, on ait coiffé de cette impropriété la liste des expressions correctes, des expressions *à employer*.

Et cela est d'autant plus remarquable que l'ouvrage a pour coauteur nulle autre que l'aménagiste Hélène Cajolet-Laganière, qui porte le double titre de linguiste et de professeur de rédaction. Ce double titre fait tout naturellement surgir à l'esprit deux questions. Premièrement, si d'aventure les aménagistes se proposaient de faire une véritable description de l'usage québécois, auraient-ils la compétence nécessaire? Et, deuxièmement, ceux qu'on appelle maintenant les *langagiers* (réviseurs linguistiques, auteurs d'ouvrages normatifs, rédacteurs professionnels...) écrivent-ils déjà en québécois standard[5]...?

Loin de moi l'idée de semer indûment le doute sur le français de ceux qui font profession de nous dire comment parler. Mais, avant de nous engager dans la voie de l'autonomie linguistique, il y aurait lieu, il me semble, de procéder à une description rigoureuse des usages de ces locuteurs d'élite. Groupe qui serait indéniablement le plus crédible, et partant le plus efficace, « véhicule du bon français d'ici », comme on dit chez les aménagistes. Le rôle que jouent ces nombreux langagiers est d'ailleurs déjà déterminant du point de vue de la norme, dans une société

---

4. H. Cajolet-Laganière et N. Guilloton, *Le Français au bureau*, 5ᵉ édition augmentée, Office de la langue française, 2000, p. 289.

5. Signalons que *langagier* et *réviseur* sont des québécismes. On dit en France *professionnel de la langue* et *correcteur*.

comme la nôtre, qui souffre d'un déficit chronique de locuteurs modèles issus de l'élite. Au point où on pourrait dire qu'au Québec l'élite langagière a pris le relais d'une élite sociale qui s'est tristement enlisée dans une parlure de ploucs — qu'on me pardonne le «francisme»! Et qui se révèle toujours aussi pathétiquement incapable de trouver les mots justes pour désigner les choses les plus simples. Qu'on pense à ces hôpitaux transformés en fantaisistes *pavillons, sites* et *campus*; à ces régions urbaines devenues *métropolitaines* par la magie conjuguée des fusions municipales et de l'anglicisation; à ces malheureux motards *criminalisés*, dont on se demande qui a bien pu leur faire ça; à ces *itinérants*, qui peuvent passer leurs journées sur le même banc public; aux *désinstitutionnalisés*, parmi eux, dont il faut croire qu'ils furent un jour «institutionnalisés». Pour ne rien dire des insolites *patins à roues alignées* — des patins à roues! —, et du monstre qui devait naître de leur accouplement, le *patineur à roues alignées*...

Que notre élite sociale n'ait pas la cote sur le marché linguistique, c'est un point de vue que partage le chercheur du Conseil de la langue française Jacques Maurais. Le linguiste pose ici la question de la construction normative dans la société québécoise: «Qui détermine les critères qui servent à évaluer la qualité des discours? On pourrait répondre rapidement en disant que c'est le groupe social dominant, économiquement ou culturellement. Mais, pour ma part, je préfère parler, avec Jean-Baptiste Marcellesi, de "couches linguistiquement hégémoniques", c'est-à-dire "les couches dont l'activité langagière est prise comme modèle, est considérée comme centre de gravité de la langue et qui sont hégémoniques du point de vue de la langue sans être nécessairement dominantes du point de vue du pouvoir" [...], même si, dans certaines sociétés, elles peuvent se confondre ou s'intégrer à la classe dominante[6].» Façon à peine voilée de dire que tel n'est pas le cas au Québec. Ce qui ne signifie toutefois pas que l'élite socialement dominante n'exerce pas d'influence sur la norme. Bien au contraire, elle imprime sa marque sur la norme réelle, à titre de modèle que, sans admirer, on tend spontanément à imiter. Aussi pourrait-on dire qu'à l'opposition entre norme réelle et norme idéale correspondent deux types de locuteurs modèles: le modèle *pattern*, celui qu'on reproduit, et le modèle exemplaire, celui qu'on considère comme l'exemple à suivre, qui selon les sociétés sera plus ou moins éloigné du premier.

---

6. J. Maurais, «Régionalismes et langue standard», dans *La Lexicographie québécoise – Bilan et perspectives*, Québec, Les Presses de l'Université Laval, 1986, p. 79.

Mais, plus encore même qu'un simple modèle exemplaire, le groupe linguistiquement hégémonique, tel que le décrit Maurais, est en fait celui-là même qui est chargé de la transmission de la norme, voire de sa définition : « la partie la plus active et surtout la plus visible actuellement de ces couches linguistiquement hégémoniques est constituée par des normalisateurs [...], ceux de l'Office de la langue française, ceux des différentes commissions de terminologie et ceux qui sont chargés de la correction linguistique dans les divers ministères ». Bref, le haut du panier normatif. Je ne suis pas seule à penser qu'on apprendrait des choses fort instructives sur le standard d'ici si on s'intéressait de plus près au français de ce groupe sélect. C'est également l'avis du chercheur du Conseil, qui affirme encore qu'on pourrait « découvrir la dynamique qui se cache derrière le concept et la réalité de la norme », rien de moins, « en étudiant les usages des couches linguistiquement hégémoniques, en déterminant quelle est la norme *de facto* de ces groupes et quel rapport elle entretient avec la norme *idéale* ». La norme idéale de ce groupe étant, selon le linguiste, le « français standard européen », à quelques usages près. À quoi j'ajouterais que, quels que soient leurs états d'âme sur la norme, les langagiers doivent maîtriser le standard européen : c'est une stricte question de compétence. L'étude devrait, précisait Maurais, être « non seulement descriptive mais critique[7] », c'est-à-dire qu'on ne devrait pas craindre d'évaluer la langue réelle de ce groupe linguistiquement hégémonique à l'aune de la norme idéale.

Je ne sais si l'exercice mettrait en lumière quelque dynamique cachée, mais il révélerait assurément un certain nombre de choses sur la qualité du français de ce groupe. Ce sont ces « choses » — solécismes, impropriétés, anglicismes, tautologies et autres amphigouris — que je révélais il y a quelques années dans une série d'articles très critiques sur la qualité du français dans les publications et les documents administratifs de l'Office de la langue française. C'était en fait au début des années 1990, cinq ans environ après la tenue du colloque où le chercheur du Conseil faisait valoir tout l'intérêt qu'il y aurait à se pencher sur la langue de notre classe « linguistiquement hégémonique ». Pourtant, on ne trouve pas trace de ces articles dans le rapport *La Qualité de la langue : un projet de société* qu'il faisait paraître en 1999. Les critiques que j'y formulais étaient-elles donc dénuées de fondement ? Elles m'avaient en tout cas valu l'appui du chroniqueur de

---

7. *Ibid.*, p. 82.

langue de *La Presse*, le regretté Pierre Beaudry, et de Marie-Éva de Villers[8]. Il est donc permis de penser qu'elles présentaient au moins autant d'intérêt que la croisade de la vaillante Association pour le soutien et l'usage de la langue française contre les anglicismes dans les conventions collectives des enseignants, à laquelle le chercheur du Conseil faisait écho dans ce rapport. Mais si *Le Maquignon* devait être passé à la trappe, à plus forte raison la censure devait s'abattre sur ces articles, au plus haut point mortifiants pour les collègues de l'Office.

Qu'à cela ne tienne : on les trouvera réunis dans le chapitre qui suit, dans une forme sensiblement remaniée et, surtout, considérablement étoffée. L'idée m'est tout bêtement venue d'utiliser les textes en question pour illustrer le *bon français d'ici*. À ce petit corpus — aménagisme oblige —, j'ai crû devoir ajouter quelques morceaux choisis de la prose de nos apprentis lexicographes. L'exercice n'en sera que plus «exemplatif», comme on dit chez les Belges.

Évoquant, dans sa réplique à Georges Dor, les pamphlets des contempteurs du français québécois, la linguiste Marty Laforest affirmait, un peu vite, que «rien ne ressemble plus à un livre paru sur la langue qu'un autre livre sur la langue[9]». On réclame de la nouveauté ? On ne sera pas déçu : ce livre rompt résolument avec la tradition de la jérémiade inconsistante et de l'enfilade de perles, décriées, non sans raison, par les linguistes. À moi, on ne pourra pas faire reproche de donner dans la «collecte impressionniste d'exemples». J'ai fait, en écrivant ce livre, le pari qu'on pouvait proposer au public un essai sur la norme étayé d'un travail qui pourrait prétendre à la rigueur de l'étude linguistique. Étude dont la méthode est résumée ici par Mme Laforest : «On recueille la production linguistique d'un échantillon représentatif de la population étudiée et on analyse systématiquement tous les énoncés recueillis qu'on soumet à un traitement statistique.» Que le lecteur se rassure, nous ne lui soumettrons pas de données statistiques. La réputation des auteurs qui représentent la «population étudiée» et l'importance des textes et des ouvrages dont il est question nous en dispensent. Mais on ne peut pas faire l'économie de l'«échantillon représentatif» de la production linguistique, si on veut être crédible. C'est pourquoi je n'ai pas ménagé mes efforts, passant au peigne fin, dans certains cas, un ouvrage

---

8. Voir P. Beaudry, «Mme Lamonde et l'OLF», *La Presse*, 11 octobre 1991, p. B 2 et J.-F. Lisée, «L'Office du jargon français», *L'actualité*, juillet 1992, p. 17.
9. M. Laforest, *États d'âme, états de langue*, Québec, Nuit blanche éditeur, 1997, p. 9.

entier — voire plusieurs éditions d'un même ouvrage —, dans d'autres une page complète d'un article, ou encore plusieurs textes du même auteur. Comme le dit justement Marty Laforest : « C'est long, compliqué et nettement moins spectaculaire que la présentation d'exemples frappants recueillis au hasard des circonstances ». Si bien que le profane estimera peut-être qu'on présume de ses capacités de lecteur. Et, de fait, la lecture des pages qui suivent risque d'être ardue par moments, les fautes de notre élite langagière n'ayant hélas pas toutes la belle et réjouissante simplicité de la perle d'écolier. Pour faciliter la lecture, de nombreux passages ont été reportés dans des annexes. Mais certains textes, particulièrement importants pour la démonstration, devaient absolument figurer dans le corps du livre.

Et que s'agit-il donc de démontrer ? Essentiellement deux choses. La première a trait à la nature même de ce qu'on appelle le français québécois standard. Il s'agit de montrer que, aussi haut qu'on aille dans la hiérarchie des locuteurs et aussi sélectif qu'on soit dans le choix de leurs textes, cette langue comporte des usages qui sont considérés comme des fautes au regard de la norme du français standard. Des « usages », c'est-à-dire non pas de simples fautes, mais des emplois caractéristiques de notre variété de français, pour lesquels se pose par conséquent la question de la légitimation. Parce qu'elle s'appuie en partie sur des textes de nos lexicographes aménagistes, la démonstration pose en outre en filigrane la question de leur compétence en tant que descripteurs du québécois standard. En se fondant sur ce qu'ils proposent pour norme — du moins sur ce qu'on arrive à en comprendre —, on peut en effet présumer que ce n'est pas par volonté d'affirmation linguistique que les aménagistes emploient ces québécismes « de mauvais aloi » — des anglicismes, par exemple —, mais par simple ignorance de l'écart entre français standard et français québécois.

La seconde démonstration que permet de faire cette petite étude a trait, de manière plus générale, à la qualité du français dans les ouvrages de référence québécois. Car la langue de cette élite — c'est ici des langagiers qu'il est principalement question — recèle également bon nombre d'écarts par rapport à la norme qui n'ont rien de québécois, de banales fautes de syntaxe, de ponctuation ou de vocabulaire. Ou encore des écarts caractéristiques du français québécois, mais qui n'entrent pas dans la catégorie des usages qui pourraient être légitimés par le dictionnaire. La réalité du problème sur lequel j'avais soulevé un coin du voile dans les articles évoqués plus haut se trouve en fait confirmée : la qualité du français de nos langagiers, et par conséquent de leurs ouvrages, laisse parfois sérieusement à désirer. Le problème est aujourd'hui d'autant plus préoccupant qu'en cas de réussite du projet aménagiste notre classe «linguistiquement hégémonique» pourrait exercer son autorité sans partage : *exit* Larousse, Robert et autres Bordas... Dans l'administration publique et dans les écoles, à tout le moins. Ce qui n'est pas rien.

Le sujet, j'en suis consciente, est extrêmement délicat. Tabou, même, tant il est vrai que, dans la déroute normative, la collectivité a reporté sur cette classe de locuteurs de prestige sa fierté de la langue. Je ne pourrais mieux justifier la nécessité de lever l'interdit qu'en citant la sage parole sur laquelle se terminait la réplique à Georges Dor : «il en va de la langue comme du reste : si l'on veut entreprendre une réflexion fructueuse, il est toujours pertinent de se débarrasser des idées reçues[10]». Là encore, le linguiste devrait être satisfait.

Et le profane également, nous osons le croire. Pour peu qu'il accepte de faire l'effort d'attention que demandent certains passages de ce livre — qui peuvent en fait être lus dans l'esprit, et au rythme, où on lirait un ouvrage sur les difficultés de la langue. On peut le regretter, mais c'est ainsi : l'heure n'est plus aux complaintes sur la diction de nos chères têtes blondes.

---

10. *Ibid.*, p. 121, 18-19, 135.

CHAPITRE TROIS

LE FRANÇAIS DE NOS LANGAGIERS

Répliquant dans le quotidien *Le Devoir* à un lecteur inquiet des éventuelles dérives de la lexicographie québécoise, Claude Poirier lançait, sur un ton d'exaspération : « De quoi a-t-on peur ? Le public québécois n'acceptera pas — on l'a vu — de troquer les dictionnaires de France pour des ouvrages qu'il estime de qualité moindre, fussent-ils réalisés ici[1]. » J'aimerais pouvoir partager la belle confiance du lexicographe dans la vigilance de nos compatriotes, et surtout dans leur connaissance du français, sans laquelle la vigilance est de peu d'utilité. Malheureusement, l'exemple du *Français au bureau* a prouvé à l'évidence que les Québécois peuvent « accepter » bien des choses, du moment que nul impertinent *twit*, nul *tabarnak* impie ne vient troubler leur quiète lecture.

On l'aura compris, le premier article de la série sur le français de nos langagiers avait pour cible le guide de rédaction administrative de l'Office de la langue française[2]. Rien de moins. Il faut préciser que c'est de la troisième édition de cet ouvrage qu'il était question ; et c'est d'abord sur cette édition que nous nous pencherons dans les pages qui suivent. L'Office a depuis fait paraître une nouvelle édition, refondue et surtout entièrement réécrite, avec la collaboration d'une corédactrice, vraisemblablement désignée à la suite de la catastrophe qu'avait révélée mon article[3]. La

---

1. C. Poirier, « Un réflexe québécois », *Le Devoir*, 31 mai 2000, p. A 6.
2. « L'aménagement de la langue d'ici ou les horreurs de l'Office de la langue française », *La Presse*, 13 et 16 septembre 1991. Le titre de l'article avait été choisi par la rédaction...
3. H. Cajolet-Laganière et N. Guilloton, *Le Français au bureau*, 4ᵉ édition, revue et augmentée, Office de la langue française, 1996. (Pour éviter toute confusion, les numéros de page qui renvoient à cette édition seront accompagnés, dans ce chapitre, d'un astérisque.) La parution de cet article avait provoqué un tel affolement à l'Office qu'on n'avait hésité devant rien pour me discréditer dans la réplique qui n'avait pas manqué de suivre. (« L'OLF prend la défense de son personnel », *La Presse*, 20 septembre 1991.) Qu'il suffise de dire qu'on alla jusqu'à profiter de ce que l'article était truffé de coquilles pour m'en imputer quelques-unes comme des fautes de français, au mépris de la vraisemblance : « Sans parler des multiples coquilles qui émaillent le texte de *La Presse*, on peut y relever certaines fautes de français : C'est la paille et la poutre !

parution du *Français au bureau* nouvelle mouture n'enlève toutefois rien à l'intérêt des pages qui suivent. Bien au contraire : elle
permet pour ainsi dire de suivre à la trace toutes les corrections
qui ont dû être faites pour redresser la syntaxe, raffiner le vocabulaire, épurer le style. L'exceptionnelle diffusion qu'a connue cet
ouvrage justifie d'ailleurs amplement qu'on y revienne : «*Le Français
au bureau* s'est vendu à plus 150 000 exemplaires», clamait-on
fièrement dans la réplique de l'Office. On ne pouvait pas, en tout
cas, m'accuser d'être allée chercher un fond de tiroir ! Le guide de
rédaction administrative de l'Office avait sans doute déjà remplacé
tous les ouvrages du genre dans les écoles de secrétariat, et on le
consultait religieusement dans tous les services linguistiques de
la fonction publique.

Or, disons-le sans mettre de gants : *Le Français au bureau* était
extrêmement mal écrit. Un rapide survol suffit d'ailleurs à s'en
rendre compte : barbarismes, anglicismes, maladresses de style
s'y bousculent à chaque page. Et c'est sans parler de l'insuppor-
table affectation du style. Si bien qu'à la lecture de cette prose à
la fois exsangue et boursouflée, pris d'inquiétude, on se demande,
reprenant la belle formule de Jacques Godbout : et si c'était cela
qui nous guettait «entre l'Académie et l'Écurie»? Et si c'était cela
le *bon français d'ici*? L'auteur du *Français au bureau* se trouvant

---

Lorsqu'on écrit :"Le propriétaire de cette entreprise" (qui en l'occurrence est une
femme, mais tant pis !), pourquoi avoir repris le sujet par le pronom *elle*?» Comme
si le passage de *la* à *le* ne pouvait pas justement s'expliquer par une coquille ! Et on
revenait à la charge plus loin, avec un exemple de «faute» tout aussi invraisemblable :
«Depuis quand met-on un *t* euphonique dans apprend-on?» Le reste était de la même
eau, trouble. On alla même jusqu'à affirmer que *Le Français au bureau* «n'est pas un
guide de rédaction administrative, comme le prétend erronément Mme Lamonde». Voici
pourtant ce qu'on pouvait lire sur la quatrième de couverture de l'édition suivante de
l'ouvrage : «*Le Français au bureau* : un guide pratique [...] conçu pour résoudre les
problèmes courants de nature linguistique qui se posent dans la correspondances et
les autres écrits administratifs et commerciaux.» Nous voulons bien être pendue haut
et court si ce n'est pas là la définition même du guide de rédaction administrative. La
quatrième de couverture de la troisième édition était d'ailleurs tout aussi explicite, *Le
Français au bureau* y étant décrit essentiellement comme un ouvrage «conçu pour
permettre de résoudre les problèmes courants de la correspondance administrative
et commerciale». Mais on insistait, *Le Français au bureau* était bien un «manuel»,
comme le disait son auteur — pas un manuel de secrétariat pourtant, ni un manuel de
français... Au vu de la tranquille assurance avec laquelle on proféra une fausseté aussi
grossière, sur la nature même de l'ouvrage, il est facile de deviner à quels arguments
spécieux on put recourir pour tromper le profane sur des questions sémantiques infiniment plus subtiles. La réplique était signée par le président de l'Office, à l'époque
Jean-Claude Rondeau, et cosignée par l'auteur du *Français au bureau*, Hélène Cajolet-
Laganière, par deux des trois réviseurs de l'ouvrage, Noëlle Guilloton et Stéphane
Tackels, ainsi que par le linguiste Normand Maillet.

être aujourd'hui une des principales porte-parole des partisans du français québécois, on ne m'en fera pas reproche, je l'espère, si je vois dans son ouvrage une illustration de ce standard québécois que ces linguistes nous proposent pour modèle. Ne devrait-on pas plutôt même m'en savoir gré? Après tout, je ne suis pas de ces esprits chagrins qui vont répétant que le français québécois standard est un "mythe", voire une "non-langue". Ce n'est pas moi en effet qui nierais que, bien que leur auteur n'en soit pas conscient — et cela est bien sûr également vrai pour l'auteur de ces lignes —, la plupart des textes rédigés par des Québécois «présentent des "traces", des "marques", des "spécificités" du français québécois[4]», comme l'affirment les partisans de la norme québécoise. J'avancerais même que certains des linguistes qui étudient la question sont en réalité bien incapables de déceler l'essentiel de ces «traces» et de ces «marques», tant il est vrai que d'aucuns font du *standard d'ici* comme M. Jourdain faisait de la prose. À cette différence près que le brave Jourdain savait qu'il ne savait pas.

* * *

Voyons donc un peu ce qu'on trouvait, dans cet ouvrage, comme traits du québécois standard. À tout seigneur tout honneur! D'abord quelques-uns des *classiques* de l'anglicisme, dont on s'explique difficilement qu'ils n'aient pas été connus des inquisiteurs du Saint-Office, toujours si prompts à dresser le bûcher pour les hérétiques *fax* et *e-mail*. D'autant qu'on trouvait justement dans la bibliographie du *Français au bureau* le titre de quelques-uns des excellents ouvrages sur les anglicismes et les difficultés de la langue au Québec dans lesquels ils sont répertoriés.

L'emploi d'abord de l'adjectif *conventionnel* au sens de *courant, ordinaire, habituel*: «Quant au terme désignant la discipline ou la spécialité, l'abréviation se fait (tout comme pour l'abréviation conventionnelle) par la suppression des dernières lettres du mot[5]». Par *abréviation conventionnelle*, on entend ici tout simplement l'abréviation du type le plus courant, le plus simple.

---

4. P. Martel et H. Cajolet-Laganière, «Oui... au français québécois standard», *Interface*, sept.-oct. 1995, p. 19.
5. H. Cajolet-Laganière, *Le Français au bureau*, 3ᵉ édition revue et augmentée, Office de la langue française, 1988, p. 185. Correction apportée dans la 4ᵉ édition: «L'abréviation du mot ou de l'expression qui désigne la discipline ou la spécialité se fait selon les règles habituelles: suppression des dernières lettres» (p. 164ˋ). Dans l'article que j'avais fait

Que ni l'auteur ni les réviseurs du *Français au bureau* n'aient connu la différence entre le *conventionnel* et l'*habituel,* voilà qui est déjà assez surprenant. Ce qui ne laisse pas d'étonner encore, c'est qu'ils n'aient pas non plus été prévenus contre les nombreux anglicismes auxquels donne lieu l'emploi du verbe *identifier* et du nom d'action *identification.* Je ne suis sans doute pas loin du compte si je dis que quatre-vingt-dix pour cent des emplois que le locuteur québécois fait de ces mots doivent peu ou prou à l'anglais. Les auteurs du *Village québécois d'aujourd'hui,* qui se sont amusés à épingler nos manies langagières, y allaient eux-mêmes assez rondement à l'entrée *Identifier*: «Verbe le plus fréquent en français québécois. Toujours mal employé. L'abolir[6].» On ne peut qu'applaudir à la suggestion devant les deux exemples qui suivent, tirés du guide de rédaction administrative de l'Office de la langue française. Ce curieux énoncé d'abord, qui tient davantage à vrai dire du rébus que de l'explication: «Lorsqu'on veut identifier une période s'étendant sur deux années consécutives, complètes ou partielles, on utilise le trait d'union[7]». *Identifier une période, avec un trait d'union...* D'extensions de sens en distorsions sémantiques, on finit décidément par faire dire n'importe

paraître dans *La Presse,* j'avais commis l'erreur de critiquer un autre emploi de l'expression — qu'on trouvait dans la même page —, dans lequel *abréviation conventionnelle* prenait à peu près le sens d'*abréviation usuelle.* Il s'agissait d'un passage où on expliquait la façon d'abréger un mot «dans tous les cas où il n'existe pas d'abréviations conventionnelles». Je ne voyais pas sur quoi portait la "convention": contrairement au signe, qui ne peut avoir de sens que si on lui en donne un par convention, l'abréviation courante, estimais-je, s'est tout simplement imposée dans l'usage, et doit par conséquent être dite *usuelle.* Les listes de ces signes et abréviations sont d'ailleurs généralement intitulées *Liste des signes conventionnels et des abréviatons usuelles.* Or *abréviation conventionnelle* semble bien être une expression usitée dans ce sens: la convention résiderait dans le fait que, lorsqu'il existe une abréviation usuelle, on s'entend pour n'employer que celle-là. L'auteur de l'ouvrage — qui quelques lignes plus haut confondait *conventionnel* et *habituel* — saissait-elle bien cettte subtilité? Il est permis d'en douter. Quoi qu'il en soit, c'est vraisemblablement à la suite de mon intervention que la faute — qui figurait déjà dans la deuxième édition de l'ouvrage — a été corrigée. Il va sans dire qu'on ne m'en a pas remerciée... Les auteurs de la réplique, en véritables virtuoses de l'embobinage, se sont au contraire employés à monter mon erreur en épingle, à grand renfort d'explications oiseuses. Tout en se félicitant sans doute que, des deux emplois, j'aie choisi le mauvais pour illustrer la faute. Comme quoi on peut être dans l'erreur sur un point et avoir raison sur le fond.

6. B. Melançon et P. Popovic, *Le Village québécois d'aujourd'hui,* Saint-Laurent, Fides, 2001, p. 69.

7. *Le Français au bureau* (3e éd.), *op. cit.,* p. 189. Correction apportée dans la quatrième édition: «Pour noter une période qui s'étend sur deux ou plusieurs années, on lie les deux années en chiffres par un trait d'union (et non par une barre oblique)» (p. 223 *). Bel effort d'épuration. On remarquera toutefois l'emploi de *noter* pour *écrire,* dont il sera question plus loin.

quoi à ce malheureux verbe. Le lecteur perspicace aura compris peut-être qu'il est ici question de la façon d'*écrire*, en les séparant par un trait d'union, les années qui délimitent une période. Il lui faudra une dose supplémentaire de perspicacité pour comprendre pourquoi les années entre lesquelles s'étend la période devraient être *consécutives*, c'est-à-dire se suivre immédiatement dans le temps, et ce qu'on entend au juste par des années *complètes* ou *partielles*. Se pourrait-il que l'année complète soit celle qu'on écrit avec les quatre chiffres et l'année partielle, celle qu'on désigne seulement par les deux derniers chiffres ? Il faudra voir ce qu'en dira notre dictionnaire de québécois standard...

L'auteur de cet étonnant guide de rédaction nous gratifiait également de précieux conseils sur la façon d'«identifier les pages[8]» — en français de France, on dirait *paginer*.

Passons maintenant à la forme nominale de cet anglicisme, non moins fertile en dérives sémantiques, et sur laquelle par conséquent une petite précision s'impose : *identification* est strictement un nom d'action, et ne désigne jamais ce qui sert à identifier ou à désigner. En clair : le nom, la dénomination, l'étiquette, l'indication, le symbole, l'emblème, l'enseigne, la plaque, la pancarte, le signe, la marque, etc., ne sont pas des *identifications*. Pas en français, en tout cas. Voici pourtant ce qu'on pouvait lire dans *Le Français au bureau* : «Si l'identification complète de l'organisme contient plusieurs niveaux hiérarchiques, ceux-ci vont du général au particulier : Gouvernement du Québec, Ministère des Affaires culturelles, Direction des musées privés[9]». Le contexte seul peut nous éclairer sur le sens exact de cette *identification*, qui de prime abord évoque étrangement une chose qu'en français on avait coutume d'appeler *nom*, mais qui de toute évidence comprend l'adresse... et qui se trouve en l'occurrence être un *en-tête* de lettre.

Dans le vocabulaire de la correspondance, on utilisait également — et on utilise toujours d'ailleurs —, pour désigner les initiales des personnes qui ont rédigé et tapé la lettre, l'expression *initiales d'identification*, alors que l'usage français est *initiales*, tout court. L'expression — vraisemblablement inspirée des calques *carte d'identification* et *numéro d'identification* (pour *carte d'identité* et *code d'accès*) — s'éclaire quand on sait

---

8. *Ibid.*, p. 34.
9. *Ibid.*, p. 21. Correction apportée dans la quatrième édition : «Dans un en-tête qui mentionne plusieurs niveaux hiérarchiques, ceux-ci vont du général au particulier» (p. 37 *).

qu'en français québécois il est courant de dire que des initiales «identifient» quelqu'un, quelque chose. Or, en français français, le verbe *identifier* ne peut pas avoir un sujet de chose, et des initiales ne peuvent par conséquent pas *identifier*: elles *désignent*. L'expression s'éclaire d'ailleurs encore mieux à la lumière même de la fiche terminologique de la grammairienne de l'Université de Montréal sur laquelle on s'appuya, à l'Office, pour justifier l'emploi de cette expression. En se gardant bien toutefois de la citer, et pour cause! l'anglicisme en question y figure justement: «le premier groupe d'initiales [...] identifie la personne qui a rédigé la lettre[10]». Quoi qu'il en soit d'ailleurs de l'anglicisme, le déterminant *identification* est parfaitement superflu puisque des initiales, qui sont l'abréviation d'un nom, servent, par définition, à désigner quelqu'un (ou à l'*identifier*, comme on dit en québécois). L'anglicisme est donc doublé ici d'un pléonasme, aussi patent que le seraient des expressions comme *nom d'identification* ou *signature d'identification*.

* * *

Inutile de nous appesantir sur le sujet rebattu de l'anglicisme. Quoi qu'on en pense, d'ailleurs, l'influence de l'anglais n'est pas nécessairement le trait auquel on reconnaît d'abord le québécois standard: il n'est pas rare même qu'elle passe inaperçue, noyée dans la fioriture et les préciosités. Si bien qu'à humer les effluves par trop capiteux qui se répandent parfois «entre l'Académie et l'Écurie» on pourrait bien se prendre à regretter le roboratif parfum du crottin. Certes, nous n'avons pas, au Québec, le monopole de l'enflure verbale, mais l'anémie du vocabulaire — dont il en va comme de la culture et de la confiture — émousse souvent chez nous ce salutaire sens du ridicule qui évite généralement au locuteur de sombrer corps et biens dans le pédantesque. Et vu le «rayonnement» qu'a eu *Le Français au bureau* première manière, il ne faut pas s'attendre à un redressement de la situation.

Nombre des impropriétés dont était émaillé le guide de rédaction de l'Office trahissent en effet une détestable pédanterie, dont témoignent notamment les efforts pathétiques de l'auteur pour éviter l'emploi du verbe *écrire*, pourtant d'une indéniable utilité dans un guide de rédaction. Rappelons-nous: *identifier une*

10. M. Sauvé, *Observations grammaticales et terminologiques*, Fiche n°153, Université de Montréal.

période, avec un trait d'union... Dans *Le Français au bureau*, par exemple, on n'écrit pas en chiffres : on «décrit»... sous une forme numérique. Voici dans quel galimatias notre écolière limousine expliquait la façon d'écrire la date et l'heure : «La représentation numérique de la date et de l'heure doit être utilisée chaque fois qu'il est nécessaire de décrire, sous une forme entièrement numérique, un moment constitué des éléments suivants : année, mois, jour, heure, minute, seconde[11].» On admirera au passage l'art de camoufler la tautologie sous une prose alambiquée. Car enfin, que dit-on ici, sinon qu'il faut écrire en chiffres, chaque fois qu'il est nécessaire d'écrire en chiffres ? Pardon, de *décrire* en chiffres !

On pourrait se contenter d'en sourire, si ce bijou n'était tiré d'un guide de rédaction dans lequel l'Office de la langue française donnait des conseils de simplicité et de clarté à des milliers de Québécois. Et c'est bien de clarté qu'il est question, car si cet énoncé avait été formulé dans une langue plus simple, la tautologie serait bien sûr apparue à l'auteur. Mais comment expliquer qu'aucun des réviseurs ne l'ait remarquée ? Serait-ce que c'est là le style qu'on affectionne à l'Office ? On est tenté de le croire, tant les exemples sont nombreux. C'est dans la même langue tarabiscotée qu'on vous explique encore comment la «présentation entièrement numérique de la date doit être constituée», et qu'on vous conseille, pour faciliter le classement, «de répéter [...] l'expression alphanumérique de la date contre la marge de droite[12]». On notera, dans les trois énoncés, le passage subtil de la *représentation* à la *présentation* et à l'*expression* alphanumérique... Tout — et surtout n'importe quoi — pour éviter le verbe *écrire*, jugé par trop banal.

Dans un registre plus sobre, une fois épuisés les ersatz habituels que sont *indiquer* et *inscrire*, on y va librement de quelques créations d'auteur : «Il est admis [...], lorsque aucune confusion n'en résulte, de n'utiliser que deux chiffres pour déterminer l'année», nous dit-on aimablement, avant de nous indiquer, tout juste à la page suivante, la façon de «noter une somme d'argent accompagnée d'un symbole d'unité monétaire[13]». Est-il

---

11. *Le Français au bureau* (3ᵉ éd.), *op. cit.*, p. 191-192. Version, épurée, de la quatrième édition : «Dans les lettres et les textes commerciaux et administratifs courants, de même que dans les programmes d'activités, de manifestations, de congrès, etc., la date et l'heure s'indiquent sous forme alphanumérique, c'est-à-dire en se servant de lettres et de chiffres » (p. 172 *).

12. *Ibid.*, p. 192, 34.

13. *Ibid.*, p. 192, 193. Correction apportée dans la quatrième édition : «Lorsqu'il n'y a aucun risque de confusion, on peut n'utiliser que deux chiffres pour l'année» (p. 173 *).

besoin de dire que l'individu même le moins prévoyant s'assure habituellement d'avoir *déterminé* l'année avant de commencer à l'écrire ? Et faut-il rappeler que le verbe *noter* signifiant *écrire pour mémoire, pour ne pas oublier*, seuls les amnésiques pourraient légitimement y voir un synonyme d'*écrire* ?

Si, en québécois standard, certains vocables sont frappés d'ostracisme pour cause de simplicité — *être*, *avoir*, *faire* et *dire* ne s'emploient plus guère qu'à l'oral —, en contrepartie quelques « beaux mots » font l'objet d'un usage aussi immodéré qu'abusif. Parmi ces préciosités à la mode, la notion de *pertinence*, qui dans la langue de chez nous peut commodément remplacer le *bien-fondé*, l'*acceptabilité*, l'*efficacité*, l'*utilité*, la *nécessité*, la *justesse*, l'*intérêt*, et j'en passe. Où dans la francophonie, ailleurs qu'au Québec, pourrait-on s'interroger benoîtement « sur la pertinence de la peine de mort dans une société civilisée[14] » sans passer pour une brute cynique, ou une précieuse ridicule ? On se demande : à quand un colloque d'Amnistie internationale section canadienne francophone sur la pertinence de la torture ?

L'auteur du *Français au bureau* ne pouvait manquer d'illustrer ce trait du québécois standard, et de se rabattre sur *pertinent* pour qualifier ce qui est tout bonnement *utile*. C'est ainsi que, dans le guide de rédaction de l'Office, une petite liste de ce dont une téléphoniste a besoin avait été pompeusement intitulée : « Documents pertinents que le téléphoniste doit avoir à portée de la main[15] ». Non seulement la notion de *pertinence* — qui s'applique généralement à des choses abstraites — n'a rien à voir ici, mais encore ce *document*, qui désigne en fait des annuaires téléphoniques, une liste de numéros de téléphone — et même un bloc-notes ! —, est une parfaite boursouflure.

Ce titre loufoque figurait dans un chapitre non moins loufoque, intitulé « Protocole téléphonique », où la dérive verbale atteignait véritablement son paroxysme. Il était même question dans ce

---

14. « Peine de mort : la vengeance », *La Presse*, 12 août 2000, p. B 2. On pouvait relever un de ces emplois abusifs de la notion de *pertinence* dans cet énoncé de la linguiste Marty Laforest, cité plus haut : « si l'on veut entreprendre une réflexion fructueuse, il est toujours pertinent de se débarrasser des idées reçues ». Se débarrasser des idées reçues avant d'entreprendre un travail intellectuel, ce n'est pas « pertinent », c'est-à-dire simplement *approprié* : c'est nécessaire, voire essentiel.

15. *Le Français au bureau* (3e éd.), *op. cit.*, p. 222. Et encore y a-t-il une amélioration par rapport à l'édition précédente de l'ouvrage, où « le téléphoniste » était jargonneusement appelé « le répondeur » : « Documents pertinents que le répondeur doit avoir à portée de la main » (H. Cajolet-Laganière, *Le Français au bureau*, 2e édition revue et augmentée, Office de la langue française, 1982, p. 174). *Que faites-vous dans la vie ? Je suis répondeur...*

chapitre surréaliste d'un «correspondant» à qui on ne téléphone pas : «Quant au demandeur (l'appelant), il doit éviter d'abuser du téléphone et de déranger son correspondant inutilement[16]» — traduction libre : *on doit éviter de déranger les gens en téléphonant inutilement.* Ce *correspondant,* qui n'en est pas un puisque ne voulant pas le déranger on ne l'appelle pas, trouve son pendant — et son double pendant même — dans un *demandeur (appelant)* qui n'en n'est pas un... puisqu'il ne demande rien et n'appelle pas afin d'éviter de déranger ! Le *lecteur (décodant)* — pour parodier le style du *Français au bureau* — aura sans doute deviné que la personne à qui on téléphone est le «demandé (appelé)». Encore heureux qu'on n'ait pas eu l'idée de féminiser !

On parlait également constamment, dans ce chapitre, de la personne qui téléphone comme s'il s'agissait d'un «usager» qui «consulte» une entreprise ou un organisme ; comme s'il était tout à fait habituel de téléphoner dans un commerce ou un organisme pour consulter, et de le faire à titre d'usager. Voici par exemple ce qu'on pouvait lire dès les premières lignes : «L'ensemble [des] relations téléphoniques donne à l'usager une certaine image de la nature et de la qualité des services offerts par l'entreprise ou l'organisme consultés.» La téléphoniste devenant, en bonne logique, une *personne consultée* : «À la fin d'une conversation téléphonique, le demandeur remercie, s'il y a lieu, de l'aide reçue. La personne consultée lui fait alors part du plaisir qu'elle a eu de lui être utile et assure le correspondant qu'elle reste à sa disposition[17].» (Attention : *demandeur* et *correspondant* désignent bien ici la même personne...)

Mais depuis quand téléphone-t-on pour *consulter* ? Et depuis quand les entreprises ont-elles des *usagers* ? Enfin, puisqu'en québécois standard les écoles ont des *clientèles* plutôt que des effectifs, pourquoi après tout les entreprises n'auraient-elles pas des usagers ? Pour parer à ma critique, on eut, dans la réplique de l'Office, cette repartie admirable : «Quand nous parlons d'*usager* dans le protocole téléphonique, il s'agit évidemment de l'usager du téléphone[18]». Si on acceptait cette explication, il faudrait admettre que, la téléphoniste étant bien sûr elle-même

16. *Ibid.,* p. 218.
17. *Ibid.,* p. 217, 222.
18. «L'OLF prend la défense de son personnel», art. cit. Les auteurs de la réplique avaient la partie belle, puisque, dans ma naïveté, je n'avais pas reproduit la phrase en question. On en profita d'ailleurs pour m'accuser d'avoir fait «des citations fausses, ce qui ne témoigne pas de la plus grande rigueur intellectuelle»...

une usagère du téléphone, quand on appelle dans une entreprise, c'est une «usagère» qui répond... Chacun sait bien en fait que l'usager du téléphone, c'est celui qui se sert de cet appareil de manière habituelle, ou encore l'abonné du téléphone. Ce n'est pas la personne avec qui on est en communication, à moins qu'on ne soit préposé au service à la clientèle d'une entreprise téléphonique, où les gens qui appellent le font en effet généralement en tant qu'*usagers* du téléphone.

Est-il besoin de dire que, dans la quatrième édition de l'ouvrage — où on n'a pas pu récupérer une seule ligne de ce chapitre —, on ne trouve pas trace de cet insolite *usager* qui *consulte* des entreprises et des téléphonistes? Et qu'on a également inscrit aux abonnés absents le saugrenu *demandeur,* que le *Grand Dictionnaire encyclopédique Larousse* définit comme suit: «Personne qui tente d'obtenir une communication téléphonique» — qui «tente d'obtenir», d'où «demandeur». Dans une entreprise ou un organisme, la téléphoniste ne répond pas à des demandeurs. Pas plus qu'elle ne donne des consultations à des usagers du téléphone.

* * *

Les tenants de la norme québécoise argueraient sans doute que leur présence dans les publications de l'Office, et à plus forte raison dans le guide de rédaction, confère une légitimité aux expressions qui ne correspondent pas à l'usage français, et montre qu'elles appartiennent de plein droit au «bon usage d'ici». Hélas, l'argument ne tient pas la route, la crédibilité de leur locutrice modèle étant sérieusement mise à mal par une foule d'impropriétés qui à l'évidence n'ont rien à voir avec l'usage québécois. Nombre des exemples déjà cités le montrent bien: l'auteur du *Français au bureau* connaît tout simplement mal les subtilités de l'usage. Un exemple, encore, tiré justement de la toute première phrase de ce fameux chapitre sur le protocole téléphonique: «Au bureau, le téléphone, ce compagnon tyrannique mais si utile, ne doit pas devenir un instrument trop familier[19]»... Ne voulait-on pas plutôt

---

19. *Le Français au bureau* (3ᵉ éd.), *op. cit.,* p. 217. Décidément, malgré de méritoires efforts de réécriture, la quatrième édition de l'ouvrage est encore loin d'être exemplaire. Témoin la première phrase du même chapitre, dans la nouvelle édition: «Au bureau, une partie des communications orales, à l'intérieur comme à l'extérieur de l'entreprise ou de l'organisme, se passent au téléphone» (p. 321 *). Relisons attentivement: *Au bureau, une partie des communications orales,... à l'extérieur de l'entreprise, se passent*

dire ici qu'il ne faut pas *être trop familier au téléphone*? Car enfin, comment le téléphone — tout «tyrannique» qu'il soit! — pourrait-il être un instrument trop familier pour une secrétaire ou une téléphoniste? On a de toute évidence confondu ici deux acceptions de la notion de *familiarité* : le fait, pour une chose, d'être familière à quelqu'un — la connotation étant là positive — et le fait, pour quelqu'un, d'avoir une attitude familière — ce qui est essentiellement péjoratif.

Des exemples comme celui-là, il y en avait à foison dans la troisième édition du *Français au bureau*. En voici un modeste échantillonnage :

◼ «Un rapport ne s'improvise pas : sa rédaction comprend quatre opérations.» Prenons note : en québécois standard, on ne dit pas les *étapes*, mais les *opérations* de la rédaction. Il est vrai qu'écrire en québécois standard, ça semble être beaucoup plus compliqué qu'écrire en français...

◼ On confondait encore *l'articulation* et *les articulations* : «Ponctuer, c'est diviser les différentes parties d'un texte de façon claire et logique en vue de faire ressortir les articulations de la pensée[20].» *Les* articulations du texte, soit, ce qui sert à articuler (signes de ponctuation, paragraphes...), mais *l'*articulation de la pensée, c'est-à-dire l'organisation des idées.

◼ Dans la langue du *Français au bureau*, on ne *mentionne* pas un document dans une lettre, on «précise» un document : «il faut indiquer [...] le nombre de documents annexés (si ceux-ci ont déjà été précisés dans le texte)[21]».

◼ À propos des références qui *servent au classement* du courrier, on nous apprenait qu'il «s'agit généralement d'un groupe de lettres ou de chiffres qui ont pour objet de classer le document[22]».

---

au téléphone. Outre le fait qu'on voit assez mal, de toute façon, comment les communications orales avec l'extérieur pourraient se faire autrement que par téléphone, c'est bien *avec* l'extérieur qu'elles se font, et non pas *à* l'extérieur.

20. *Ibid.*, p. 89, 201.

21. *Ibid.*, p. 33. Correction apportée dans la quatrième édition : «si la lettre les a déjà annoncés» (p. 53 *). Ce qui ne vaut guère mieux : le verbe *annoncer* est beaucoup trop fort ici. En outre, dans cette acception, on n'annonce pas une simple chose, comme un document, mais un fait, un événement. Notons encore qu'on n'a pas songé à corriger l'emploi inutile et maladroit de l'adverbe *déjà* : au moment où on écrit la mention *pièces jointes*, la lettre est nécessairement «déjà» écrite. Cette curieuse formulation donne à penser que si «la lettre» n'a pas «déjà» mentionné le document, elle pourrait le faire plus tard...

22. *Ibid.*, p. 23. Correction apportée dans la quatrième édition : «Les références servent à faciliter le classement [...]. Il s'agit généralement d'un groupe de lettres et de chiffres» (p. 40 *).

Il y a confusion ici entre les locutions *avoir pour objet* et *servir à* — bref, entre la fin et le moyen.

◗ «Le développement, nous disait-on encore, est généralement divisé en chapitres, qui, occasionnellement, peuvent être groupés en deux ou trois parties.» À l'occasion, comme ça... au p'tit bonheur la chance! Non, *occasionnellement* et *dans certains cas* ne sont pas des expressions synonymes.

◗ «Concise et dépouillée, la note n'est pas astreinte au formalisme de la lettre[23].» Voilà maintenant qu'on pourrait «astreindre» des objets!

◗ C'est qu'ils ne sont pas bêtes, les objets, et qu'ils sont même capables de faire un tas de choses: «La deuxième feuille et les suivantes ne reproduisent généralement pas l'entête[24]» — c'est dire que parfois elles le font... Une question nous turlupine: pourrait-on *astreindre* les feuilles à *reproduire* elles-mêmes les entêtes de lettre?

◗ Donnant cette fois sans retenue dans l'animisme, l'auteur du *Français au bureau* nous l'affirme: «Certains rapports peuvent aussi ajouter, selon les besoins, des appendices[25]». Notons tout de même que seuls «certains» rapports arrivent à faire ça tout seuls...

◗ Et, c'est le monde à l'envers, après le rapport qui s'annexe lui-même des appendices, le petit finaud, voici le rédacteur considéré comme une partie de la lettre: «Si la lettre comprend deux rédacteurs ou plus, généralement les signataires, on met les initiales de ces derniers[26]». Et on apprend de surcroît que les rédacteurs d'une lettre en sont «généralement» les signataires... Décidément, nous ne sommes pas au bout de nos surprises.

* * *

23. *Ibid.*, p. 91, 57.
24. *Ibid.*, p. 34. Correction apportée dans la quatrième édition: «La deuxième page et les suivantes n'ont pas d'en-tête» (p. 55 *).
25. *Ibid.*, p. 92.
26. *Ibid.*, p. 32. Correction apportée dans la quatrième édition: «Si la lettre a deux signataires, ou si elle a été rédigée par une personne autre que le ou la signataire, on peut inscrire les initiales de chaque personne» (p. 53 *). C'est mieux, mais quelle lourdeur! Comment a-t-on pu ne pas penser à écrire *quelqu'un d'autre* que le signataire, pour éviter au moins la répétition de *personne*? Et que dire de ces exécrables *le la, un une* qu'on se croit autorisé à nous imposer! De quel droit les linguistes de l'Office se permettent-ils de rédiger comme si le masculin n'était pas le genre neutre en français?

Le vocabulaire du *Français au bureau* était donc souvent impropre. Au pire impropre, au mieux... *élémentaire*. Car *élément* est à n'en pas douter un des mots fourre-tout les plus caractéristiques du québécois standard. Quand on ne connaît pas le mot juste, et qu'on ne peut pas dire l'*affaire*, la *patente*, parce que la «situation de communication» ne s'y prête pas, alors on dit *les éléments*.

◗ Ainsi pouvait-on lire sur la quatrième de couverture que l'ouvrage présentait «l'essentiel des *éléments* concernant l'emploi de la majuscule, des abréviations et des signes de ponctuation». D'aucuns parleraient de *règles*[27].

◗ Le chapitre intitulé «Présentation de la lettre» commençait par cette phrase: «Voici les différents *éléments* qui composent essentiellement une lettre» — on parle habituellement des *parties* d'une lettre, d'un texte, d'un ouvrage. Et devinez quoi? Admirable cohésion du monde: les éléments de la lettre sont eux aussi composés d'éléments. Le premier «élément» de la lettre est en effet l'en-tête, dont on nous dit qu'il «comprend généralement les *éléments* suivants: nom, adresse, numéro de téléphone, etc.» Et, prenons note: «Les *éléments* sont placés dans la partie supérieure de la feuille». Quant au nom de la ville et à la date: «Il est à noter qu'on met une virgule entre les deux *éléments*[28]». Sur une douzaine de lignes, ça fait décidément beaucoup. C'est peut-être ça qu'on appelle des «éléments incontrôlés»...

◗ Dans la rédaction des rapports, nous disait-on: «Le *je* doit être soigneusement évité, sauf lorsqu'il est pleinement justifié et indispensable à la clarté des *éléments* fournis.» La clarté des «éléments fournis»! Pourquoi pas *la clarté du texte*, ou *la clarté* tout court? Et il va sans dire que le «texte accordera la priorité aux *éléments* [...] qui ont le plus de signification et d'importance» — on parlerait plus justement de la priorité accordée aux *points* ou aux *renseignements* les plus significatifs.

---

27. Dans la quatrième édition, on a en fait remplacé *éléments* par *notions*: «On y présente les principales notions relatives à l'emploi des majuscules, des abréviations et des signes de ponctuation». Or *notion* signifie *connaissance élémentaire*, d'une science, d'une langue, bref de domaines de connaissance assez vastes. Ce curieux choix a sans doute été motivé par la volonté d'éviter la répétition de *règle*, utilisé dans la phrase précédente, et dont on aurait facilement pu faire l'économie.

28. *Ibid.*, p. 21, 22. De ce ramassis d'*éléments*, il ne reste, dans la quatrième édition, que les «éléments d'une lettre». Les «éléments» de l'en-tête ayant été remplacés par des *renseignements* (voir p. 36 *) et ceux qui étaient censés désigner la ville et la date, par un pronom: «Il faut noter qu'on les sépare par une virgule» (p. 37 *).

◾ On pouvait aussi lire dans un *nota bene* sur la rédaction des curriculum vitae : « Les *éléments* relatifs aux études, aux diplômes et à l'expérience peuvent également être présentés dans l'ordre inverse » — c'est évidemment de *renseignements* qu'il est question ici. Et quelques lignes plus bas, encore : « le rédacteur met en évidence les principaux *éléments* qui le distinguent en ce qui a trait tant à ses études qu'à son expérience » — c'est-à-dire, tout simplement, *ce qui* le distingue particulièrement...

◾ La personne qui prend un appel, nous expliquait-on, doit « noter clairement tous les *éléments* lorsqu'il y a lieu de prendre un message[29] ». Si on peut noter des points, des renseignements, il n'est pas courant en revanche de noter des « éléments ». Un simple pronom eût d'ailleurs encore fait merveille ici : *il faut* tout *noter clairement*.

* * *

Hélas, l'emploi des pronoms ne fait manifestement pas partie des compétences langagières de l'auteur du *Français au bureau*. À telle enseigne qu'on croit parfois lire la « production écrite » d'un élève du secondaire qui n'aurait pas encore suivi le cours sur les pronoms indéfinis. Dans la phrase qui suit, par exemple : « Lorsqu'une personne appelle pour une autre personne, elle doit préciser le nom du demandeur[30]. » Du petit-nègre de salon ! Comment les réviseurs ont-ils pu résister à l'envie de reformuler ça en langage adulte ? *Quand on appelle de la part de quelqu'un, on doit préciser de la part de qui.* On pourrait aisément citer des dizaines d'autres passages du chapitre sur le protocole téléphonique, dont la ribambelle des *demandeur, demandé, appelant, appelé, personne consultée* a dû sagement céder la place à des pronoms dans la quatrième édition de l'ouvrage. Où l'*appelant* fait tout de même encore une discrète apparition, il est vrai, accompagné de l'inévitable *appelante* : des fois qu'on ne saurait pas que les femmes aussi peuvent composer un numéro de téléphone.

---

29. *Ibid.*, p. 89, 41, 218. La quatrième édition de l'ouvrage ne comportait pas de chapitres sur la rédaction des rapports et des c. v. Dans la cinquième édition, on a ajouté un chapitre intitulé « Autres écrits administratifs », où on trouve un passage sur les c.v., entièrement réécrit et débarrassé des « éléments » (p. 88). Quant au chapitre sur le protocole téléphonique, il a été remanié à tel point qu'il est impossible d'établir des comparaisons avec des énoncés de l'édition précédente.

30. *Ibid.*, p. 220.

Et il ne manque pas d'exemples ailleurs dans l'ouvrage. En voici quelques-uns:

◗ «Lorsqu'on confie à une *autre personne* le soin de remettre ou de faire parvenir la lettre au véritable destinataire, on indique sous le nom de ce dernier la mention: Aux bons soins de...[31]» En l'occurrence, cette «autre» personne est de trop. Formulé ainsi, cet énoncé suppose en effet que, dans un premier temps, on ait confié à quelqu'un le soin de remettre la lettre à son destinataire, et qu'on ait ensuite chargé une «autre» personne de le faire. On peut penser que la faute aurait pu être évitée par l'emploi d'un pronom: *lorsqu'on confie à* quelqu'un *le soin*...

◗ «On inscrira sur *une lettre* la mention Personnel pour signifier que *le document* doit être remis au destinataire en personne sans avoir été ouvert.» On s'étonne d'apprendre que *document* est synonyme de *lettre* — mais, après tout, dans un ouvrage où le mot peut désigner un annuaire et un bloc-notes! Et c'est à peine remis de son étonnement qu'on lit, deux lignes plus loin, à propos de la mention *confidentiel*: «la lettre *ou* le document doit demeurer secret»... Bien sûr, une lettre n'est pas nécessairement un «document». Un pronom, encore une fois, aurait permis d'éviter l'impropriété. Pourquoi n'a-t-on pas écrit, tout simplement: *pour signifier qu'elle* [la lettre] *doit être remise au destinataire*?

◗ «L'introduction [du rapport] présente *l'objet* et montre l'intérêt *du sujet* traité[32]»... L'objet de quoi? *Objet* appelle un déterminant, et on n'en voit guère d'autre ici que *sujet*. On lit donc: *l'introduction présente l'objet du sujet*. Il était pourtant facile d'éviter la maladresse en écrivant: *l'introduction présente le sujet et* en *montre l'intérêt*.

* * *

Pour ajouter au malheur du québécisant, *Le Français au bureau* fourmillait de maladresses de style et de fautes de syntaxe, qui portent le coup fatal à la réputation de sa locutrice modèle.

---

31. *Ibid.*, p. 80. Correction apportée dans la quatrième édition: «Lorsqu'on confie à quelqu'un le soin de remettre la lettre à son ou sa destinataire» (p. 28 *) — et non pas à son «véritable» destinataire, comme on écrivait dans la troisième édition, puisqu'il n'y a pas de faux destinaire dans cette histoire.
32. *Ibid.*, p. 22, 91.

◗ «Pour plus de clarté et de précision, nous conseillait-on, il est préférable de mettre entre parenthèses, au moins la première fois qu'on *l*'emploie, *la signification* du sigle[33].» Ce précieux conseil de clarté est malheureusement énoncé dans une phrase boiteuse, car ce n'est bien sûr pas la *signification* du sigle qu'on emploie. On aurait donc dû écrire: *la première fois qu'on emploie un sigle, on doit mettre sa signification entre parenthèses.*

◗ «Si la lettre comprend *plus d'une page*, il importe de bien *identifier* la ou *les pages subséquentes*[34].» L'adjectif *subséquent* ne se rapporte à rien, puisqu'il n'a pas été question d'une *première* page, de laquelle les autres auraient pu être dites «subséquentes». Il aurait fallu ici écrire: *il faut paginer ou numéroter à partir de la deuxième page.* Et bien, *paginer* et non pas *identifier les pages*, anglicisme qui a déjà été signalé. Notons encore que *subséquent* est ici employé abusivement pour *suivant*: au sens courant, *subséquent* ne se dit que de choses qui se suivent dans le temps. Arrêtons-nous et faisons le compte: trois fautes dans cette toute petite phrase. Cela tient du tour de force!

◗ «Outre l'utilité qu'il présente pour le destinataire du rapport, le sommaire peut souvent servir de communiqué de presse ou de résumé succinct de *son* contenu.» On ne voit pas clairement à quoi se rapporte le possessif *son*, qui vient tout embrouiller. Il suffisait d'écrire: *peut servir de communiqué de presse ou de résumé succinct.*

◗ On apprend, non sans étonnement, que «dans chaque chapitre, l'introduction fait le lien avec *le chapitre* qui précède et présente l'aspect particulier qu'*il* traite»… L'introduction d'un chapitre ne présente évidemment pas le sujet du chapitre «qui précède», ainsi que l'écrit l'auteur dans sa syntaxe défaillante. On pouvait écrire: *chaque chapitre doit avoir une introduction, qui fait le lien avec ce qui précède et présente le sujet qui* sera *traité.*

◗ Citons encore ce petit passage, qui figurait justement à la page précédente: «un rapport qui comprend*rait* moins de quatre illustrations n'exi*ge* pas qu'on *en reproduise* une liste distincte[35]».

---

33. *Ibid.*, p. 187. Correction apportée dans la quatrième édition: «Pour assurer la clarté de l'énoncé, il est conseillé de donner la signification d'un sigle en clair, la première fois qu'on l'emploi dans un texte» (p. 167 *). C'est mieux, mais il faudra songer, pour la cinquième édition, à enlever la virgule devant la subordonnée circonstancielle.
34. *Ibid.*, p. 34. Correction apportée dans la quatrième édition: «Si la lettre a plus d'une page […]. Il est utile de numéroter la deuxième page et les suivantes» (p. 55 *).
35. *Ibid.*, p. 90, 91, 90-91.

Décodons : *lorsqu'il y a moins de quatre illustrations dans le rapport, il n'est pas nécessaire d'en dresser une liste à part.* À la syntaxe empêtrée — le pronom *en* renvoyant, grammaticalement, à *rapport* et non pas à *illustrations* —, s'ajoute une faute dans la concordance des modes : *un rapport qui comprend*rait *n'exige pas*, et une impropriété : il ne s'agit évidemment pas de *reproduire* une liste, qui n'existe pas, mais de *faire* ou de *dresser* une liste.

* * *

Tous les exemples qui viennent d'être cités sont en fait de banals cas de syntaxe brouillonne, aggravés pour certains par un vocabulaire impropre : simples fautes de mauvais élève, qui ne doivent rien à notre spécificité langagière. Les énoncés qui suivent, quant à eux, présentent tous un trait caractéristique du québécois standard : la dévaluation de l'article défini, senti comme « faible », peu chargé de sens, bref, *insignifiant*. Raison pour laquelle on lui préfère souvent quelque tour indéfini. Au risque de tomber dans le non-sens, comme dans ce passage du *Français au bureau*, où il est dit que la décision de mettre la majuscule au premier mot des dénominations de groupements dépend de « l'importance qu'on accorde à telle société ou tel organisme[36] ». Quand ce qu'on voulait dire, c'est bien évidemment : *l'importance qu'on accorde à* la *société ou à* l'*organisme*, particulier, dont on écrit le nom.

■ Autre exemple, tiré du chapitre sur la rédaction des rapports : « Dans le texte, *toute illustration* occupe une page complète et *doit toujours* porter un titre ». D'abord, la formulation *toute illustration occupe une page* n'est pas très idiomatique, le ton impératif de ce *toute* appelant naturellement le verbe *devoir* : *toute illustration* doit *occuper une page complète.* La présence dans le même énoncé de l'adjectif indéfini et de l'adverbe *toujours* provoque en outre ici une gênante redondance (toute *illustration doit* toujours *porter un titre*), que le recours à l'article défini au pluriel aurait permis d'éviter : *les illustrations doivent toujours occuper une page complète et porter un titre.* Encore eût-il fallu savoir, évidemment, que c'est là la façon française de formuler une règle générale.

36. *Ibid.*, p. 174. Le passage, très « touffu », où cette faute figure fera plus loin l'objet d'une attention particulière, que justifie son exceptionnelle résistance aux révisions successives de l'ouvrage.

◼ «*Tout* rapport comprend *généralement* une bibliographie.» Ce n'est pas ici à une simple redondance que donne lieu cet emploi inutile de *tout*, mais carrément à une antilogie. De deux choses l'une : soit *tout rapport doit comprendre une bibliographie* — la règle ne souffre pas d'exception —, soit *le rapport comprend généralement une bibliographie*.

◼ Dans le même chapitre, dont la lecture était décidément particulièrement éprouvante : «*Chaque tableau* doit développer un seul point et *ne doit comporter* aucune explication[37]». La rencontre de *chaque* et d'un verbe négatif est du plus vilain effet. On dirait, en français idiomatique : *les tableaux ne doivent comporter aucune explication*, ou tout simplement *ne doivent pas comporter d'explication*. De même que dans les deux exemples précédents il était inutile de dire que les règles énoncées s'appliquent à «toute» illustration et à «tout» rapport, il est superflu ici de préciser que la règle s'applique à «chaque» tableau, sans exception. Si, dans un contexte particulier, pareille précision était utile, ce n'est d'ailleurs pas *chaque tableau ne doit comporter aucune explication* qu'il faudrait dire, mais *aucun tableau ne doit comporter d'explication*. Notons au passage l'emploi impropre du verbe *développer*. *Développer* une idée, un argument, un point, c'est l'exposer en détail. Ce n'est évidemment pas à cela que sert le tableau, qui, comme le dit justement l'auteur, ne doit «comporter aucune explication»... Bien sûr, le tableau *illustre* un point[38].

◼ Autre exemple où *chaque* est employé, aussi inutilement que maladroitement, dans un énoncé négatif : «*On ne met pas de virgule après chaque ligne* d'une adresse ni point à la fin[39].» Ce

---

37. *Ibid.*, p. 91, 92, 91.
38. Dans la réplique de l'Office à mon article, on me reprocha d'avoir malhonnêtement tronqué cet énoncé. On prétendit avoir relevé «des citations tronquées qui, bien sûr, servent le propos de cette dame, mais qui, une fois rétablies dans leur intégralité, rendent la critique non pertinente. Par exemple, le passage qu'elle cite de la façon suivante : "Chaque tableau (...) ne doit comporter aucune explication" se lit comme suit dans l'ouvrage : " Chaque tableau doit développer un seul point et ne doit comporter aucune explication"» («L'OLF prend la défense de son personnel», art. cit.). C'est là la seule troncation «malhonnête» qu'on trouva à citer... Et on se garda bien de rappeler la nature de ma critique, que la troncation ne faisait que mettre en évidence : *chaque tableau* est bien sujet d'un verbe négatif. On comprendra avec quel plaisir j'attire ici l'attention sur l'impropriété que recelait le passage retranché. Non, la troncation ne servait pas mon propos : c'est l'ouvrage entier, en fait, qu'il m'aurait fallu citer pour donner une idée juste des problèmes de langue de son auteur. La quatrième édition du *Français au bureau* ne comportant pas de chapitre sur la rédaction des rapports, il est impossible de comparer les deux ouvrages sur ce point.
39. *Ibid.*, p. 82.

tour est ambigu : dans *on ne met pas de virgule après chaque ligne*, on pourrait comprendre que si on n'en met pas à la fin de *chaque* ligne, c'est-à-dire de *toutes* les lignes, on en met à la fin de *certaines*. C'est ce qu'on appelle la négation incomplète (voir l'annexe 2). Tout l'énoncé, d'ailleurs, est malhabilement formulé. Ce n'est pas *après* les lignes qu'il faut dire, mais *à la fin* des lignes. Et ce n'est pas des lignes d'*une* adresse en particulier, qu'il est question, mais de *l'*adresse, en général.

Prédilection pour les tournures indéfinies et manie de la précision... Est-ce l'influence de l'anglais qui se fait ainsi sentir sur le système de la langue française ? Ce qu'en des temps moins prosaïques on aurait appelé le «génie» de la langue. On peut le penser. Je me garderai cependant de l'affirmer. Il faut, paraît-il, éviter de conclure hâtivement en cette délicate matière : surtout, ne pas aggraver indûment l'obsession nationale ! Je veux bien. Il importe d'ailleurs assez peu de connaître l'origine des parasites : le fait est qu'en français québécois l'«émission» est souvent brouillée.

Il aura fallu attendre la quatrième édition du *Français au bureau* pour trouver enfin, vraisemblablement sous la plume de celle qui a été chargée de «retravailler» l'ouvrage, une formulation correcte de ce petit énoncé tout simple : «On ne met ni point ni virgule à la fin des lignes de l'adresse». Bonne joueuse, je voudrais bien me rallier et pouvoir m'écrier : enfin du bon français d'ici ! Mais voilà, l'auteur — ou l'inspiratrice — de ces lignes est née en *doulce* France... Et il faut croire qu'elle n'a pas tenu la plume jusqu'à la fin de la phrase, où le québécois standard reprend implacablement le dessus : «On ne met ni point ni virgule à la fin des lignes de l'adresse sur une enveloppe ni dans la vedette d'une lettre[40]. » Retour en force des articles indéfinis : *sur* une *enveloppe, dans la vedette d'*une *lettre.* On remarquera encore la gênante absence de ponctuation. À quoi s'ajoute l'inévitable maladresse syntaxique : il fallait écrire non pas «sur une enveloppe ni dans la vedette», mais *ni sur l'enveloppe ni dans la vedette,* ou encore *que ce soit sur l'enveloppe ou dans la vedette.* Tel que l'énoncé est formulé, la conjonction *ni* n'a pas de contrepartie négative, ne pouvant logiquement être jointe aux négations de l'énoncé principal (*on ne met ni point ni virgule*). Cent fois sur le métier... Reformulons la phrase complète en français : *On ne met ni point ni virgule à la*

---

40. *Le Français au bureau* (4ᵉ éd.), *op. cit.*, p. 29 *.

fin des lignes de l'adresse, que ce soit sur l'enveloppe ou dans la vedette de la lettre.

Adonnons-nous maintenant à un petit exercice de stylistique comparée, en reconstituant la phrase complète en québécois standard : *On ne met pas de virgule après chaque ligne d'une adresse ni point à la fin sur une enveloppe ni dans la vedette d'une lettre.*

* * *

On comprend sans doute mieux maintenant pourquoi la troisième édition du *Français au bureau* a dû être entièrement réécrite. Car, de fait, il ne reste à peu près plus rien du contenu de l'édition précédente dans la nouvelle version de l'ouvrage. Et les rares passages qui ont été repris ont presque tous été corrigés ou reformulés. Pas toujours très adroitement d'ailleurs, comme on vient de le voir. Ne pouvant toutefois se résigner à admettre qu'il y avait bel et bien des fautes dans *Le Français au bureau*, et plus d'une, les signataires de la réplique de l'Office avaient trouvé cette dérisoire parade : « Tout le monde sait que des imperfections peuvent se glisser dans les meilleurs ouvrages — même les dictionnaires[41] ». Sur quoi je renchérirais : surtout dans les dictionnaires, qui sont des ouvrages considérables. Or, si l'on exclut les index, les illustrations et les modèles de lettres, la troisième édition du *Français au bureau* comptait à peine une centaine de pages pleines, très aérées, et où les exemples occupent souvent une place aussi importante que le texte même de l'auteur, duquel sont évidemment tirés les énoncés critiqués. Il faut savoir également que la plupart des « imperfections » qui ont été citées ici figuraient dans la deuxième édition de l'ouvrage. C'est dire qu'elles ont vaillamment survécu à deux révisions, au nez et à la barbe de pas moins de cinq réviseurs.

Bien sûr les réviseurs sont les premiers responsables de la correction de la langue, mais ils doivent, comme on dit, « faire avec » : ils ne choisissent pas les manuscrits. Demandons-nous donc qui, au départ, a accepté le manuscrit du *Français au bureau*, et voyons ce qu'il en était de la première édition de l'ouvrage. Remontons la filière...

* * *

---

41. « L'OLF prend la défense de son personnel », art. cit.

La première édition du *Français au bureau* est parue en 1979. L'ouvrage, qui dans sa forme actuelle comprend près de cinq cents pages, n'était alors qu'une plaquette d'une centaine de pages, publiée dans la série «Cahiers de l'Office de la langue française». On n'y comptait guère plus de vingt-cinq pages de texte, qui ont été relues par pas moins de trois réviseurs. Trois réviseurs, pour un ouvrage aussi peu étoffé, dont en outre l'auteur est censée avoir une connaissance supérieure de la langue : on aurait été en droit de s'attendre à un petit chef-d'œuvre de concision, d'élégance et de rigueur. Or, on le sait, il n'y a pas de génération spontanée, et la première édition de l'ouvrage ne pouvait qu'annoncer la troisième. Ce qu'elle put d'ailleurs faire en toute impunité, sous la bienveillante supervision de nul autre que Jean-Claude Corbeil, ci-devant directeur linguistique de l'ouvrage. Et accessoirement collègue en aménagisme de l'auteur. Ces affinités entre les deux linguistes existaient-elles à l'époque, ou l'auteur du *Français au bureau* s'est-elle convertie sur le tard à la cause aménagiste? Nous n'en savons rien. Quoi qu'il en soit, on la retrouvera vingt ans plus tard aux côtés du même Jean-Claude Corbeil à la Commission Larose, présentée comme une linguiste «reconnue pour ses travaux et publications en matière de rédaction et de qualité de la langue française[42]». Il est permis de penser que sa carrière aurait suivi un tout autre cours si, à l'époque, elle avait dû soumettre son manuscrit à un éditeur «normal». Pour s'en convaincre, voyons ce qu'un bon réviseur aurait trouvé à se mettre sous la dent si on lui avait jeté en pâture le manuscrit de la première édition du *Français au bureau*.

Signalons d'abord que cinq des fautes qui ont été relevées dans le chapitre précédent figuraient aussi dans la première édition de l'ouvrage[43]. Ce qui est déjà beaucoup. Pour ce qui est des autres, en voici la liste par catégories.

---

42. *Le Français, une langue pour tout le monde, op. cit.*, p. 258.

43. Il s'agit de l'expression *initiales d'identification* et des tours: «les articulations de la pensée»; «Lorsque l'on confie à une autre personne le soin de remettre ou de faire parvenir la lettre à son véritable destinataire»; «On ne met pas de virgule après chaque ligne d'une adresse ni de point à la fin»; on met la majuscule au nom selon «l'importance qu'on accorde à telle société ou à tel organisme». (H. Cajolet-Laganière, *Le Français au bureau*, «Cahiers de l'Office de la langue française», n° 26, 1979, p. 17, 99, 49, 50, 87.)

44. *Ibid.*, p. 17.

ANGLICISMES

◗ «Dans la correspondance privée et intime, on *ignore* générale-ment grades et titres[44].» L'emploi d'*ignorer* au sens de *ne pas tenir compte* est un anglicisme. Le *Dictionnaire québécois-français*[45] signale qu'il se répand en France et est même consigné dans le *Petit Larousse illustré*. Il ne l'était toutefois certainement pas à l'époque où fut publiée la première édition du *Français au bureau*. Et force est de conclure que cet anglicisme, pourtant répertorié dans bon nombre d'ouvrages québécois, n'était connu d'aucun des membres de l'équipe de rédaction.

◗ «... on adressera l'enveloppe à l'organisme ou au supérieur et l'on indiquera au bas et à gauche de l'enveloppe...[46]» L'expression *adresser une enveloppe* est un calque de l'anglais. *Adresser* signifie *destiner*: on *adresse la lettre* à quelqu'un, mais on *rédige l'adresse* au nom de quelqu'un.

PONCTUATION

◗ On relève deux fautes de ponctuation de la relative explica-tive, qui ne seront corrigées que dans la quatrième édition de l'ouvrage: «Dans une entreprise ou un ministère, l'enveloppe doit toujours être adressée directement au correspondant [,] dont le nom figurera de ce fait en premier»; «Ne pas se laisser induire en erreur par les sigles [,] dont toutes les lettres sont des majus-cules[47].»

ACCORD

◗ «**billet**: courte lettre, petit écrit, dans *lesquels* on peut omettre les formules de politesse en usage dans la lettre[48].» Le singulier *lequel* s'imposait ici, puisque c'est *le* billet qui est défini, comme étant une courte lettre *ou* un petit écrit.

---

44. Lionel Meney, *Dictionnaire québécois-français*, Montréal, Guérin, 1999.
45. *Le Français au bureau* (3ᵉ éd.), *op. cit.*, p. 49.
47. *Ibid.*, p. 49, 88. Dans la troisième édition, les passages en question figurent aux pages 175 et 80; les énoncés corrigés se trouvent aux pages 143 et 28 dans la quatrième édition.
48. *Ibid.*, p. 11.

Vocabulaire

◼ On relève ici deux fautes de vocabulaire : « Notre but est de présenter un outil de travail pratique *en vue d'*une utilisation *immédiate*. » Premièrement, il y a confusion entre l'immédiateté et la rapidité : la consultation ne pourra être « immédiate » que si on a l'ouvrage à portée de la main au moment où on en a besoin, ce qui n'a pas grand-chose à voir avec la façon dont l'auteur l'a conçu. Deuxièmement, tout comme *dans le but de* et *afin de*, la locution *en vue de* suppose une intention et ne peut par conséquent se rattacher qu'à un verbe ou à un nom d'action : on peut *faire quelque chose en vue de*, mais une chose ne peut pas *être en vue de*. Or la locution se rattache ici logiquement à *outil* (*un outil pratique en vue d'une utilisation immédiate*). C'est d'un outil *destiné à* ou *conçu pour* une utilisation *rapide* qu'il fallait parler.

◼ « Afin de faciliter le classement du courrier, certains recommandent de réinscrire [...] le numéro de la page au centre et à droite, l'expression numérique de la date, en ayant soin que le dernier chiffre *détermine la marge* de droite. » Curieux emploi ici du verbe *déterminer* : logiquement, ce n'est qu'après avoir déterminé la largeur de la marge qu'on peut y aligner « l'expression numérique de la date » — si on y tient absolument...

◼ Et, à propos d'*alignement*, l'expression consacrée est *aligner sur* et non pas *avec*, comme il est dit ici : « Les initiales d'identification s'inscrivent à gauche au bas de la page, *alignées avec* la signature dactylographiée[49]. »

Syntaxe

◼ Une faute venant rarement seule, dans le *Français au bureau*, la faute de syntaxe est ici doublée d'une impropriété flagrante : « Les références [...]. Il s'agit d'un groupe de lettres ou de chiffres qui *ont pour objet* de *retrouver* le correspondant[50]. » Commençons par l'impropriété, qui réside dans l'emploi du verbe *retrouver* : il

---

49. *Ibid.*, p. 7, 18, 17.
50. *Ibid.*, p. 14. On aura reconnu ici un passage de la troisième édition de l'ouvrage, cité dans le chapitre précédent : « Il s'agit généralement d'un groupe de lettres ou de chiffres qui ont pour objet de classer le document » (p. 23). On peut voir que la faute la plus grossière a été corrigée, qu'on a laissé tomber l'idée des « retrouvailles » avec le correspondant. Cela ne change toutefois rien à la faute de syntaxe : le sujet de l'infinitif *classer* doit être le même que celui de la locution *avoir pour objet*, et ce ne sont évidemment pas les lettres et les chiffres qui *classent* la lettre. Rappelons la correction

ne s'agit évidemment pas de retrouver le correspondant, mais de retrouver la lettre ; grâce à quoi on pourra trouver le nom du correspondant, si c'est ce qu'on cherche, mais certainement pas le correspondant lui-même. L'auteur se trouve ici en fait à employer *retrouver* au sens de *déterminer qui est*. Passons maintenant à la faute de syntaxe : le sujet grammatical de l'infinitif *retrouver* est *lettres ou chiffres*, et, comme chacun le sait, des lettres et des chiffres ne peuvent pas «retrouver» quelqu'un. Et se révéleraient d'ailleurs tout aussi impuissants à retrouver une lettre.

◼ «*Dans un numéro de code*, on ne doit mettre ni point, ni virgule, ni autre signe de ponctuation, et l'*on ne doit pas le souligner*[51].» *Dans un numéro de code... on ne doit pas le souligner...* Cela devrait pouvoir se passer d'explication.

VICE LOGIQUE

◼ «Il est *interdit* de *forger une abréviation non normalisée* telle que *pds* pour pieds, *pcs* pour pouces...[52]» Ce qui frappe ici à première lecture, c'est la notion d'*interdiction*, dont le moins qu'on puisse dire est qu'elle n'est pas courante pour parler des règles de l'usage (sauf dans cet opuscule, où on en relève un autre emploi quelques lignes plus bas : «La modification des symboles [...] est également interdite dans l'écriture des unités de mesures»). Mais le plus intéressant est en fait le vice logique : on nous dit qu'il ne faut pas «forger une abréviation non normalisée», comme s'il était possible de *forger une abréviation normalisée...* En clair, ce qu'on voulait dire, c'est : *lorsqu'il existe une abréviation norma-lisée, on ne doit jamais en utiliser une autre.*

MALADRESSES DE STYLE

◼ «*La deuxième page et les suivantes* sont numérotées dans l'angle supérieur droit *de la page. La deuxième feuille et les suivantes* ne reproduisent généralement pas l'en-tête.» Le remplacement de *page* par *feuille*, dans la deuxième phrase, montre que l'auteur était parfaitement consciente de la maladresse de cette répéti-tion — maladresse d'écolier ! —, qu'elle n'a pas pour autant eu

faite dans la quatrième édition : «Les références servent à faciliter le classement [...]. Il s'agit généralement d'un groupe de lettres et de chiffres» (p. 40). Il aura fallu quatre éditions pour arriver à une formulation correcte.
51. *Ibid.*, p. 48.
52. *Ibid.*, p. 93.

l'idée d'éviter en recourant à un pronom. En reformulant comme ceci, par exemple : *La deuxième page et les suivantes sont numérotées dans l'angle supérieur droit* [de quoi d'autre que *de la page*? — autre répétition inutile]. *On n'y reproduit généralement pas l'en-tête.* Et qu'elles ne s'avisent surtout pas de les reproduire elles-mêmes !

◖ « On ne met pas de points de suspension après *etc.*, qui signifie *lui-même* que l'idée n'est pas complètement exprimée[53]. » L'emploi d'un pronom personnel pour renvoyer à *etc.* est incorrect. Il fallait recourir à la catégorie grammaticale : *la locution* et cetaera *signifiant elle-même…*

◖ « L'initiale des noms de sociétés, d'organismes privés ou publics pose d'incessants problèmes dans la langue commerciale et administrative ; nous proposons donc à *son* sujet quelques *principes de solution*[54]. » Outre les obscurs « principes de solution », on notera ici la tournure à *son sujet*, là où il fallait dire à *ce sujet*. L'adjectif possessif crée ici, comme le pronom personnel dans l'exemple précédent, un étrange effet de personnalisation. L'adjectif possessif ne sera pas éliminé avant la quatrième édition de l'ouvrage, où l'expression *lignes directrices* a en outre avantageusement remplacé les *principes de solution*.

DIVERS…

Le paragraphe qui suit cet énoncé mérite une attention particulière. Je ne crois pas me tromper en disant qu'il s'agit du seul passage d'une certaine longueur à avoir été reproduit intégralement jusque dans les quatrième et cinquième éditions. Or la chose est d'autant plus surprenante que toute l'explication pèche par manque de clarté, et qu'on a tout même fait deux corrections mineures dans la quatrième édition.

◖ « L'usage s'est établi d'employer la majuscule au premier terme [remplacé par *mot*] des dénominations de groupements, chaque fois que l'on entend souligner le caractère unique des institutions [remplacé par *réalités*] qu'elles représentent, ce qui en fait des noms propres plutôt que des noms communs. Il va de soi que, cette notion d'unicité étant relative à l'étendue du territoire envisagé (ville, région, pays) et à l'importance qu'on accorde à telle société

---

53. *Ibid.*, p. 18, 99.
54. *Ibid.*, p. 87. Le passage, légèrement remanié, a été corrigé comme suit dans la quatrième édition : « Voici à *ce* sujet quelques lignes directrices » (p. 143).

ou à tel organisme, tout jugement sur ce point comporte un part de subjectivité[55]. »

On remarquera d'abord, dès les premiers mots, le solécisme *employer la majuscule au premier terme* : on ne dit pas *employer la majuscule à un mot*, mais *mettre la majuscule à un mot*. Notons ensuite que l'auteur du *Français au bureau* avait jeté son dévolu sur *institution* sans trop d'égard pour le sens du mot, lui donnant arbitrairement valeur de générique, et qu'il a fallu attendre la quatrième édition de l'ouvrage pour que quelqu'un s'avise de l'impropriété. Le remplacement par *réalités* ne change toutefois rien au problème, qui réside principalement dans la formulation contournée : pourquoi dire que les dénominations « représentent » des « réalités », quand en fait elles désignent tout simplement les groupements mêmes ?

Malheureusement, toute tentative de reformulation se heurte à l'absurdité de l'énoncé : l'idée selon laquelle on met la majuscule quand on « entend » souligner le caractère unique du groupement. Cette façon de formuler les choses donne à penser que chacun y va comme il l'entend, selon son propre jugement, comme le donne encore à penser la suite : « tout jugement sur ce point comporte un part de subjectivité[56] ». On nous fournit d'ailleurs un critère sur lequel fonder ce jugement, l'*unicité* du groupement, qui serait, nous dit-on, « relative à l'étendue du territoire envisagé (ville, région, pays) et à l'importance qu'on accorde à telle société ou à tel organisme »... Hélas, le rapport entre l'unicité du groupement et l'« étendue du territoire », nous échappe complètement. Tout comme d'ailleurs le sens qu'on donne ici à *envisagé*, le verbe *envisager* signifiant *examiner par la pensée, prendre en considération, avoir en vue*, et ne peut s'appliquer qu'à des choses abstraites : *envisager un territoire* ne peut guère vouloir dire autre chose qu'envisager le choix d'un territoire. Quant à l'idée selon

---

55. *Ibid.*, p. 87. Dans la cinquième édition de l'ouvrage, le passage figure aux pages 167-168.

56. Voici comment la linguiste formulera la même idée dans un autre guide de rédaction, publié dix-sept ans plus tard : « Lorsque l'on *désire* souligner le caractère unique d'un organisme, d'une entreprise, d'une association, d'une institution, d'une manifestation commerciale ou artistique, etc., on met la majuscule initiale au premier terme de *ces* dénominations de groupements » (H. Cajolet-Laganière, P. Collinge et G. Laganière, *Rédaction technique et administrative*, 2ᵉ édition, Sherbrooke, Éditions Laganière, 1986, p. 219). On remarquera au passage l'emploi incorrect du démonstratif : on ne peut pas parler de *ces* dénominations de groupements, puisqu'il n'a pas été question de dénominations dans l'énoncé, et qu'il convenait par conséquent d'écrire *de leur dénomination*. Comme on peut le voir, il est difficile de citer un exemple pour illustrer une formulation douteuse, sans relever quelque autre faute plus ou moins grave.

laquelle la décision de mettre la fameuse majuscule puisse être en quelque manière liée à l'importance «qu'on accorde» à *telle société* ou *tel organisme*, elle est complètement absurde : il ne peut être ici question que de l'importance de *la* société ou de *l'*organisme, c'est-à-dire très précisément de celle ou de celui dont on écrit le nom. Saisissant exemple de l'emploi fautif d'un tour indéfini — déjà cité d'ailleurs parmi les quelques exemples de ce type de maladresses relevés dans la troisième édition de l'ouvrage.

Toute cette explication est en fait aussi inutile que confuse : la «dénomination» d'un groupement, c'est nécessairement un nom propre. Une dénomination n'est pas une simple séquence de mots désignant quelque chose, c'est un nom. Or comment le nom d'une association ou d'un organisme pourrait-il ne pas être un nom propre ? Et qu'on se le tienne pour dit : nul n'est autorisé à priver de la prestigieuse majuscule l'Association des producteurs de petits pois de Métabétchouan, fût-ce au nom de critères aussi prégnants que «l'importance qu'on accorde à telle association» ou «l'étendue du territoire envisagé». Il n'y a en fait qu'une seule chose qu'il est utile de dire, c'est qu'on ne met la majuscule qu'au premier mot, sauf quand la dénomination comporte un autre nom propre. Or même cela est mal dit : «Éviter de multiplier les majuscules. N'employer, dans toute la mesure du possible, qu'une seule majuscule par appellation, si longue soit-elle[57]». *Éviter de multiplier les majuscules, dans toute la mesure du possible...* Comme s'il s'agissait de réprimer quelque frénésie de la majuscule !

Que ce passage n'ait fait l'objet que de deux corrections dérisoires dans la quatrième édition revue de l'ouvrage dépasse l'entendement. D'autant que, subodorant sans doute l'anglicisme, on a cru nécessaire de faire une correction dans la phrase suivante, où il était dit : «faute de règles formelles, on ne peut dégager que quelques tendances». S'il est vrai que *formel* est souvent employé, sous l'influence de l'anglais, au sens d'*officiel*, l'adjectif a ici le sens bien français de *précis, clair, explicite*. Quoi qu'il en soit, le remède qu'on nous sert dans la quatrième édition est pire que le mal : «faute de principes absolus, on ne peut dégager que des tendances[58]» — des *principes absolus*, dans l'emploi de la majuscule... Mais où est-on allé chercher ça ? Quand on aurait pu écrire, tout simplement, *faute de règles* : une règle est une règle, enfin ! Et

---

57. *Le Français au bureau* (1re éd.), *op. cit.*, p. 87. Tout ce passage figure à la page 143 de la quatrième édition.
58. *Le Français au bureau* (4e éd.), *op. cit.*, p. 143.

si *formel* était critiquable, ce n'était pas en fait à titre d'anglicisme, mais de pléonasme, une règle étant explicite par définition.

À peine a-t-on eu le temps de se réjouir de l'éclipse des *principes de solution*, que surgissent les *principes absolus* : le québécois standard tel qu'il nous est donné à lire dans *Le Français au bureau*, d'une édition à l'autre.

* * *

De la première à la dernière... Bouclons la boucle : voyons ce que nous réservent les ajouts de la cinquième édition de l'ouvrage, dont on nous annonce sans ménagement dans l'introduction qu'elle est encore «plus riche d'explications». On en a déjà le tournis ! Car, si les corrections apportées dans la quatrième édition avaient pu faire naître le fol espoir d'un retour en grâce du «franco-français», on eut tôt fait de déchanter à la lecture des quelques pages ajoutées dans l'édition suivante. Comme le dit la sagesse populaire : plus ça change, plus c'est pareil ! En font foi ces quelques passages — et on a l'embarras du choix —, où on retrouve, non sans agacement, les mêmes problèmes de langue que dans les éditions précédentes.

◼ Les mêmes vices logiques : «L'adresse électronique du ou de la destinataire du message n'étant pas toujours explicite ni personnelle et ne comportant pas toujours son nom, il convient, *si tel est le cas*, de commencer le message en rappelant le nom du ou de la destinataire.» *L'adresse ne comportant pas toujours le nom, si tel est le cas*... De quel «cas» est-il ici question : du cas où elle en comporte ou de celui où elle n'en comporte pas ? Notons en outre que le verbe *convenir* ne convient justement pas : songerait-on à dire qu'il «convient» de mettre le nom du destinataire sur l'enveloppe quand on envoie une lettre ? Il faut le faire, un point c'est tout. Et le verbe *rappeler* n'est pas mieux choisi non plus. Il ne s'agit certainement pas de «rappeler» le nom du destinataire, puisqu'il ne figure nulle part : il faut l'*indiquer*, l'*écrire*, tout simplement. Mais, justement, ce serait trop simple... Proposons maintenant une version en français sans chichi : *Si le courrier électronique est partagé par plusieurs utilisateurs, il faut avoir soin d'indiquer le nom du destinataire au début du message.*

◼ La même incapacité pathétique d'utiliser les pronoms : «Lorsqu'on envoie *une télécopie*, on peut accompagner *le document* en question d'un bordereau où on indique divers renseignements utiles à l'acheminement *de la télécopie.*» Où le premier rédacteur venu éviterait la répétition de *télécopie* en écrivant: *Lorsqu'on envoie une télécopie, on peut l'accompagner d'un bordereau où on indique les renseignements utiles à* son *acheminement.* (La même inaptitude à user des pronoms explique la répétition, ô combien lourde, dans l'exemple précédent, de *du ou de la destinataire.*) Signalons en outre que du «document en question», il n'a en fait jamais été question, une télécopie n'étant pas nécessairement un document. Encore une fois, on donne à *document* une valeur générique qu'il n'a pas.

La même pléthore de mots: «La lettre qui accompagne le curriculum vitae est de préférence rédigée *sur mesure* pour correspondre *précisément* à une offre d'emploi *en particulier.*» *Sur mesure, précisément, en particulier...* N'en jetez plus, la cour est pleine! Et que vient faire là la locution *de préférence*, avec le verbe *être* au présent, dans *la lettre est de préférence rédigée*? Où on s'attendrait à lire *la lettre devrait être rédigée...*

La même prédilection pour les «beaux mots»: «La courtoisie restant de mise, *on se doit d'*employer des formules d'appel et de brèves formules de salutation.» Pourquoi *on se doit de* plutôt que *on doit*? Parce qu'on croit que «ça fait bien». Et qu'on ignore que *se devoir de* a une connotation morale, qui comme de juste ne convient pas dans le contexte.

Sous la rubrique *Ces beaux mots qu'on aime*, impossible de passer sous silence la réintroduction de cette grossière impropriété, qui avait disparu de la quatrième édition: «La note est *un écrit* concis *qui n'est pas astreint* au formalisme de la lettre.» Pas plus, visiblement, que l'auteur du *Français au bureau* n'est astreinte à la rigueur dans le choix des mots.

La même méconnaissance des expressions courantes, dont témoigne ici la confusion entre *rendre des services* et *fournir des services*: «Une facture est une pièce comptable établie par le fournisseur qui indique la quantité, la nature et le prix des marchandises vendues ou des *services rendus*»; «Une note d'honoraire est un état de la rétribution que demande une personne exerçant sa profession de façon autonome [...] en échange *des services* professionnels *qu'elle a rendus.*» Aviez-vous vous déjà sourcillé, en entendant ce barbarisme, à l'idée que les entreprises *rendent* comme ça, gentiment, *des services* à leurs clients? Eh bien, en le voyant si bellement attesté dans le guide de rédaction administrative de l'Office de la langue française, vous vous direz que vous aviez tort : ainsi va la légitimation du québécois standard. Et dire que j'ai même signalé cette faute dans *Le Maquignon et son joual*, que l'auteur du *Français au bureau* a très certainement lu...

Devant tout cela, on pourrait finir par perdre le moral. Terminons donc sur une note humoristique, avec un exemple de féminisation pour le moins cocasse : «Un formulaire ou une formule de demande d'emploi [..] permet à une entreprise ou un organisme de recevoir des demandes d'emploi qui répondent à ses exigences et comprennent les renseignements qu'elle ou qu'il considère comme importants[59].» *Elle* ou *il, l'entreprise* ou *l'organisme*... N'avions-nous pas déjà noté chez l'auteur du *Français au bureau* une certaine tendance à l'animisme? Enfin, mettons cela charitablement au compte d'une mauvaise relecture.

Mais, au fait, combien de réviseurs sont-ils à avoir relu ça? Ça, et le reste...

* * *

La boucle étant maintenant bouclée, revenons à la question du lexicographe Claude Poirier, qui m'a servi d'amorce au début de ce chapitre : *De quoi a-t-on peur? Le public québécois n'acceptera pas...* Vraiment? De même qu'ils ont accepté *Le Français au bureau*, les Québécois accepteront le dictionnaire que leur concocte actuellement l'auteur du *Français au bureau*. Dont il ne faut surtout pas perdre de vue qu'elle travaille actuellement à la rédaction d'un dictionnaire que tout — subventions publiques et bénédiction prévisible des organismes de la Charte — destine à devenir le dictionnaire national du français québécois.

Si je n'ai pas intitulé ce livre *Sauve qui peut la langue!*, c'est que le titre était déjà pris.

* * *

On peut toujours, évidemment, adopter la posture de l'autruche et refuser de voir l'évidence : *Le Français au bureau* ne peut pas être un cas isolé. L'importance de l'ouvrage et le nombre de linguistes qui ont participé à sa rédaction en font un exceptionnel révélateur de la qualité de la langue de notre élite «linguistiquement hégémonique». À l'intention de ceux qui en douteraient, le jugement obscurci peut-être par le nationalisme

---

59. *Le Français au bureau* (5ᵉ éd.), *op. cit.*, p. 116, 114, 88, 116, 94, 129, 130, 125.

linguistique, levons maintenant le voile sur le dépliant *La Lettre et l'enveloppe*.

Quelques mois après la parution de mon article dans *La Presse*, l'Office faisait distribuer dans la fonction publique un petit dépliant de deux pages intitulé *La Lettre et l'enveloppe*, sorte de supplément au guide de rédaction, dans lequel je crus d'ailleurs reconnaître le style baroque de l'auteur du *Français au bureau*. J'étais dans l'erreur. Renseignements pris en haut lieu, l'auteur de ce texte est une linguiste très connue : auteur elle-même d'un guide de rédaction, *Le Français à l'hôtel de ville*, elle a participé à la révision des deux dernières éditions du *Français au bureau* et collabore régulièrement à la revue *Infolangue*, autrefois *La Francisation en marche*. Bref, il ne s'agit pas d'une simple stagiaire.

On retrouvait, dans ce petit dépliant, l'expression *initiales d'identification*, dont il a déjà été question. Mais plus encore que l'expression elle-même, c'est la définition qu'on en donnait qui mérite toute l'attention : un morceau de bravoure du salmigondis pseudo-savant. Mais voyons d'abord comment on définit ces initiales dans *Le Parfait Secrétaire*, publié par la maison *Larousse* : «*Initiales* — On inscrit deux groupes de majuscules séparées par une barre oblique : d'abord les initiales de la personne qui a conçu le texte, puis celles de la personne qui l'a dactylographié[60].» On goûtera mieux maintenant, par comparaison, la *maestria* avec laquelle, en québécois standard, on parvient à entortiller la chose : «*Initiales d'identification* : Code qui sert à l'identification des responsables de l'écrit. Le groupe en majuscules permet de retrouver les auteurs, responsables de l'information, et le groupe en minuscules, le ou la responsable de la forme.» Et, comme si ça ne suffisait pas, cette précision encore : «Le ou la signataire qui est responsable tant du fond que de la forme peut soit omettre, soit répéter ses initiales.» On se croirait décidément en plein roman d'espionnage ! Un *code* qui doit servir à l'*identification* de *responsables* — et de responsables de l'*information* — qu'il faut *retrouver*, par-dessus le marché, comme s'ils étaient en fuite. Presque tous les mots de cette définition abracadabrante mériteraient d'être accompagnés d'un retentissant *sic* ! À moins, d'abord, que la lettre ne soit anonyme — ou que la signature ne soit elle aussi en *code*[61] —, on voit mal pourquoi il

---

60. *Le Parfait Secrétaire*, Paris, Larousse, 1991, p. 13.

61. Précisons que les initiales en question sont bel et bien considérées comme un code, du fait qu'on ne fait pas suivre les lettres d'un point. Mais, cela, il faudrait l'expliquer, pour justifier l'emploi du terme. Autrement, c'est du jargon !

faudrait procéder à l'«identification» de son auteur et de la secrétaire qui l'a tapée, l'identification d'une personne — en français, s'entend — relevant davantage des services policiers que du secrétariat. Que veut-on, en fait? Ni identifier ni retrouver qui que ce soit, mais tout simplement savoir *de qui* sont ces initiales. Et il y a peu de chances qu'il s'agisse de celles «des auteurs», puisqu'il n'y a généralement qu'un seul auteur. Pourquoi alors ce pluriel, au mépris des règles de la rédaction? Tout simplement parce que l'incontournable féminisation aurait autrement été d'un curieux effet, étant donné l'élision: *l'auteur ou l'auteure…* Et sans doute parce qu'elle aurait alourdi le style, si cela était encore possible.

Que dire maintenant des nombreux «responsables» de cette vilaine affaire? D'abord les «responsables de l'écrit», c'est-à-dire de la lettre — on n'allait tout de même pas appeler une lettre une lettre, vous pensez bien, même si le titre du dépliant ne laisse aucun doute quant à la nature de l'écrit en question. Peut-on dire que la secrétaire qui a tapé la lettre est, avec l'auteur, «responsable de l'écrit»? Évidemment pas, *l'écrit* étant en fait le texte même, son contenu, la secrétaire n'en est pas «responsable». La notion même de *responsabilité*, d'ailleurs, est aussi impropre qu'ampoulée dans le contexte, qu'elle s'applique à l'auteur de la lettre ou à la personne qui l'a tapée. Et pourquoi dire de l'auteur qu'il est «responsable de l'information», quand il n'y a pas nécessairement de l'information, *stricto sensu*, dans une lettre? Quant au «responsable du fond et de la forme», qu'y a-t-il à en dire, sinon qu'à son évocation on se prend à rêver des temps bénis où l'on se contentait modestement de rédiger et de taper une lettre soi-même?

«Le *peuple* peut dormir sur ses deux oreilles: on ne traduira pas en québécois *La Phénoménologie de l'esprit*[62]», raillait la linguiste Danielle Trudeau dans une critique incisive de la *Défense et illustration* du joual de Léandre Bergeron. J'affirme quant à moi que ce n'est pas demain la veille non plus qu'on traduira l'œuvre de Hegel en québécois standard. Car pour philosopher, il faut de la rigueur, et ce baragouin-là en est totalement dépourvu. C'est le tout-venant du n'importe quoi!

Le dépliant en question réapparaissait quelques années plus tard à la rubrique «Bloc outil» de la revue *Infolangue*, dans une version… revue et corrigée: «L'Office de la langue française offre une nouvelle version du dépliant qu'il a produit il y a plusieurs

---

62. D. Trudeau, *Léandre et son péché*, Montréal, Hurtubise HMH, 1982, p. 122.

années […] et qui a connu beaucoup de succès[63].» Pourquoi alors en avoir fait une autre version? Pour ajouter quelques précisions, certes, mais aussi pour corriger des fautes. Il n'est jamais trop tard pour bien faire, dit-on. À quoi il faut en l'occurrence ajouter: cent fois sur le métier, remettez votre ouvrage, car l'époustouflante définition d'*initiales d'identification* n'a à peu près pas été modifiée dans la nouvelle version[64]. Seul changement: plutôt que *permet de retrouver les auteurs, responsables de l'information*, on lit maintenant «permet de retrouver le ou les responsables du contenu» — d'où l'on conclut que nos *responsables* en cavale n'avaient toujours pas été *retrouvés*! Ne soyons pas rabat-joie, la reformulation de ce petit bout de phrase aura tout de même permis d'éliminer deux fautes: l'impropriété que constituait *information* et la maladresse du tour *les auteurs, responsables de l'écrit*, où on voulait en fait dire: *les auteurs, les responsables de l'écrit*; autrement dit: *les auteurs, c'est-à-dire les responsables de l'écrit*, et non pas *les auteurs, qui se trouvent être responsables de l'écrit*, comme si tous les auteurs ne l'étaient pas et que cette particularité avait valeur explicative.

Un autre passage, pourtant grossièrement maladroit, a également échappé à la révision. Il s'agit d'une tentative de reformulation de l'énoncé sur la ponctuation dans l'adresse qu'on trouvait dans la troisième édition du *Français au bureau*: «On ne met pas de virgule après chaque ligne d'une adresse» — pour *on ne met pas de virgule à la fin des lignes de l'adresse*. Rappelons que le dépliant *La Lettre et l'enveloppe* était paru après la publication de mon article sur *Le Français au bureau*, où j'avais justement signalé la maladresse de cette formulation. Voulant vraisemblablement éviter la rencontre de *chaque* et de la négation, que j'avais critiquée, la linguiste, en bonne locutrice du québécois standard, s'était tout naturellement rabattue sur l'article indéfini *un*, et avait cru nécessaire de remplacer *chaque* par *aucun*. Avec

---

63. *Infolangue*, été 1998, vol. 2, n° 3, p. VIII.
64. Par comparaison, dans la quatrième édition du *Français au bureau*, qui devait paraître quelques années plus tard, la définition de ces initiales est formulée très simplement: «Les initiales d'identification permettent, si on le juge utile, de savoir qui a rédigé et qui a tapé la lettre» (p. 52) — puis suivent quelques indications sur la façon d'écrire et de disposer les initiales. Pour être un bel exemple de sobriété stylistique, cette définition n'en comporte pas moins un vice de construction. Plutôt que «permettent, si on le juge utile, de savoir qui a écrit», il aurait été plus rigoureux de dire *permettent, si on le juge utile, d'indiquer qui a écrit*. Grammaticalement, l'agent de l'action exprimée par l'infinitif *savoir* est le pronom *on*, qui désigne celui qui écrit ou qui tape, et dont on présume qu'il *sait* qui il est... Et qu'il veut simplement le *faire savoir* au destinataire.

pour résultat la perle que voici : « aucune virgule ni aucun point ne figure à la fin d'une ligne[65] ». Dire qu'on ne met *aucune* virgule à la fin d'*une* ligne — ou qu'il n'en « figure » aucune ! —, c'est évidemment donner à entendre qu'on pourrait en mettre *plusieurs*, à la fin d'*une* ligne. La tournure n'ayant pas été corrigée dans la nouvelle version du dépliant, on peut toujours y lire qu'*aucune virgule ne figure à la fin d'une ligne*....

Rappelons que l'auteur de ce dépliant a participé à la révision linguistique des quatrième et cinquième éditions du *Français au bureau*. L'auteur de *La Lettre et l'enveloppe*, chargée de mettre de l'ordre dans la prose de l'auteur du *Français au bureau*... N'insistons pas : nous risquerions de réveiller l'autruche qui sommeille en tout Québécois. (Et puis, si, tout de même, nous insisterons bien un peu... Voir la suite à l'annexe 3.)

*
* *

Le lecteur qui serait parvenu jusqu'ici à garder la posture de l'autruche serait bien avisé de rester sagement la tête dans le sable pour les pages qui viennent. Quant à celui que n'ont rebuté ni la complexité ni l'étrangeté de l'idiome sus-décrit, il est prêt à passer à un niveau supérieur dans l'apprentissage du québécois standard, avec la lecture de *Guide de conception d'une politique linguistique*. Le guide en question est un petit texte — l'équivalent d'une dizaine de pages pleines — qui n'a en fait jamais été publié, mais qui n'en est pas moins intéressant pour autant, puisqu'il a été rédigé par nulle autre que la responsable du réseau des langagiers de la fonction publique[66]. Créé à la fin des années quatre-vingt et aboli en 1994, faute de budgets, ce réseau regroupait les réviseurs de l'Administration et de simples employés dési-

---

65. Le passage complet se lit comme suit : « **Adresse** La virgule sépare les éléments distincts à l'intérieur d'une même ligne. En revanche, aucune virgule ni aucun point ne figure à la fin d'une ligne. » Outre le saugrenu *en revanche*, on notera : « à l'intérieur d'une même ligne », pour *sur une ligne*.

66. La première partie de ce chapitre est une version légèrement remaniée et étoffée d'un article paru dans *Le Devoir* sous le titre « Langagier : une tâche complexe » (10 décembre 1992). Le guide dont il est question, daté de septembre 1990, n'étant sans doute plus en circulation depuis longtemps, il serait inutile de renvoyer aux pages d'où sont tirées les citations. Qu'il suffise, pour en garantir l'exactitude, de dire que ni l'Office de la langue française ni l'auteur même n'ont répliqué à la critique que j'en avais faite. Sachant qu'on n'avait pas hésité à m'accuser injustement d'avoir fait des citations fausses dans ma critique du *Français au bureau*, le lecteur comprendra qu'on ne se serait pas privé de le faire si les accusations cette fois avaient été fondées.

reux d'améliorer la qualité de la langue dans leur milieu travail. Or c'est à eux justement qu'on s'adresse dans le *Guide de conception d'une politique linguistique*, en toute candeur, dans une langue qui est un déroutant amalgame de préciosité déliquescente et de raideur bureaucratique. Et c'est sans parler des fautes qualifiées. Mais, dans pareille prose, toute correction ne serait jamais qu'un cataplasme sur une langue de bois.

À l'époque où je me penchais sur ce texte, l'essayiste Pierre Monette — toujours en quête du mythique «parler vrai» —, prônait dans les pages du *Devoir* «le retour à une langue de la Renaissance», qui aurait «les forces expressives nécessaires à une découverte de l'Amérique». Américanité et québécitude conjuguées justifieraient la création d'une langue québécoise, où on pourrait «retrouver la verve et la truculence de la langue de Rabelais et de Montaigne — un français d'avant l'académisme, populaire et vivant, la véritable langue de nos origines[67] ». *Verve et truculence...* S'ils ne veulent pas se faire *enfirouâper*, les épigones de Léandre Bergeron feraient bien d'y regarder d'un peu plus près: rien n'est moins rabelaisien, en fait, que la langue de l'élite locale dont on s'apprête à consacrer les usages. Quant aux linguistes qui mènent cette entreprise d'aménagement linguistique subventionnée par l'État — rien de moins américain, au demeurant —, tous ne donnent pas non plus l'exemple de l'«américanité langagière». Et tant s'en faut, comme on dit dans la langue soutenue.

Justement, dans le «bon français parlé et écrit au Québec», selon la formule désormais consacrée, plutôt que *langue soutenue*, on peut dire par exemple *forme de langue très soignée qui poursuit des intentions de politesse très nettes...* On l'aura deviné, ce tour exquis n'est ni de Rabelais ni de Jack Kérouac. Il a été relevé dans le *Guide de conception d'une politique linguistique*: tout ce que vous avez toujours voulu savoir sur l'application de la Charte de la langue française dans l'Administration, et n'aviez jamais osé demander. De crainte peut-être de ne pas comprendre. Pourtant, c'est tout simple. Suivez-moi... On vous explique d'abord pourquoi il faut mettre en œuvre une politique linguistique dans les organismes publics. C'est, nous dit-on, dans le but de «gérer de façon concertée et efficace la qualité de la langue c'est-à-dire ici le niveau de la langue officielle». *Gérer le niveau de la langue officielle...* Enfin, soit! Mais encore, qu'entend-on par langue officielle? «Il s'agit, en général, d'une forme de langue très soignée,

---

67. P. Monette, «Un pays sur le bout de la langue», *Le Devoir*, 23 avril 1992.

caractérisée par un haut niveau de conscience au moment de l'usage, qui poursuit des intentions de clarté, d'efficacité et de politesse très nettes». De celles dont l'enfer est pavé vraisemblablement, car enfin, s'il ne s'agit que de «poursuivre des intentions», ce n'est pas demain la veille qu'on atteindra le but!

Pour s'occuper ainsi de la gestion de la qualité de la langue, l'Office nomme un «mandataire», une sorte de PDG des «pratiques linguistiques et langagières», chargé, diriez-vous — un peu platement peut-être —, de veiller à l'amélioration du français. Mais pourquoi faire simple, quand on peut faire compliqué? Dans une telle «situation de communication», on dit plutôt que la tâche du mandataire consiste à «promouvoir l'amélioration de la qualité du français [...] en favorisant la gestion efficace de la qualité de la langue». Tout le lyrisme du québécois standard dans cette petite phrase...

Et comme tout cela est en effet très compliqué, notre valeureux «mandataire» doit être secondé par «un langagier ou une langagière du réseau des langagiers et langagières de l'Administration»... Car «la responsabilité de gérer effectivement la qualité de la langue de l'Administration est institutionnel [*sic*] et se répartit entre tous les employés appelés à rédiger des textes en son nom». Ceux, justement, qu'on appelle les *langagiers*. Récapitulons: si le mandataire est chargé de «favoriser la gestion efficace de la qualité de la langue», le langagier, lui, a «la responsabilité de gérer effectivement la qualité de la langue». Il est d'ailleurs également «spécifiquement responsable [...] d'assurer une gestion efficace des activités langagières». Parvenir à exprimer autant de subtiles nuances avec un vocabulaire aussi indigent, voilà ce qu'on appelle savoir «gérer» son petit pécule!

Il est dit, décidément, que rien ne doit échapper au zèle gestionnaire. La féminisation linguistique? «Elle peut se manifester [*sic*] dans l'Administration [...] par une politique langagière qui demande à être gérée.» Et moi qui jusque-là croyais que la politique avait pour but de «gérer la qualité de la langue». Voilà maintenant que la politique elle-même demande à être gérée... C'est qu'il faut, nous assure-t-on, «éviter la mise en place d'habitudes problématiques» — notons qu'en québécois standard on ne *prend* pas des habitudes, on les *met en place*. *Mise en place* à laquelle ne manqueraient évidemment pas de donner lieu les pratiques brouillonnes des «écrivants de l'Administration», sans la rigoureuse vigilance de nos compétents langagiers.

Mais la tâche du langagier est encore plus complexe qu'il n'y paraît. Il doit encore analyser les éléments de la politique linguistique, au moyen non pas d'une simple grille d'analyse *des* éléments — vous pensez bien, ce serait trop conforme à l'usage, trop idiomatique —, mais d'une grille intitulée: «Grille d'analyse de chaque élément». On n'est jamais trop précis! Premier point dans la grille: «La définition ou la description de l'élément: Qu'est-ce que c'est que... dans le ministère ou l'organisme? Comment se manifeste-t-elle ou t-il? Sur quel support?» On a bien lu: *Comment se manifeste-t-elle ou t-il*!!! Qui donc disait vouloir éviter «la mise en place d'habitudes problématiques» en matière de féminisation?

Une fois les éléments de la politique — ils ou elles! — soigneusement analysés, que reste-t-il à faire? Il suffit alors de compléter la politique, en y incluant un index, par exemple, ou encore une bibliographie: «une bibliographie générale regroupant les documents de référence en matière de statut et de qualité du français de l'Administration nous semble enfin pensable». Une bibliographie nous semble *pensable*... Ma foi, il fallait y penser! Dommage par ailleurs qu'on n'ait pas également pensé à éliminer cette rébarbative suite de déterminants: *en matière de statut et de qualité du français de l'Administration*. Rébarbative, et incorrecte, car si on peut parler de la qualité du français *de* l'Administration, c'est du statut du français *dans* l'Administration qu'il est question. On aurait donc dit plus justement, et avec plus de souplesse dans l'expression: *sur le statut et la qualité du français dans l'Administration*.

Mais le langagier, vous pensez bien, n'a pas de temps à perdre avec des vétilles comme la syntaxe, quand il a tant à faire avec la signalisation. Car il faut savoir que l'affichage n'a pas simplement à être rédigé dans un français correct, encore là, ce serait trop simple: «Le français de l'affichage [...] doit proposer une rédaction [si, si! *le français doit proposer une rédaction*] qui relève du niveau de langue soutenue, celui [*sic*] de la langue officielle» — faut-il entendre ici qu'il y a un niveau de langue soutenue *de* la langue officielle? Qu'il s'agisse d'ailleurs des «panneaux d'identification des ministères», de «l'identification des immeubles» ou de «l'identification réglementaire exigée par les normes de sécurité et de santé publique». Il faut admirer, décidément, l'application que mettent les linguistes de l'Office à répandre certains anglicismes. On ne devra pas se surprendre si dans quelques années plus personne au Québec ne sait que ce qui sert à *indiquer* est une *indication*, et non pas une «identification». Mais, rassurons-nous: « La signalisation relève, aux fins [*sic*] de la Charte de la langue française, de l'affichage et de l'emploi obligatoire de certaines expressions.» Il est donc permis d'espérer qu'avec un petit effort, et en s'y mettant à plusieurs, on fera en sorte que ces «expressions obligatoires» soient les expressions justes en français. Détail cocasse: l'auteur de ce guide est également coauteur d'un ouvrage intitulé *Le Français au quotidien*, dans lequel on a justement consacré un chapitre aux locutions construites avec le substantif *fin*. Malheureusement, on a omis d'y signaler que l'expression *aux fins de* ne s'utilise qu'avec un nom d'action. Sans doute n'a-t-on pas non plus jugé bon de donner le sens de l'expression, ce qui expliquerait que notre superlangagière ait confondu ici *aux fins de* et *en vertu de*... la Charte.

* * *

Et c'est ainsi qu'avec l'aimable complicité de la fine fleur de nos langagiers le québécois standard se répand... Comme la misère s'abat sur le pauvre monde. Il va sans dire qu'il était impossible, dans les pages d'un quotidien, de passer à la moulinette tous les ingrédients de cet indigeste brouet. Ce guide était en fait une sorte de petit condensé de tout ce qu'il ne faut pas faire quand on rédige. Ce qui était pour le moins gênant, compte tenu de la fonction qu'occupait l'auteur et de la nature du texte. On affichait notamment le plus souverain mépris à l'égard des règles qui régissent la ponctuation et l'emploi de la majuscule dans les énumérations. À moins qu'il ne se soit agit là de quelque astucieux piège inspiré des jeux *Trouvez l'erreur*: le réviseur qui ne renvoyait pas le texte à l'Office en y ayant relevé au moins trois fautes par énumération devant automatiquement être remercié! Beaucoup plus intéressantes et révélatrices, toutefois, sont les fautes de ponctuation de la phrase, qui abondent également dans le texte. Si bien que notre langagière de haute volée serait sans doute recalée à l'examen de français imposé aux candidats aux études universitaires pour cause de ponctuation lacunaire. On ne compte plus en effet les virgules qui manquent à l'appel, dans cette syntaxe invertébrée: incises ouvertes à tous vents, relatives explicatives flottantes... Témoin, ces deux phrases — qui se suivent dans le texte — où il est question du «mandat» et du «mandataire»:

«Le mandat spécifique, celui de veiller à l'application de la Charte de la langue française et à l'amélioration de la qualité de la langue dans l'organisme [,] est confié par le ministre ou le Président [,] en accord avec l'Office de la langue française [,] au mandataire.»

Je ne résiste pas à l'envie de commenter, au passage, tant le style est maladroit et laborieux. Car enfin, la ponctuation ce n'est pas tout. Comme il n'y a en fait qu'un seul type de «mandat», on a beau chercher, on ne voit pas quel sens a ici l'adjectif *spécifique* — employé à toutes les sauces pour *spécial, particulier, précis, adapté*, sous l'influence de l'anglais *specific*. On ne voit pas non plus l'utilité de l'incise, mal ponctuée, *celui de veiller à...*, quant il eût été si simple d'écrire: *le mandat de veiller à...* Il est vrai que saupoudrer du *spécifique* par-ci, par-là et orner la phrase d'une incise, ça peut toujours faire bon effet. Si en plus on savait ponctuer, on arriverait presque à donner le change.

«Est mandataire de l'Office de la langue française celui ou celle [,] dans l'organisme ou le ministère [,] qui [,] ayant été désigné par la haute direction [,] détient le mandat de...»

On goûtera ici le ronflant «détient le mandat», pour *a la responsabilité, est chargé* d'organiser des activités, de maintenir le contact avec l'Office, de faire connaître les avis de normalisation, etc. Car c'est à peu près à quoi se résumait le pompeux «mandat». Pourquoi donc avoir choisi d'appeler *mandataire* quelqu'un dont rien n'indique qu'il ait, à proprement parler, le pouvoir d'agir «au nom de» l'Office, ce que suppose la notion de *mandat*? Pourquoi? Tout simplement parce que *mandataire*, ça fait sérieux. Et que le baragouin administratif, au fond, on adore ça.

«On» ne désigne d'ailleurs pas ici uniquement notre langagière, qui n'est pas seule à prendre le *mandat* à la légère. En québécois standard, on peut par exemple confier un *mandat* à un employé, plutôt qu'une *tâche*, un *travail*; *mandat* est aussi en train de devenir un synonyme de *contrat*, ce qui a pour effet inattendu de transformer les *entrepreneurs* de travaux publics en *mandataires*. Ce passage tiré d'un message publié par une agence de publicité dans un grand quotidien témoigne bien de l'extensibilité de la notion: «Nous n'avons jamais mandaté qui que ce soit pour enquêter sur Monsieur Frigon. Je tiens à préciser qu'il est absolument faux de prétendre que nous voulions nous venger de M. Frigon prétendument parce qu'il y a cinq ans nous avions perdu le mandat de la SAQ[68].» L'enquête en question aurait en fait été commandée à une agence d'investigation privée, ce qui relève du rapport entre un client et une entreprise, et n'a strictement rien à voir avec la notion de *mandat*. Quant au «mandat de la SAQ», il s'agit tout simplement d'un contrat de services passé par la SAQ avec l'agence de publicité. Dans un tout autre domaine, et dans un autre registre, une journaliste raconte ici les années de vaches maigres d'un saxophoniste de jazz: «le musicien était autrefois dans l'obligation de se farcir des mandats qui le faisaient cruellement souffrir [*sic*][69]»... Les «mandats» en question — que nous trouvons nous-même très pénible de devoir «nous farcir» — étaient en fait des engagements dans des mariages ou des congrès. On voudrait pouvoir compter sur l'exemple de l'Office de la langue française pour endiguer ce genre de débordements sémantiques. Hélas, on l'a vu, la rigueur ne fait pas partie des vertus cardinales chez les langagières de l'Office.

En tout cas, c'est en vain qu'on la cherche dans ce petit guide. Ponctuation sporadique, barbarismes en kyrielle et anglicismes à la clé... On est déjà tenté de crier grâce. Or ce serait prématuré: il faut encore ajouter à cela l'inaptitude de l'auteur à saisir les ressources infinies de l'article défini, ce mal-aimé du standard d'ici. On a parfois le sentiment de lire un texte français écrit par un non-francophone, doué certes, mais désespérément imperméable à certaines subtilités de notre langue. Qui n'a jamais tenté d'initier un fonctionnaire québécois à l'emploi de l'article défini ne peut comprendre le découragement qui submerge le réviseur en lisant, sous la plume même de la responsable du réseau des langagiers de l'Administration, le passage qui suit: «L'Office accueille un langagier [*le langagier*] et l'inscrit au Réseau des langagiers de sorte que celui-ci devient spécifiquement responsable du lien à entretenir entre l'organisme et les spécialistes de l'Office de la langue française afin d'assurer au sein du ministère ou de l'organisme: – une circulation rapide d'information [*de l'information*] en matière de pratiques langagières [...] ; – une permanence d'animation [*la permanence de l'animation*] du dossier de la langue axée sur le respect du statut et l'amélioration de la qualité».

Formons le vœu qu'à l'Office quelqu'un ait eu l'idée d'expliquer au malheureux mandataire — pardon, à *un* malheureux mandataire — comment on s'y prend pour assurer «l'anima-

---

68. *Le Devoir*, 27 mars 2002, p. A 2.
69. «Les pieds à terre!», *Le Soleil*, 28 octobre 1999, p. C 1.

tion d'un dossier», ou plutôt *une animation de dossier*, comme dirait sans doute notre *top* langagière. Et, surtout, comment une «permanence» peut être «axée sur le respect» — car enfin, grammaticalement, c'est bien la *permanence* qui est axée, et non pas l'*animation*...

* * *

Comment ne pas se réjouir de l'abolition de ce réseau de langagiers, dont la responsable même malmenait le français de la sorte? Hélas, notre canard boiteux menace de renaître de ses cendres. On apprenait en effet, dans un avis du Conseil de la langue française paru quelques années plus tard, qu'«une nouvelle structure, qui est en voie de s'installer, doit le remplacer», et que «la *Politique gouvernementale relative à l'emploi et à la qualité de la langue française dans l'Administration* propose une nouvelle stratégie d'intervention[70]». Nouvelle stratégie d'«intervention», même vieux «intervenants» sans doute. Comment croire en effet qu'il y ait quelque volonté de changement — encore faudrait-il d'ailleurs qu'on soit conscient du problème —, quand un an environ après la parution de mon article dans *Le Devoir*, le *Guide de conception d'une politique linguistique* circulait toujours dans la fonction publique. Une ancienne collègue, chargée d'établir une politique linguistique dans le ministère où elle travaillait, reçut de l'Office le guide en question, accompagné de divers articles sur la langue parus dans les journaux... dont le mien, que la rédaction du *Devoir* avait intitulé «Langagier, une tâche complexe»!

Devant ce mélange d'incompétence, d'incurie et d'arrogance, me revient en mémoire cet extrait de l'avis du Conseil de la langue française sur l'aménagement du français québécois, dont je me demande aujourd'hui s'il ne préparait pas la voie au travail des linguistes de l'Office dans la fonction publique: «On a demandé aux fonctionnaires de respecter certains critères de qualité dans leurs communications officielles; cette exigence se manifeste [*sic*], dans une publication de l'Office de la langue française, sous la forme [*sic*] suivante: "N'importe qui, au service de l'État, n'a pas le droit d'écrire n'importe comment."[71]» Je n'aurais pas osé le dire moi-même, mais c'est écrit noir sur blanc: dans la

---

70. *Maîtriser la langue pour assurer son avenir*, op. cit., p. 42.
71. *L'Aménagement de la langue. Pour une description du français québécois*, op. cit., p. 20.

fonction publique, *ce n'est pas n'importe qui qui a le droit d'écrire n'importe comment*! C'est sans doute là un privilège que se réservent jalousement nos fonctionnaires de la langue.

Cette petite phrase était tirée en fait non pas d'une publication de l'Office, mais bien, ainsi que l'indiquait la référence en bas de page, d'un article du linguiste Jean-Claude Corbeil, paru en 1975 dans une publication de la défunte Régie de la langue française. Ne voyant sans doute là que de l'excellent québécois standard, on l'a tout bonnement reprise dans l'avis sur l'aménagement du français québécois, que des dizaines de linguistes ont dû lire, sans que manifestement ce passage les fasse tiquer. Si bien d'ailleurs que, neuf ans plus tard, on retrouvait la perle dans le rapport *La Qualité de la langue : un projet de société*[72] — projet à long terme, croit-on comprendre —, rédigé par le chercheur Jacques Maurais, placée par les bons soins de ce dernier, bien en évidence, en épigraphe au chapitre sur la langue de l'Administration. Question : combien faut-il de linguistes et de réviseurs des organismes de la Charte pour corriger une faute de français aussi grossière, pour comprendre que *n'importe qui n'a pas* n'est pas synonyme de *personne n'a…*?

*
* *

Le dernier texte au programme est un simple document administratif. Ce n'est pourtant pas le plus mal écrit. La concurrence est de taille, il est vrai. Et déloyale de surcroît, le genre ne se prêtant guère à l'esbroufe stylistique. Mais, comme nous le verrons, le réviseur n'y trouve pas moins ample matière à exercer ses talents. Le document en question est le plan quinquennal de l'Office, *Orientations et planification stratégique 1991-1996*[73]. Dans le cadre des activités du réseau des langagiers de l'Administration, il avait été remis à la Direction des communications d'un ministère par la responsable même du réseau. C'est ainsi qu'il est venu en ma possession. Comme quoi il n'est jamais besoin de chercher bien loin.

Le plan quinquennal provenait du bureau même du président, on peut donc penser qu'il n'avait pas été rédigé par un

---

72. *La Qualité de la langue, op. cit.*, p. 165.
73. La première partie de ce chapitre est une version remaniée d'un article paru dans *Le Devoir* (21-22 mai 1992) sous le titre — choisi par la rédaction — «L'immonde sabir de l'Office de la langue française». L'Office, là non plus, n'a rien trouvé à répliquer.

rond-de-cuir. Et pourtant, ne reculant devant aucun anglicisme, on s'y proposait d'«intensifier le programme *initié depuis* deux ans» — entendre *créé, mis sur pied il y a* deux ans; et bien *il y a* et non pas *depuis*, l'action exprimée par le verbe étant ponctuelle. Et pour «*rejoindre les besoins* particuliers» — variation sur le thème anglais *rencontrer des besoins* —, on prévoyait «*développer* des programmes *spécifiques*» — en bon français on dirait plutôt *créer, concevoir* des programmes *spéciaux*.

Pour ce faire, on entendait «procéder à une *identification* plus précise des usagers et usagères à *desservir* par un produit particulier» — en français, on ne procéderait pas en l'occurrence à une «identification» des usagers, mais on *déterminerait quels sont* les usagers; ces usagers qu'on doit d'ailleurs autant que possible *servir*, et non pas *desservir*[74]... Le plan prévoyait également le «*développement* d'indicateurs des progrès accomplis en matière de promotion du français au Québec et permettant d'*identifier* la contribution de l'Office à cet objectif» — contribution inestimable, il va sans dire, que la *définition* d'indicateurs permettrait d'*évaluer*, comme on aurait pu le dire si on avait connu les ressources qu'offre le français pour traduire ces anglicismes cassepieds, ces caméléons sémantiques que sont devenus les verbes *développer* et *identifier*.

Voyons encore comment on entendait s'y prendre, à l'Office, pour que le français s'impose dans «le milieu du travail» et qu'il devienne «la langue de services» — on aura compris qu'il est question ici du *milieu* de *travail* et de la *langue* des *services* — dans les entreprises où il y a une forte proportion d'immigrants. Outre la mise en place «d'une structure d'évaluation *de* programmes, *de* produits et *de* services, permettant de couvrir l'ensemble des activités de l'Office» — où, en français normal, on dirait: *évaluation* des *programmes*, des *produits et* des *services* —, on veut «sensibiliser le personnel à la nécessité d'utiliser des outils de formation *élaborés en français*» — *elaborated in French*, pour *conçus*

---

74. J'ignorais à l'époque que la confusion entre *servir* et *desservir*, que le *Dictionnaire québécois-français* devait recenser quelques années plus tard, était fréquente en français québécois. On en trouvait d'ailleurs une autre illustration dans ce texte, comme nous le verrons plus loin. On en relève également un exemple dans un ouvrage des aménagistes Martel et Cajolet-Laganière: «Il apparaît plutôt essentiel de valoriser la langue et son enseignement en en faisant une priorité de tout le système scolaire dans toutes ses ramifications, c'est-à-dire tous les ordres d'enseignement et toutes les clientèles desservies, notamment les immigrants et les adultes.» (*La Qualité de la langue au Québec*, *op. cit.*, p. 147.) On notera en outre le québécisme *clientèle*, généralement employé pour *effectif scolaire*, qui désigne en fait ici des catégories d'élèves.

en français — et «faire connaître les terminologies *disponibles en français*» — *available in French*, pour *terminologies françaises*. La question en fait n'est pas de savoir s'il y a des terminologies *disponibles*, mais s'il y en *a*, tout court. Malheureusement, le québécois standard ne distingue pas l'*existence* d'une chose et sa *disponibilité*.

On se proposait encore, dans ce plan, de faire «*participer* les jeunes *dans* la promotion du français» — où on aura reconnu le calque de *participate in* — et de mettre en œuvre un «plan de *développement* des ressources humaines» — dont la description permet de comprendre qu'il s'agit en fait de *perfectionnement* du personnel. On se faisait fort également de «*développer* un climat favorable à la promotion du français auprès des chefs de file» des communautés culturelles — on *développe* décidément beaucoup de choses à l'Office, il n'en demeure pas moins qu'en français, on *crée*, on *établit* un climat. Et pour faire en sorte que les travailleurs allophones puissent «*desservir* la population en français» — il me semble pourtant bien qu'on *sert* des clients —, on entendait «mettre à la disposition des entreprises les outils d'implantation nécessaires à l'affermissement du français au travail»... Une bonne «cure d'affermissement» serait surtout indiquée, il nous semble, pour donner un peu de tonus sémantique à ce français approximatif.

On ne s'étonne pas, à vrai dire, qu'une telle langue ne puisse pas s'imposer d'elle-même, qu'il faille l'*implanter,* avec des *outils d'implantation.* On l'implante aussi par des «stratégies d'intervention», car on intervient beaucoup à l'Office, on intervient même «sur la langue». Il y a fort à parier, à mon avis, que même si nos savants linguistes découvraient une intervention... chirurgicale permettant de greffer cette langue-là sur les immigrants, on assisterait à de nombreux phénomènes de rejet. Et particulièrement sans doute chez les sujets les plus sains. Il en ira bien sûr tout autrement le jour où l'idiome aura été «aménagé» en québécois standard et où on lui aura donné un statut officiel. Ce jour-là, le peuple parlant en sera fier et, conquis devant tant de fierté, tous les immigrants voudront l'apprendre... *Wishful thinking*!

On peut à bon droit se demander d'ailleurs si le plan quinquennal de l'Office ne se voulait pas une *Illustration* du français québécois. Il constitue en tout cas un excellent échantillonnage des anglicismes les plus répandus au Québec — un véritable exercice pour correcteur débutant. Il est également truffé de petites impropriétés qui trahissent une étonnante méconnaissance des subtilités du lexique. (Enfin, quand je dis étonnante...) Il y est par exemple question d'une banque de données permettant de connaître «l'*emplacement des clients* et des fournisseurs» — est-il besoin de préciser qu'*emplacement* ne se dit qu'à propos de choses?; de l'introduction dans les entreprises «du *concept* de responsabilisation linguistique, *qui vient reconnaître* le fait que la valorisation du français est l'une des valeurs importantes à promouvoir» — une chose ne peut rien *reconnaître*, mais peut cependant *témoigner de* ou *confirmer que*; de «*personnes qui requièrent* une assistance personnelle directe» — pour *qui ont besoin*, dans cette acception le verbe *requérir* ne s'employant qu'avec un sujet de chose; et d'«informatisation et bureautisation des *fonctions de travail*», c'est-à-dire, vraisemblablement, des *tâches*...

Et toutes ces fautes étaient candidement étalées dans le plan quinquennal de l'Office de la langue française, qui n'avait même pas trente pages. La candeur semble d'ailleurs être une qualité bien partagée parmi le personnel de l'organisme. Une linguiste auprès de qui j'avais tenté d'obtenir quelque éclaircissement sur l'expression, opaque s'il en est, *fonction de travail*, incapable — même après consultation en haut lieu — de m'en donner le sens et encore moins de m'en expliquer la trouble genèse, dut finalement admettre qu'il s'agissait vraisemblablement là d'un exemple de jargon bureaucratique. Et de conclure, pour mon édification: «Mais si c'est dans le plan quinquennal de l'Office, ça ne peut pas être vraiment mauvais»!

* * *

L'auteur du *Multidictionnaire* allait tout de même faire preuve de plus de discernement. Appelée par Jean-François Lisée, alors journaliste au magazine *L'actualité*, à se prononcer sur le bien-fondé de mes critiques, Marie-Éva de Villers déclarait sans ambiguïté que de telles fautes étaient «inadmissibles dans un document de l'OLF[75]». Mme de Villers se remit toutefois sans trop de mal de son indignation, et quelques années plus tard, à l'occasion d'un colloque sur l'aménagement linguistique, elle ne manqua pas de faire savoir tout le bien qu'elle pensait du *Français au bureau*: «soulignons la carrière remarquable du *Français au bureau* de

---

75. «L'Office du jargon français», art. cit.

l'Office de la langue française qui a joué et joue toujours un rôle majeur en ce qui a trait à la qualité de la langue des administrations et des entreprises[76]». C'est bien de la troisième édition de l'ouvrage qu'il était question, dont Marie-Éva de Villers ne pouvait absolument pas ignorer la critique que j'en avais faite dans *La Presse*, qui à l'époque avait fait grand bruit à l'Office et qui de surcroît était évoquée dans l'entrefilet de Jean-François Lisée. On peut à bon droit trouver curieux que ce qui est jugé inadmissible dans un simple document administratif ne soit pas vu comme un vice rédhibitoire dans un guide de rédaction. Quoi qu'il en soit, c'est l'auteur du *Français au bureau*, qui était justement au même colloque, qui a dû être contente. On comprend là que la critique ne viendra jamais de l'intérieur.

Quant à la critique de l'expression *fonction de travail*, elle ne viendra sans doute pas non plus de l'auteur du *Multidictionnaire*. Je devais en effet quelques années plus tard en trouver une attestation sous sa plume, dans un énoncé où il est dit que la qualité de la langue est «un facteur déterminant pour l'accès aux fonctions de travail, aux responsabilités sociales et aux études universitaires[77]». *Fonctions de travail* signifierait ici *marché du travail,* si nous comprenons bien...

---

76. M.-É. de Villers, «L'aménagement des usages dans une perspective qualitative : au-delà de l'aménagement de [sic] statut», dans *Les Actes du colloque sur la problématique de l'aménagement linguistique, op. cit.*, tome II, p. 665.

77. M.-É. de Villers, *La Politique de la communication de l'École des HEC*, Montréal, École des HEC, mars 1995, p. 3 (cité dans *La Qualité de la langue : un projet de société, op., cit.*, p. 151).

CHAPITRE QUATRE

LANGAGIER, LINGUISTE, SOCIOLINGUISTE : RENCONTRE AVEC LA SAINTE TRINITÉ

J'entends d'ici les protestations indignées : quoi ! nos linguistes ne connaissent pas le français ? Eh bien non, pas nécessairement. Il n'y aura pour s'en étonner que ceux qui confondent linguiste et grammairien. Et ils sont nombreux. La confusion entourant la compétence du linguiste, en qui le profane voit à tort un spécialiste et un gardien du «bon usage», est de fait fort répandue. Il faut savoir que si certains linguistes ont une excellente connaissance du français, ce n'est pas à leur formation qu'ils la doivent. Du point de vue de la linguistique, la langue est strictement «l'objet d'une science», comme le dit justement Claude Hagège dans *Le Français et les siècles*, «il n'est question que de l'interroger pour répondre aux curiosités qu'elle suscite». Contrairement au grammairien, dit encore Hagège, le linguiste «observe les faits et les lois de leur évolution, pour en inférer des constantes et des prédictions : il ne fait pas profession d'enseigner une norme[1]».

Henri Meschonnic, dans *De la langue française*, relève lui aussi cette «confusion entre le grammairien et le linguiste» : «Le grammairien enseigne les rudiments des lettres, il est prescriptif de nature, il apprend à bien parler, à bien écrire. C'est son rôle. Le linguiste observe[2].» Et c'est à cette distinction encore que la linguiste Marina Yaguello a choisi avec à-propos de consacrer le premier chapitre de son petit *Catalogue des idées reçues sur la langue* : «Contrairement à une illusion trop répandue dans le public, écrit-elle, un linguiste n'est pas forcément la personne la mieux placée pour vous expliquer la règle de l'accord des participes. Un linguiste n'est pas un grammairien prescriptif ni un puriste, arbitre du bon usage. Jamais il ne manifeste contre le changement linguistique et la croisade contre le franglais n'est

---

1. C. Hagège, *Le Français et les siècles*, Paris, Odile Jacob, coll. «Points», 1987, p. 169, 171.
2. H. Meschonnic, *De la langue française. Histoire d'une clarté obscure*, Paris, Hachette, 1997, p. 52.

pas son affaire.» On ne saurait mieux résumer : «Un linguiste ne s'occupe pas de la langue telle qu'elle devrait être, mais de la langue telle qu'elle est, dans la diversité de ses formes et de son usage vivant chez tel ou tel groupe de locuteurs[3].» Et c'est, par conséquent, essentiellement ce pour quoi il est formé.

Le linguiste que les aléas du marché du travail amène à gagner sa vie comme grammairien, ou langagier, n'a donc aucune compétence particulière pour exercer ce métier. Ajoutons que, la linguistique américaine tenant le haut du pavé depuis plus d'un demi-siècle, au cours de ses études l'apprenti linguiste aura à lire les Sapir, Labov, Chomsky, en traduction ou dans le texte. Sans parler des notes de cours de ses professeurs, dont certains lisent assidûment les revues américaines et y publient leurs articles. Dans un cas comme dans l'autre, ce sera probablement l'occasion pour lui d'enrichir son propre bagage d'anglicismes. Le vocabulaire de la linguistique en compte d'ailleurs quelques-uns, qui sont bien installés dans l'usage et que le dictionnaire a déjà consacrés : l'*occurrence* (pour *fréquence*) d'un mot dans un texte, *référer* (pour *renvoyer*) à une notion, ou encore *locuteur natif* (de *native speaker*, celui qui parle sa langue maternelle). Bien sûr, le linguiste peut se spécialiser en terminologie, auquel cas il aura une formation en français. Mais celle-ci sera limitée à l'étude du lexique, et encore du strict point de vue des langues de spécialité. Le prestige dont jouit chez nous la terminologie, associée dans l'esprit du public au vaste mouvement de francisation des années soixante-dix, rejaillit tout naturellement sur les terminologues, réputés connaître toujours le «terme» juste. Pourtant, il peut arriver que l'auteur d'un savant lexique n'ait qu'une connaissance rudimentaire des vocables de la langue courante, et se trouve dépourvu quand vient le moment de les utiliser dans une phrase.

Bref, il faudrait pouvoir en finir avec cette confusion entre linguiste et grammairien. Car si elle est sans grandes conséquences ailleurs dans la francophonie, il en va autrement au Québec où elle est pour ainsi dire institutionnalisée sous le label OLF. Il faudra un jour se pencher sur la création de l'Office, dans cette atmosphère de fièvre technocratique qui a caractérisé la Révolution tranquille, pour essayer de comprendre l'origine de ce *quiproquo* qui allait faire du linguiste une sorte de gestionnaire de la norme. Contentons-nous ici d'en mesurer l'ampleur. Le linguiste

---

3. M. Yaguello, *Catalogue des idées reçues sur la langue*, Paris, Seuil, coll. «Point virgule», 1988. p. 15-16.

de l'Office, quelle que soit sa maîtrise de la langue, est d'emblée consacré autorité en matière d'usage dans les services linguistiques de l'Administration. C'est ainsi que des terminologues au français douteux, ayant pour toute expérience d'avoir rédigé quelque vocabulaire de la bureautique ou de la mécatronique, sont recyclés dans des fonctions où ils sont appelés à coordonner un service linguistique, et par conséquent à évaluer la compétence des réviseurs pigistes. Pendant quelques années, les linguistes de l'Office furent en outre chargés de sélectionner les pigistes qui révisent les manuels scolaires pour les maisons d'édition spécialisées. Le Conseil de la langue française demandait d'ailleurs il y a quelques années le rétablissement de ce «programme d'agrément des réviseurs qui s'était révélé très utile[4]»... Nul besoin d'être une nature vétilleuse pour s'en inquiéter, quand on sait de quelle manière l'Office s'acquitte de la révision de son guide de rédaction administrative. Et, en tant que réviseur, on peut légitimement demander : qui donc se charge de l'«agrément» des linguistes de l'Office ?

* * *

Puisque nous sommes à clarifier le rapport du linguiste à la norme, vidons la question en abordant, avec Marina Yaguello toujours, un autre point qui nous intéresse ici tout particulièrement. Le linguiste, écrit Yaguello, «n'a pas à prendre parti dans les querelles idéologiques, socioculturelles, dont la langue est l'enjeu. Il peut lui arriver, certes, de s'exprimer à titre personnel sur le destin de sa langue maternelle ou de participer à une démarche d'aménagement concerté de la langue dans le cadre de ce que l'on nomme aujourd'hui les *politiques linguistiques*, mais il sort dans ces deux cas de la sphère de la science du langage proprement dite[5]». En soi, cela ne pose pas de problème : on conviendra aisément que le linguiste peut contribuer utilement aux débats sur la langue. Pour peu toutefois qu'il fasse preuve de rigueur et ne se serve pas de son titre de linguiste pour donner du vernis à ses préjugés ou pour cautionner ses opinions personnelles sur la norme. Il va sans dire que le risque de tels abus est particulièrement grand, les passions nationalistes étant ce qu'elles sont, lorsqu'on envisage de définir une norme nationale, comme c'est actuellement le cas au Québec. De plus en plus de

---

4. *Maîtriser la langue pour assurer son avenir, op. cit.*, p. 19.

linguistes québécois consacrent leur carrière à ce champ particulier de l'aménagement de la langue, et certains semblent être
entrés en linguistique comme on entre en religion, pour défendre
la cause de notre variété de français. Ce qui explique certaines
dérives idéologiques, qui sont autant d'entorses à cette «linguistique scientifique» dont on se gargarise par ailleurs.

La susceptibilité de certains de ces linguistes, qui mésu-
sent allégrement de la linguistique, ne manque d'ailleurs pas de
faire sourire. Il n'est pas rare d'entendre tel partisan du français
québécois déplorer le plus sérieusement du monde l'incompré-
hension du profane devant le point de vue «linguistique» sur la
langue. Cela confine, chez d'aucuns, au délire de persécution: «je
m'attends même, à défaut d'autres arguments, à me faire traiter de
linguiste[6]», écrivait dans l'avant-propos de la *Grammaire québécoise d'aujourd'hui* le québécisant Jean-Marcel Léard. Allons! Si
l'auteur de la grammaire des *m'as te dire* et des *minque j'yalle*
encourt la critique, ce ne sera pas pour avoir fait œuvre de
linguiste, mais bien plutôt pour s'être aventuré hors du champ
de la linguistique, en prenant partie pour l'usage qu'il décrit. Car
son ouvrage n'est pas une simple description de la grammaire
du français québécois, c'est une défense sans équivoque — ce
que déjà le titre annonce, en donnant cette grammaire, archaï-
sante, du parler populaire pour une grammaire «d'aujourd'hui».
Personne en fait ne s'intéresse aux linguistes qui s'en tiennent
strictement à leur champ de compétence. Ceux qui donnent dans
la défense d'une langue en brandissant leur titre de linguiste n'ont
qu'eux-mêmes à blâmer pour le discrédit dans lequel est tombée
la linguistique au Québec.

Mais il se trouve que le partisan du français québécois n'a
aucun intérêt à clarifier le rôle du linguiste. La confusion, en effet,
sert admirablement la cause de notre future langue nationale, tous
registres confondus. D'un côté, on peut travailler à la légitimation
du parler populaire en s'abritant derrière ce que Danièle Sallenave
appelle justement, dans *Lettres mortes*, «le point de vue "scien-
tifiquement correct" de la linguistique»: foin des états d'âme, il
n'y a plus que des états de langue, et *minque je n'eye de besoin*
appartient à un «registre» de notre variété de français. Et à l'autre
extrémité du spectre normatif, chez ceux qui se spécialisent dans
le «bon français d'ici», on peut au contraire tirer parti de sa répu-

---

5. *Catalogue des idées reçues sur la langue, op. cit.*, p.16.
6. J.-M. Léard, *Grammaire québécoise d'aujourd'hui*, Montréal, Guérin, 1995, p.XXII.

tation de grammairien pour occulter ce qu'a de radical du point de vue de la norme la notion d'autonomie du français québécois.

Et c'est cela, précisément, qui fait la force du tandem aménagiste de l'Université de Sherbrooke : le fait qu'il avance nimbé du double prestige du linguiste et du langagier, et peut travailler sur tous les fronts pour faire avancer la cause du français québécois. À titre de docteurs en linguistique, Pierre Martel et Hélène Cajolet-Laganière peuvent par exemple nous fabriquer de toutes pièces une réalité linguistique. Il suffit qu'ils prononcent « description linguistique » pour qu'on les prenne au sérieux. Pourtant, c'est l'évidence même, leur « description » de l'usage québécois n'est qu'une liste de québécismes triés sur le volet. À titre d'auteur du *Français au bureau*, Hélène Cajolet-Laganière rassure. Qui aurait songé à critiquer le fait qu'à la Commission Larose son confrère en aménagisme Jean-Claude Corbeil l'ait invitée à monopoliser avec lui le discours sur la norme ? Dans le document de consultation diffusé avant le début des travaux de la Commission, la notice biographique de la linguiste mentionnait uniquement ses états de service à l'Office de la langue française et « ses travaux et publications en matière de rédaction et de qualité de la langue française ». Si bien d'ailleurs qu'un non-initié eût pu à bon droit s'étonner en lisant la petite phrase ajoutée dans la notice qui figurait, un an plus tard, dans le rapport de la Commission : « Elle travaille en ce moment à l'élaboration d'un dictionnaire général et normatif du français québécois[7]. » D'où était donc venu à notre langagière ce soudain intérêt pour le français québécois, et cette non moins soudaine compétence en lexicographie ?

Le prestige conjugué du linguiste et du grammairien, c'est déjà appréciable. Mais le tandem a encore une autre corde à son arc. À titre d'aménagistes, les deux linguistes peuvent aussi puiser dans les ressources de la sociolinguistique pour nous bricoler une conscience normative idoine, taillée sur mesure pour leur projet : *une enquête a révélé que les Québécois approuvent ceci, rejettent cela*... Une remarquable illustration de ce genre de pratique nous était donnée dans l'article que les deux aménagistes signaient dans le prestigieux ouvrage collectif *Le Français au Québec : 400 ans d'histoire et de vie*. Ils y opposent, comme à leur habitude, le modèle français — "parisien" et "pointu", pour les besoins de la cause — au mythique modèle radio-canadien, affirmant que « le modèle parisien [est] jugé "affecté" et trop "pointu"

---

7. *Le Français, une langue pour tout le monde, op. cit.*, p. 258.

dans la bouche des Québécois[8]». Ce qu'ils se gardent bien de dire, c'est que, selon une enquête qu'ils ont eux-mêmes menée, si les Québécois admirent le modèle radio-canadien, ils ne veulent pas pour autant l'imiter: «On note [...] une certaine méfiance [entendre *réticence*] devant un français "relevé", dont l'usage est très bien accepté chez les vedettes de la télévision, mais qu'on semble associer au snobisme ou à la prétention lorsqu'il est utilisé par la population en général[9]». En jetant ainsi le voile sur ces résultats de leur enquête, Martel et Cajolet-Laganière peuvent commodément occulter le fait que ce modèle radio-canadien, qu'ils présentent parmi les «caractéristiques du français québécois actuel», relève de la fiction pure en ce qui concerne l'usage courant — il a d'ailleurs du plomb dans l'aile à Radio-Canada même! L'important, pour eux, est qu'on se pénètre bien de l'idée que les Québécois n'aiment pas le «parler pointu», et qu'on saisisse l'allusion: le modèle français, senti comme étranger, fait obstacle à l'amélioration de la langue au Québec. Or le lecteur qui disposerait des résultats complets de l'enquête sur laquelle s'appuient les deux aménagistes ne manquerait pas d'être frappé par la parenté entre le modèle parisien, *affecté* et *pointu*, et le modèle radio-canadien, *snob* et *prétentieux*... Et pourrait bien être amené à se demander si dans l'esprit des Québécois modèle «parisien» et modèle radio-canadien, ça n'est pas bonnet blanc et blanc bonnet; et si à force de vouloir délégitimer le premier, les aménagistes n'auraient pas du même coup atteint le second. *Visa le noir, tua le blanc...*

Tout cela peut paraître bien anodin: le b. a.-ba de la manipulation (à moins, bien sûr, qu'il ne s'agisse là d'un accès d'amnésie sélective). Mais les aménagistes peuvent mener ce genre d'exercice beaucoup plus loin. Aussi loin, par exemple, que d'arguer de notre «conscience normative collective» pour faire du langagier québécois l'autorité incontestable en matière de norme. C'est ce que proposaient tout bonnement les deux aménagistes dans un article publié il y a quelques années: «Une description complète du français québécois, et particulièrement de son niveau standard, inclut également celle du jugement que nous portons sur notre langue et sur nos mots.» Soyons attentif ici à

---

8. «Le français au Québec: un standard à décrire et des usages à hiérarchiser», dans *Le Français au Québec: 400 ans d'histoire et de vie, op. cit.*, p. 381.

9. H. Cajolet-Laganière, «Y a-t-il un consensus, au Québec, sur la notion de qualité de la langue?», dans *Les Actes du colloque sur la problématique de l'aménagement linguistique, op. cit.*, tome II, p. 248.

la confusion entre le *nous*, Québécois, qu'on vient d'évoquer, et le *nous*, langagiers québécois, qui va immédiatement prendre le relais : « Par exemple, *littérature* au sens de "dépliant, prospectus" est condamné parce que pour la plupart des lexicographes et langagiers du Québec, il [*sic*] est un anglicisme ; cette condamnation effective par des spécialistes (éclairés !) fait partie de l'attribut du mot dont il faut tenir compte dans toute description, même si le mot en ce sens est maintenant consigné, sans étiquette de condamnation, par les nouveaux dictionnaires français[10] ». Martel et Cajolet-Laganière — qui nous semblent plutôt mal placés pour ironiser sur les « spécialistes éclairés » — veulent vraisemblablement parler ici de l'emploi de *littérature* pour désigner l'ensemble des ouvrages et des articles publiés sur une question, qui de fait est un emprunt à l'allemand. *Littérature* au sens de *prospectus* ou *dépliant* est un anglicisme québécois, qu'on ne trouve pas dans les dictionnaires français, et que Cajolet-Laganière elle-même avait d'ailleurs recensé comme expression fautive dans la première édition du *Français au bureau* ! Mais, quoi qu'il en soit de l'exemple qu'ils donnent, en clair, ce que les deux aménagistes affirment là, c'est que les Québécois tiendraient à tel point à avoir « une description de leur langue qui corresponde à l'image qu'ils s'en font », comme ils le disent plus loin, qu'ils seraient prêts à entériner les erreurs de leurs langagiers : incarnations, en quelque sorte, de « notre » conscience linguistique.

Voilà donc l'hybride linguiste-langagière qui, du haut de son titre d'aménagiste, avance tranquillement que ses erreurs font partie de l'idée que nous nous faisons de notre langue. Décidément, cela force l'admiration !

* * *

Et nous ramène, mine de rien, à notre point de départ, les fautes de français de notre classe linguistiquement hégémonique : entre entériner les erreurs de jugement de nos langagiers et légitimer leurs fautes, il n'y a qu'un pas, qui a déjà été franchi.

Cette idée selon laquelle les Québécois n'auraient au fond qu'à s'incliner devant leur élite langagière était en effet éloquemment illustrée dans la réplique de l'Office de la langue française à ma critique du *Français au bureau*, à propos de l'expression *initiales d'identification*. Soyons claire : ce n'est pas l'expression

---

10. « Oui... au français québécois standard », art. cit., p. 24.

elle-même, somme toute anodine — qui ne peut qu'ajouter, si cela est encore possible, à la confusion entre *identification* et *désignation* — qui est ici en cause, mais un principe de légitimation de l'usage. Voyons donc avec quels arguments l'Office avait entrepris de défendre l'expression : « Commençons par les fameuses *initiales d'identification*, que cette dame dénonce. Sait-elle qu'il s'agit là de l'expression utilisée dans les *Observations grammaticales et terminologiques*, de la grammairienne de l'Université de Montréal, Mme Madeleine Sauvé, et dans *Le Français, langue des affaires*, d'André Clas et Paul Horguelin, universitaires réputés qu'on peut difficilement accuser d'incompétence ? S'il est vrai qu'on observe [dans *Le Français au bureau*] une certaine extension du sens d'*identifier* sous l'influence de l'anglais et que cette extension n'est pas consignée dans les dictionnaires, on se trouve, avec *initiales d'identification*, devant un usage on ne peut mieux partagé[11]. »

Un usage « on ne peut mieux partagé », dont on a cependant été incapable de montrer qu'il était partagé par les autres francophones, les seules références citées étant québécoises. On admet implicitement que ni l'auteur ni les réviseurs du *Français au bureau* ne saisissaient bien la notion d'*identification*, en reconnaissant qu'ils n'ont pu éviter une « certaine extension » — goûtons l'euphémisme — du sens du verbe *identifier*. On a soin de ne pas révéler que la grammairienne de l'Université de Montréal, elle aussi, emploie abusivement *identifier* au sens de *désigner*, dans la définition même qu'elle donne d'*initiales d'identification*. Enfin, on nous assène l'argument d'autorité : de « réputés universitaires » ne sauraient faire de fautes. Prétendre le contraire équivaudrait même à jeter le discrédit sur tout leur travail, à les « accuser d'incompétence »... On aurait voulu nous intimider qu'on ne s'y serait pas pris autrement. Les signataires de ce texte parlaient au nom de l'Office de la langue française, il n'est pas inutile de le rappeler. Le moins qu'on puisse dire est qu'ils prenaient là quelques libertés avec les critères le légitimation de l'usage québécois établis par l'organisme. Retenons en tout cas qu'on pourrait désormais arguer du simple fait qu'un usage est « bien partagé », c'est-à-dire répandu dans un groupe de locuteurs de prestige, pour le légitimer. Or c'est exactement là, résumé dans cette formule en apparence banale, ce que proposent les aménagistes : la fin de la sélection des québécismes « de bon aloi » par

---

11. « L'OLF prend la défense de son personnel », art. cit.

cette instance de légitimation qu'est l'Office, et le recours au seul jugement social. Revu et corrigé, au besoin, par le lexicographe-aménagiste, cela va sans dire, l'objectif étant de valoriser notre variété de français. Je laisse au lecteur le soin d'imaginer jusqu'où cela pourrait mener dans le trafiquage des marques normatives et des définitions, si on entreprenait de légitimer en bloc la langue de notre classe linguistiquement hégémonique. La bien nommée...

CHAPITRE CINQ

SUBTILITÉS ET NON-DITS DU NOUVEAU DISCOURS NORMATIF

Pour l'heure, on se contente de poser les bases du nouveau discours normatif sur le français québécois, marqué au coin du relativisme et de la tolérance. À cet égard, on trouve des choses extrêmement intéressantes dans la liste des expressions fautives de la quatrième édition du *Français au bureau*. Je dis liste des «expressions fautives», parce que c'est ainsi qu'on appelle habituellement ces énumérations de barbarismes et de solécismes courants qu'on trouve dans les guides de rédaction et les ouvrages normatifs. On dit aussi liste d'*expressions à corriger*, de *barbarismes*... Mais, dans *Le Français au bureau*, on a eu l'idée de renouveler le genre en quelque sorte. C'est ainsi que, par un pudique renversement de perspective, la liste en question a été intitulée «Liste des mots et expressions à connaître». Quant aux formules impératives du type *ne dites pas... dites plutôt*, elles ont été remplacées par d'aimables suggestions : *à éviter, à retenir [sic]*[1]. Tout cela au motif, sans doute, d'épargner au sujet parlant les tourments de l'insécurité linguistique. On se contenterait de sourire devant tant de niaiserie sociolinguistiquement bien-pensante si de grossières fautes propres au français du Québec ne se trouvaient ainsi données pour des usages tout simplement un peu familiers, qu'«il vaut mieux éviter dans une situation de communication officielle[2]», ainsi qu'il est dit dans l'introduction de l'ouvrage. Et

---

1. Par comparaison, dans les deux éditions précédentes de l'ouvrage — publiées à une époque où l'auteur ne s'était pas encore convertie au relativisme normatif —. la liste en question était brutalement intitulée «Expressions à corriger», et on y opposait sans états d'âme la «forme fautive» et la «forme correcte» (*Le Français au bureau* [3e éd.], *op. cit.*, p. 101).

2. *Ibid.*, p. 13. À propos de fautes... La phrase au complet se lit comme suit : «Une liste alphabétique de mots et expressions à connaître permet de repérer rapidement lesquels il vaut mieux éviter dans une situation de communication officielle — formulaires compris — et ceux qu'il faut retenir.» En lisant attentivement, on voit que l'énoncé est entaché d'un vice logique : le pronom *lesquels* renvoie au syntagme *mots et expressions à connaître* — en clair, les mots et expressions *justes, corrects* —. dont aucun bien sûr n'est «à éviter». Il fallait en fait reprendre un substantif, *emploi* ou *usage*, et écrire

si la trouvaille ne portait la signature d'une aménagiste, Hélène Cajolet-Laganière, qui jure ses grands dieux que, dans le dictionnaire du français québécois qu'elle et son collègue Martel nous préparent, il y aura les marques d'usage «appropriées».

Pourquoi, en fait, tenait-on tant à éradiquer la notion de faute: pourquoi une liste d'expressions *à connaître*, plutôt qu'une liste d'expressions *fautives*? Pourquoi des expressions *à éviter*, plutôt que des expressions *à corriger*? Il suffit pour comprendre de jeter un coup d'œil à la série d'usages recensés dans la colonne *à éviter*. On y trouve environ six cents expressions, dont guère plus d'une quinzaine sont usitées ailleurs dans la francophonie: *au plan de* pour *sur le plan de*, *initier* au sens *d'entreprendre* ou de *commencer*, par exemple, toutes les autres étant des québécismes. Ce qui est évidemment fort ennuyeux pour qui, comme Mme Cajolet-Laganière, travaille à la valorisation de notre variété de français. D'autant que, parmi ces usages québécois «à éviter», à l'exception de quelques tournures qu'on ne voit jamais à l'écrit, comme *avoir de besoin* ou *clairer un employé*, la plupart appartiennent à la langue de cette élite québécoise dont, à titre d'aménagiste, Cajolet-Laganière affirme qu'elle devrait servir d'étalon du bon usage. Des exemples? Les termes juridiques *affidavit* et *subpoena*, les expressions *bénéfices marginaux*, *bris de contrat*, *signaler un numéro de téléphone*, *charger une somme*, *opérer un commerce*, *gérant de banque*, *certificat de naissance* et des tournures aussi courantes que à *l'effet de*, *être à l'emploi de* et *sur la rue*. Toutes expressions «à éviter dans une situation de communication officielle»…

De là à dire explicitement qu'elles sont désormais tout à fait acceptables dans la langue courante, il n'y a qu'un pas… Que l'aménagiste se garde bien de franchir, consciente qu'elle est de devoir son succès à cette formule normative en porte-à-faux qui lui confère une rassurante aura de purisme: proposer une norme du bon usage rigoureusement alignée sur le français standard — à peu près pas un québécisme n'a les honneurs de la colonne *à retenir* —, mais réservée à des «situations de communication» tout à fait exceptionnelles; pendant que par la porte de derrière on légitime à titre d'emplois plus ou moins familiers des

---

par exemple: *une liste des expressions à connaître permet de trouver rapidement les emplois à éviter et ceux qui sont corrects*. On relève également une faute dans la tournure *repérer lesquels il vaut mieux éviter*, le verbe *repérer* ne pouvant logiquement avoir pour complément qu'un nom ou un pronom désignant une chose ou une personne précise. Il y avait ici deux formulations possibles: *repérer ceux* ou *déterminer lesquels*.

expressions autrefois condamnées sans appel. Dans la perspective aménagiste, le passage de *corriger* à *éviter*, c'est-à-dire de la faute caractérisée à l'emploi familier, n'est pas anodin : il prépare la voie à la nécessaire hiérarchisation des usages du français d'ici. Pour pouvoir envisager la consécration du français québécois par le dictionnaire, il faut avant tout en finir avec la notion de faute. Pour des raisons d'ordre purement lexicographique, d'abord, parce que cette notion est étrangère à la lexicographie d'usage, qui ne dispose pas de marques plus sévères que *emploi critiqué* et *anglicisme*. Toutes deux relativisables à merci : marquer *anglicisme* des emprunts aussi bien intégrés au français standard que *tweed* et *whisky*, comme on l'a fait dans le *Dictionnaire québécois d'aujourd'hui*, permettait par exemple de désamorcer la charge normative de la marque. Pour des raisons sociolinguistiques, ensuite, afin que la crédibilité du dictionnaire ne soit pas entachée par l'omniprésence dans la nomenclature de ce que l'utilisateur verrait comme des fautes. C'est pourquoi il faut, petit à petit, habituer les Québécois à l'idée que des expressions comme *avoir de besoin* et *opérer un commerce* ne sont pas fautives. Et on ne pouvait trouver véhicule plus efficace que le très officiel guide de rédaction administrative de l'Office de la langue française pour annoncer la bonne nouvelle : *y a p'us de fautes !*

Dans ses rêves les plus fous, Léandre Bergeron n'aurait pas pu imaginer cela. Et l'auteur du *Dictionnaire québécois d'aujourd'hui* doit être vert de jalousie, lui dont on a esquinté l'ouvrage pour cent fois moins que ça. Quelle différence y a-t-il entre le *Dictionnaire québécois d'aujourd'hui* qui marque familier l'anglicisme *juridiction* au sens de *compétence* et *Le Français au bureau* qui donne pour de simples formes à éviter dans les circonstances officielles les *subpoena, ajusteur d'assurance, aviseur légal, image corporative* et autres anglicismes du vocabulaire du droit, du commerce, de l'assurance, de l'économie ? Une différence, il y en a bien une, et elle est de taille : *Le Français au bureau* est publié par un organisme de la Charte, et on ne se méfie pas[3].

---

3. Rappelons que l'auteur du *Dictionnaire québécois d'aujourd'hui*, Jean-Claude Boulanger, a été choisi par Mme Cajolet-Laganière et son collègue Pierre Martel comme rédacteur principal de «leur» dictionnaire du français québécois. Il aura donc tout le loisir de raffiner sa méthode, en bonne compagnie. Notamment avec, comme conseiller, nul autre que le réputé directeur linguistique du prestigieux *Multidictionnaire*, Jean-Claude Corbeil, dont nous allons justement voir qu'il a déjà mis au point quelques bons tours, qu'il ne devrait pas rechigner à partager avec son confrère.

* * *

C'est très bien, tout cela. Mais en finir avec la faute, c'est plus facile à dire qu'à faire. Cela va toujours dans une liste d'une vingtaine de pages, perdue dans un ouvrage qui en compte cinq cents. Mais dans un dictionnaire de difficultés, qui fait son ordinaire de l'interdit, c'est une autre histoire. Le très sérieux *Multidictionnaire* a pourtant su relever le défi, à sa manière qui n'est pas dénuée d'audace : en «revisitant» purement et simplement la notion de québécisme. Puisque, après tout, ce n'est pas la faute en soi qui pose un problème, mais la faute québécoise ou le québécisme fautif. Voyons voir comment on s'y prend : c'est de toute beauté !

Dans la préface de l'ouvrage, sous la plume du directeur linguistique, l'aménagiste Jean-Claude Corbeil, on lit d'abord que le *Multidictionnaire* «signale les usages propres au Québec». Pas *certains* usages, *les* usages... En feuilletant au hasard, on voit pourtant des québécismes aussi notoires que *poêle* pour *cuisinière* et *vidanges* pour *ordures* qui ne sont pas désignés comme des usages québécois. La curiosité vous pousse donc à aller immédiatement consulter la liste des symboles, où, à la petite fleur de lis accompagnée de la mention *usage québécois*, on peut lire ceci : «Les québécismes (mots, expressions ou sens propres au français du Québec) sont précédés de la fleur de lis.» Vous ne comprenez toujours pas : la parenthèse donne un sens très large au terme *québécisme*, dont on voit mal comment il pourrait ne pas s'appliquer à *poêle* et *vidanges*. Vous poursuivez donc votre petite recherche, en revenant quelques pages plus haut, à la section intitulée «Les québécismes», où l'auteur, Marie-Éva de Villers, affirme sans ambages : «Le *Multidictionnaire* marque [...] clairement les québécismes : les mots, expressions ou sens propres au français du Québec sont signalés par une icône symbolisant l'usage québécois». Vous voilà de plus en plus perplexe...

C'est qu'il faut lire le dernier paragraphe de la section pour comprendre enfin de quoi il retourne, et ce qu'on entend par *québécisme* : «Seuls les termes et significations conformes au bon usage québécois ont été retenus, qu'ils soient de niveau neutre, familier ou [,] plus rarement, littéraire. Les critères de choix de ces mots respectent l'*Énoncé d'une politique linguistique relative aux québécismes* publié par l'Office de la langue française en 1985.» Il suffisait d'y penser... La plupart des québécismes posent des problèmes normatifs et cela risque de donner une image négative du français d'ici? Qu'à cela ne tienne : il n'y aura désormais de québécismes que «de bon aloi»! Marie-Éva de Villers n'écrit-elle pas, ailleurs dans l'introduction, que «le *Multidictionnaire* décrit le français de tous les francophones ainsi que le bon usage québécois»? Or le *Multi* ne décrit pas le «bon usage québécois», il décrit certains usages québécois, des bons et des mauvais. Et infiniment plus de mauvais, en fait — selon les critères mêmes de la lexicographe —, puisqu'il va sans dire que la poignée de québécismes approuvés par l'Office ne fait pas le poids par rapport à tous les particularismes québécois marqués *anglicisme, barbarisme* et *vieilli* que compte la nomenclature du *Multi*. Mais qu'importe, il convient d'insister sur le «bon français d'ici», le «bon usage québécois», cela participe de la lénifiante rhétorique jovialiste par laquelle on croit venir à bout de la réticence des Québécois à l'égard de leur variété de français.

Entendons-nous bien : il ne s'agit pas ici de reprocher à l'auteur et au directeur linguistique du *Multidictionnaire* de n'avoir signalé que les québécismes approuvés par l'Office, mais d'avoir réservé les appellations *québécisme* et *usage québécois* à ces expressions hautement sélectionnées. Ce qui leur permet d'affirmer que «les québécismes sont signalés», en reléguant commodément dans les limbes de la québécitude tous ceux qui sont marqués *anglicisme, forme fautive, vieilli,* etc. Le procédé présente l'indéniable avantage, dans la perspective aménagiste, d'occulter l'ampleur du problème que pose la légitimation de notre langue et l'entrée de tant de québécismes critiqués dans un simple dictionnaire usuel. Mais cela, manifestement, ne suffisait pas encore. Dans sa préface, Jean-Claude Corbeil a aussi voulu créer chez le lecteur le sentiment que le projet aménagiste auquel il est étroitement associé est une entreprise anodine, qui serait même pour ainsi dire déjà réalisée dans le très rassurant *Multidictionnaire*. Il ne se contente donc pas d'affirmer que les usages québécois sont signalés, il va jusqu'à dire explicitement que même les formes fautives le sont, et qu'elles sont hiérarchisées selon la fameuse norme québécoise. Le *Multidictionnaire*, écrit-il, «signale les usages propres au Québec et les partage selon leur statut relativement à la norme du français québécois, selon qu'ils sont admis comme standards, qu'ils appartiennent à des registres de langue ou qu'ils sont discutables ou à éviter en communication soignée pour des raisons précises, le plus souvent parce que ce sont des anglicismes ou des formes fautives, parfois simplement vieillies, perpétuées par la tradition orale». Comparons à ce qu'écrit l'auteur, trois pages plus loin: «Seuls les termes et significations conformes au bon usage québécois ont été retenus»...

En résumé, et si l'on comprend bien: les québécismes sont *marqués*... mais seuls ont été *retenus* les québécismes approuvés par l'Office. Encore heureux que l'auteur du *Multidictionnaire* soit responsable de la «qualité de la communication» dans un établissement d'enseignement supérieur[4]! À propos d'établissements d'enseignement, je voudrais bien savoir à quelle école de lexicographie Mme de Villers et M. Corbeil ont appris qu'il était courant que l'utilisateur d'un dictionnaire en lise l'introduction, et qu'on pouvait par conséquent lui donner là, exclusivement, une information qui devrait normalement figurer ailleurs.

Édifiant, n'est-ce pas? Il y a là en tout cas matière à réflexion pour ceux que rassurent les affirmations selon lesquelles les québécismes seraient signalés dans un dictionnaire aménagiste. On voit qu'il n'est pas bien difficile d'affirmer tout bonnement que les usages québécois sont marqués, quand ils ne le sont pas.

Le *Multi* réserve également d'autres surprises, en ce qui a trait cette fois au contenu des articles. Là encore, on observe quelques troublants écarts entre le discours et la pratique: «Notre parti pris demeure celui d'informer précisément l'usager [*sic*] du dictionnaire, de lui fournir toutes les indications utiles afin de lui permettre de choisir et d'agencer sciemment ses mots, "à ses risques et périls, mais en connaissance de cause", comme l'écrit

---

4. La confusion ne s'arrête d'ailleurs pas là. L'affirmation de Jean-Claude Corbeil selon laquelle, dans le *Multi*, les québécismes sont marqués d'après «leur statut relativement à la norme du français québécois», est totalement fausse. En fait, le *Multidictionnaire* se situe dans la tradition du «régionalisme de bon aloi», sélectionné d'après la norme du français standard. Rappelons ce qu'en disent les aménagistes Pierre Martel et Hélène Cajolet-Laganière: «L'auteure privilégie la norme du français de France et, en principe, seuls les écarts déjà approuvés par l'Office de la langue française sont jugés acceptables.» (*Le Français québécois, op. cit.*, p. 40.) Notons que Jean-Claude Corbeil a relu l'ouvrage des deux aménagistes, et n'a manifestement rien trouvé à redire à ce point de vue sur le marquage normatif dans le dictionnaire dont il est le directeur linguistique. Et pour cause... Voici ce que lui-même disait dans la préface des premières éditions de l'ouvrage: «En matière de langue, nous nous sommes alignés sur la norme du français international, telle qu'elle est décrite dans les grammaires et les grands dictionnaires. Pour les spécificités du français au Québec, nous avons suivi la politique de l'Office de la langue française du Québec.» (*Multidictionnaire* [1re éd.], 1988, p. XII.) Or, à cet égard, il n'y avait rien de changé dans la troisième édition. Est-il besoin de dire à quel point il est difficile d'exposer clairement les enjeux, dans ce débat sur la norme, quand un des principaux représentants de la mouvance aménagiste s'emploie à gommer la distinction entre norme québécoise et norme française, dans la préface du plus important ouvrage de référence publié au Québec? Il serait d'ailleurs intéressant de savoir ce qu'en pense l'auteur elle-même...

Jean-Claude Corbeil dans la préface. » Ainsi s'exprime l'auteur dans l'introduction de l'ouvrage. Pourtant, dans le *Multidictionnaire*, la plupart des anglicismes approuvés par l'Office sont recensés sans indication d'origine. Vous ignorez qu'*aréna* vient de l'anglais *skating arena*? Eh bien, ce n'est pas dans le *Multi* que vous l'apprendrez. Ce n'est pas là non plus qu'on vous expliquera que, s'il était maître de la «drave», le brave Menault, n'était plus tout à fait maître de sa langue: que *drave* et *draveur* sont des déformations de *drive* et *driver*. Si vous ne savez pas que *commission scolaire* est le calque de l'anglais *school board*, vous vous demanderez sans doute, voyant l'expression assortie de la petite fleur de lis, pourquoi l'Office a dû lui donner son aval. Car le *Multi* n'en souffle pas mot, et par conséquent ne dit pas non plus que l'équivalent français devrait être *conseil scolaire*. Ténue, la distinction entre *commission* et *conseil*? Cela est peut-être vrai, mais c'est justement le rôle d'un ouvrage comme le *Multi* de faire voir les nuances de sens: entre, par exemple, le Conseil de la langue française, organisme permanent, et la Commission des États généraux sur la langue, expressément formée pour étudier une question. À l'entrée *Possiblement, Le Petit Robert* signale que cet usage vieilli a repris du service au Québec «au XXe siècle sous l'influence de l'anglais *possibly*». Or le *Multi* est muet sur la question. Pourquoi? Comment expliquer qu'on soit mieux renseigné sur ce québécisme dans un dictionnaire publié en France, et un simple dictionnaire usuel, que dans un ouvrage québécois sur les difficultés de la langue? Vraisemblablement parce qu'on a jugé que l'estampille OLF dispensait les utilisateurs du dictionnaire d'user de leur jugement.

Encore une fois, entendons-nous bien: il est parfaitement normal que, dans un dictionnaire où l'on suit la politique de l'Office en matière de québécismes, les anglicismes légitimés par cet organisme soient dédouanés. Mais cela interdit-il pour autant de nous renseigner sur l'origine anglaise de ces expressions? N'est-ce pas ce qu'on attend d'un dictionnaire de difficultés: qu'il éclaire sur tout ce qui est de nature à déterminer le choix normatif? À l'utilisateur de décider s'il veut se montrer plus puriste que l'Office, «en toute connaissance de cause» comme le répètent avec insistance les concepteurs du *Multi*.

Pourtant, ce n'est pas qu'on ne veuille pas nous renseigner. Seulement, en ce qui a trait aux usages québécois, on pratique le filtrage sélectif de l'information. Dans le plus pur esprit

aménagiste. Pour s'en convaincre, il suffit de comparer le traitement qui est fait des québécismes approuvés par l'Office, selon
qu'ils viennent de l'anglais, où on a vu que la discrétion était
de rigueur, ou qu'ils sont attestés ailleurs dans la francophonie,
auquel cas on nous déroule scrupuleusement leur pedigree. Si
bien qu'ayant fréquenté le *Multi* on ne peut plus rien ignorer des
nobles origines normande, poitevine ou belge, d'*écornifler, cami-
sole, s'adonner, mêlant*... Je demande : à qui veut-on faire croire
que celui qui consulte un dictionnaire de difficultés trouvera plus
intéressant d'apprendre que *sous-plat* s'emploie en Belgique que
de découvrir que c'est par la filière anglaise que *possiblement* s'est
réintroduit dans la langue de chez nous[5] ?

5. Rappelons que c'est de la troisième édition du *Multidictionnaire* qu'il est question
dans ce livre. La quatrième édition de l'ouvrage, parue à l'été 2003, n'a rien apporté
de vraiment nouveau sur le plan du discours normatif : on y retrouve intégralement
tous les passages qui sont cités ici. Quelques changements mineurs méritent tout de
même d'être signalés. Dans la liste des icônes, si on n'a toujours pas jugé utile de dire
ce que désigne vraiment la fleur de lis, on s'est toutefois donné la peine de changer la
mention qui l'accompagne, en remplaçant «usages québécois» par «français québécois». De la somme de particularismes, on est ainsi passé à la variété de français...
C'est dire qu'en ce qui concerne le discours sur le français québécois rien n'est laissé
au hasard, et que le détournement de la notion de québécisme opéré dans la troisième
édition avait sans doute été mûrement réfléchi. On a d'ailleurs trouvé moyen, dans
la nouvelle édition, d'explorer plus avant les extraordinaires possibilités qu'offre le
stratagème pour refaire une virginité à notre variété de français. La section de l'introduction consacrée aux québécismes commence maintenant par cette phrase : «La
quatrième édition intègre davantage de québécismes, c'est-à-dire des mots ou des
expressions propres au français du Québec» (p. XV). Comme dans l'édition précédente,
le lecteur n'apprendra qu'à la fin de la section qu'il n'est pas question en fait des
«expressions propres au français du Québec», mais uniquement de celles que l'Office
de la langue française a approuvées (et, encore, ce qui est dit là est toujours aussi
confus : «Le *Multidictionnaire* marque clairement les québécismes...» ; et, deux paragraphes plus bas : «Seuls les termes et significations conformes au bon usage ont été
retenus...»). Avant d'arriver là, il aura eu droit — ajout par rapport à l'édition précédente — à quelques explications sur l'origine de... «ces québécismes» : sur trente-six
lignes, deux seulement sont consacrées aux emprunts à l'anglais. Ce qui ne serait
acceptable que s'il était clair qu'il n'est question que des québécismes approuvés par
l'Office, qui a sans doute donné son aval à plus d'archaïsmes et de néologismes que
d'anglicismes — encore que cela reste à voir. Autre changement dans la même veine,
la quatrième de couverture de l'ouvrage a été résolument placée sous le signe de la
norme québécoise, avec pour titre : « La description la plus fidèle et la plus juste du
bon usage d'ici». On retrouve là notre fleur de lis, toujours fallacieusement présentée
comme désignant les «mots et expressions propres au français du Québec» ; la mention
«Intégration de québécismes conformes au bon usage» qu'on a fait figurer au-dessus
ne suffit pas à clarifier les choses. D'ailleurs, ce n'est pas sur la quatrième de couverture que l'utilisateur ira chercher la signification de cette icône — pas plus que dans
la préface, qu'on ne lit pas généralement. C'est, logiquement, dans la liste des icônes.
De même, ce n'est pas dans la préface — où quelques anglicismes sont maintenant
signalés, notamment *aréna* et *drave* et *draveur* — qu'il faut renseigner sur l'origine
anglaise de certains «québécismes», c'est dans les articles consacrés à ces mots.

* * *

Devant les entorses qui sont faites à tant de beaux principes dans un ouvrage normatif, très aligné de surcroît sur le français standard, et sachant que le simple dictionnaire de langue n'est pas tenu à la même rigueur, une question vient spontanément à l'esprit : jusqu'où pousserait-on le jeu de cache-cache dans un dictionnaire général du français québécois, expressément conçu pour légitimer le français d'Amérique ? Jusqu'où, on n'en sait trop rien. Mais une chose est sûre : tous les partisans de notre variété de français s'entendent pour dénoncer le purisme de l'Office — et de son antenne lexicographique, le *Multidictionnaire*. Il faut donc s'attendre à la multiplication des omissions en tout genre et cachoteries diverses. À plus forte raison parce que la nomenclature d'un dictionnaire complet du français québécois devrait normalement comporter une foule d'anglicismes et de barbarismes courants qu'on ne trouve pas dans le *Multi*. Ce qui compliquera d'autant les «travaux d'embellissement». Et qu'il y a une limite à ce qu'on peut légitimer ouvertement, quand on tient sa crédibilité de son association avec les organismes de la Charte et qu'on est subventionné par l'État, comme c'est le cas des deux aménagistes de Sherbrooke. Or certains anglicismes sont si répandus dans le «bon français d'ici» que même l'aménagiste le moins québécisant pourrait difficilement les dénoncer sans éprouver le déchirant sentiment d'abjurer sa foi. C'est le cas de l'emploi de *professionnel* au sens de membre d'une profession libérale, que le *Multi*, dans sa première édition, signalait clairement à l'attention de l'utilisateur par une remarque. Y aura-t-il eu litige entre le directeur linguistique et l'auteur quant à la légitimité de cet usage du français québécois ? Si tel est le cas, on aura tranché la poire en deux : la mention de ce particularisme fut discrètement passée à la trappe dans la deuxième édition, sans la moindre explication. Bonjour la rigueur !

La mystérieuse disparition ne devait cependant pas passer inaperçue dans le camp québécisant, comme en témoigne cette petite histoire d'une polémique autour d'un néologisme et d'un anglicisme... Il y a quelques années, un éditorialiste de *La Presse* faisait une sortie au vitriol contre l'initiative de la Fédération des professionnels et professionnelles salarié(e)s et des cadres du Québec qui, voulant alléger son nom — ce qu'on peut aisément comprendre —, avait adopté le néologisme épicène *professionèle*.

«Peu importe que ce mot n'existe nulle part où on utilise une langue reconnue internationalement[6]!» écrivait le journaliste, qui ignorait manifestement que le sens même qu'on donne au mot dans cette dénomination est incompréhensible pour les autres francophones. En français, «un professionnel», c'est tout simplement quelqu'un qui n'est pas un amateur.

Le président de la Fédération ne tarda pas à riposter pour défendre le choix de son organisme. On apprenait, dans sa réplique, que, consultée sur la question, l'auteur du *Multi* lui avait signalé l'anglicisme. À quoi le président lui objectait que «les termes *professionnel* et *professionnelle* comme noms ont fait leur entrée dans la littérature francophone européenne et dans les dictionnaires québécois les plus récents[7]». Cet argument bancal, puisque ce n'est pas dans l'emploi de *professionnel* sous la forme nominale que réside l'anglicisme, on devine qu'il le tenait de la créatrice du néologisme, la linguiste Céline Labrosse, professeur à l'Université McGill. De même que les références lexicographiques québécoises, qu'il évoquait sans les citer. Villers, répliquant à son tour, persiste et signe sur la question de l'anglicisme : «La Fédération aurait pu profiter de l'occasion pour corriger son nom en se débarrassant d'un anglicisme, le terme *professionnel*, pour désigner un membre d'une profession libérale, et, par extension, d'une profession intellectuelle[8].» Et de s'appuyer sur un avis de recommandation de l'Office daté de 1990. Mais, curieusement, la lexicographe ne relève pas l'affirmation du dirigeant syndical selon laquelle les «dictionnaires québécois les plus récents» légitimeraient l'usage qu'elle conteste.

De quels ouvrages était-il donc question au juste? C'est Céline Labrosse qui nous l'apprendra enfin dans sa réplique, triomphante, à l'auteur du *Multi*. La linguiste balaie d'abord d'un revers de main l'avis de l'Office : «... cet avis apparaît aujourd'hui désuet ; l'expansion qu'a suivie [*sic*] ce mot au cours des dernières années en fait la preuve [*en est la preuve*]. En effet, le nom *professionnel*, *professionnelle*, maintenant généralisé dans la fonction publique québécoise, a aussi fait son entrée dans la littérature francophone européenne.» Encore cette allusion à la forme nominale du mot, comme si là était le problème. Quoi qu'il en soit, on verra plus loin que ce que la linguiste considère comme un néologisme de

---

6. P. Gravel, «Les "professionnèles"», *La Presse*, 8 déccembre 1998, p. B2.
7. M. Tremblay, «Être ou ne pas être la Fédération des professionnèles», *La Presse*, 14 décembre 1998, p. B3.
8. M.-É. de Villers, «Un manque de respect», *La Presse*, 19 décembre 1998, p. B3.

sens est en réalité parfaitement français, et l'a toujours été. Pas étonnant dès lors qu'elle en ait relevé de nombreuses attestations en France, dans la «littérature» — quoi qu'elle entende exactement par là. Mais de quel dictionnaire québécois s'autorise-t-elle précisément? Voilà qui nous intéresse davantage: «En outre, *Le Multidictionnaire des difficultés de la langue française*, qui attribuait la marque "anglicisme", en 1988, au sens de "personne qui exerce une profession libérale", a fait disparaître cette réserve dans ses éditions subséquentes (1992, 1997). "Une professionnelle de la comptabilité" est devenu un énoncé tout à fait "français". On s'étonnera donc de ce que l'auteure de ce *Multidictionnaire*, Marie-Éva de Villers, dans l'avis qu'elle a remis à la FPPSCQ condamne *professionnel, professionnelle* comme étant un anglicisme... alors que ce n'en est plus un dans son propre ouvrage[9]!»

L'arroseur arrosé? Pas vraiment, en fait. Car Céline Labrosse est dans l'erreur sur toute la ligne. D'abord, elle ne comprend pas le sens de *professionnelle* dans l'exemple qu'elle cite. Une *professionnelle de la comptabilité*, c'est une femme qui gagne sa vie en tant que comptable, par opposition à celle qui ferait à l'occasion un peu de comptabilité pour la petite entreprise de son beau-frère. Prenons acte qu'un docteur en linguistique, qui de surcroît s'est penchée sur le sens de *professionnel*, se révèle incapable de comprendre une expression idiomatique aussi courante que *un professionnel de...* Il est vrai qu'une linguiste qui peut dire d'un usage qu'il a «suivi une expansion», pour parler, croit-on comprendre, d'une *extension de sens* qui se serait *répandue* dans l'usage... La seconde erreur de la linguiste, qui découle de la première, est de conclure à la légitimation de l'anglicisme du seul fait que la remarque le signalant a été retirée. En fait, Céline Labrosse tire argument de ce que le *Multi* «a fait disparaître la réserve». Or ce n'est pas seulement la réserve qu'on a fait disparaître, mais la mention même de ce particularisme québécois. Pour le reste, c'est la définition du mot qui est la clé de tout — encore faut-il, il est vrai, être capable de la comprendre. Et celle du *Multi* oppose clairement le professionnel non pas à l'ouvrier ou à l'employé, comme en québécois, mais à l'amateur: «Personne qui pratique une activité, un art, un sport, etc., afin d'en tirer une rémunération, par opposition à la personne qui l'exerce par agrément. *Un professionnel du golf, une professionnelle de*

---

9. C. Labrosse, «Le mot "professionnèle" va à contre-courant de la grammatocratie», *La Presse*, 9 janvier 1999, p. B 3.

la comptabilité. ANT. amateur.» *Professionnel* au sens qui lui est donné au Québec n'a en réalité «fait son entrée» que dans le *Dictionnaire québécois d'aujourd'hui*, qui définit la notion comme suit : «Catégorie de fonctionnaire qui a une description de tâche spécialisée. Un syndicat de professionnels. — Adj. Les employés professionnels d'un ministère. — Personne qui exerce une profession libérale. — REM. Ce sous-sens est critiqué.» On notera que la raison pour laquelle cet emploi est critiqué n'est pas précisée : une marque *anglicisme* de moins, c'est toujours ça de gagné !

La petite polémique est intéressante à plus d'un titre. Elle montre d'abord que notre élite — représentée en l'occurrence par un éditorialiste et le dirigeant d'un syndicat de «professionnels» — connaît bien mal les spécificités du français québécois, et qu'elle est par conséquent totalement démunie devant le discours démagogique sur le bon français d'ici. Elle révèle également les limites de la connaissance du français québécois chez ceux-là mêmes qui le défendent, ce qui n'est pas le moindre des problèmes auxquels on se heurte dans ce débat sur la norme. Elle permet enfin de voir que les radicaux parmi les québécisants auront beau jeu d'exploiter les failles de la lexicographie québécoise «modérée» pour accélérer la légitimation des anglicismes et des barbarismes de chez nous.

Et des failles, il n'en manque pas dans le *Multidictionnaire*[10]. Ainsi, la linguiste de l'Université McGill aurait été beaucoup mieux inspirée de s'appuyer sur la remarque qu'on trouve à l'entrée *profession*, où le *Multi* est à deux doigts de légitimer clairement l'emploi du mot au sens anglais. Ce qu'on lit là est en tout cas formulé de telle sorte qu'on ne voit pas comment le profane pourrait comprendre les choses autrement. Après avoir donné le sens général de *profession* : «Occupation déterminée par laquelle on gagne sa vie», la lexicographe le fait suivre de cette remarque : «Le nom désigne également un métier de nature intellectuelle, scientifique. *Les professions libérales.*» Comparons la définition que le *Petit Robert* donne de cette acception : «Métier qui a un certain prestige social ou intellectuel. *La profession d'avocat, de professeur. Professions libérales. "La profession épineuse de journaliste"* (d'Alemb.)». Suit, après un renvoi à *carrière*, l'exemple «*Profession militaire*». La différence essentielle réside dans le fait que le *Petit Robert* évoque le prestige du métier, et non pas sa

---

10. À deux exceptions près, qui seront signalées, les articles du *Multidictionnaire* dont il est question dans ce livre n'ont pas été modifiés dans la nouvelle édition de l'ouvrage.

nature même comme le fait le *Multi*. Comparons : *métier qui a un certain prestige social et intellectuel* et *métier de nature intellectuelle, scientifique*. Il s'agit d'une distinction centrale dans le cas qui nous intéresse : on ne peut guère imaginer un syndicat où le critère d'affiliation serait le prestige de la profession. Rappelons maintenant la réplique de Villers dans la polémique évoquée plus haut : « La Fédération aurait pu profiter de l'occasion pour corriger son nom en se débarrassant d'un anglicisme, le terme *professionnel*, pour désigner un membre d'un profession libérale, et, par extension, d'une profession intellectuelle. » Pour légitimer l'emploi québécois de *professionnel*, on pourrait aisément s'appuyer sur le *Multidictionnaire* et arguer que, puisqu'on y a déjà donné à *profession* le sens de « métier de nature intellectuelle ou scientifique », rien ne s'oppose à ce qu'en français québécois le substantif *professionnel* désigne celui qui exerce une profession de cette nature. Après tout, le professionnel, en français, est bien celui qui exerce une « profession ».

L'origine de l'anglicisme en question est en fait que nous donnons à *profession* le sens de *profession libérale*. On s'explique mal que l'auteur d'un dictionnaire de difficultés, qui ne peut guère ignorer ce glissement de sens de *profession* à *profession libérale*, donne de *profession* au sens de métier de prestige une définition qui met l'accent sur la nature du métier, et choisisse pour l'illustrer précisément l'expression *professions libérales* ; sans même songer à l'assortir d'autres exemples pour éviter l'amalgame entre les deux acceptions. Mais en fait, c'est une mise en garde claire contre l'anglicisme qu'on devrait trouver là, de même nature justement que la « réserve » qu'on a fait disparaître à l'entrée *professionnel*. Mais comment imaginer que l'auteur du *Multi* puisse faire une remarque comme : *Attention, l'emploi de* profession *au sens de* profession libérale *est un anglicisme...* après avoir donné pareille définition de *profession*, et l'avoir assortie d'un tel exemple ?

Dans sa quête d'arguments, la linguiste de l'Université McGill aurait également pu trouver de quoi légitimer l'anglicisme litigieux à l'entrée *corporation*. Après y avoir signalé que l'emploi de *corporation* au sens de *société commerciale* est un anglicisme, la lexicographe passe à la définition du sens courant du mot en français : « Ensemble des personnes qui exercent une même profession, un même métier », qu'elle illustre d'un exemple pour le moins curieux : « *Une corporation professionnelle* ». Il n'est pas nécessaire d'être très versé en sémantique ou en logique pour comprendre que, si *corporation* désigne l'ensemble des personnes exerçant une même profession, toute corporation est nécessairement «professionnelle». Force est donc de conclure que l'expression donnée comme exemple dans le *Multi* est un pur pléonasme — ce qui expliquerait qu'on n'en trouve trace dans aucun dictionnaire français. À moins bien sûr que l'adjectif *professionnel* y soit entendu au sens anglais. Ce qui ne serait guère étonnant, l'expression *corporation professionnelle* ayant longtemps servi au Québec à désigner les associations de membres de professions libérales ou de professions reconnues. Le chroniqueur de langue de *La Presse*, Pierre Beaudry, commentait ainsi, quelques années après son adoption, la loi qui consacra l'expression: «En 1973, une loi du Québec a imposé à des groupes qui n'étaient pas des corporations professionnelles le titre de corporations professionnelles. Et cette loi a établi, ou plutôt cherché à établir, une distinction entre les professions qui seraient des professions et des professions qui ne seraient pas des professions. Cette distinction (?) s'est si bien concrétisée avec les années qu'on en est rendu à parler tout bonnement, et comme si cela pouvait vouloir dire quelque chose, de l'évolution du professionnalisme au Québec. Car tel est le titre d'une publication de l'Office des professions du Québec. Ouvrage dont je suggérerais d'ailleurs qu'on s'empresse de corriger le titre pour qu'il se lise, plus justement, "L'Évolution de l'anglicisation au Québec"[11].»

On ne sait trop de quoi il y a lieu de s'étonner le plus: de ce que l'auteur d'un dictionnaire de difficultés ne voit pas le pléonasme que constitue une expression comme *corporation professionnelle*; ou de ce que l'auteur d'un dictionnaire québécois ignore l'emploi

---

11. P. Beaudry, «Des corporations faussement professionnelles», *La Presse*, 2 décembre 1976. Le bouillant Pierre Beaudry se retournerait certainement dans sa tombe s'il apprenait que vingt-cinq ans plus tard, un professeur de l'Université de Montréal, directeur du très sérieux Centre de recherche interuniversitaire sur la formation et la profession enseignante (la *formation enseignante*...) non seulement parle toujours de *professionnalisme* dans ce sens, mais propose tout bonnement de «professionnaliser l'enseignement», alors que d'après le nom même de l'organisme qu'il dirige l'enseignement est une profession, la «profession enseignante»: «... face à la détérioration des conditions de travail et à la dévalorisation du métier d'enseignant, le professionnalisme vise avant tout à redonner davantage de pouvoir éducatif et d'autonomie pédagogique aux enseignants de la base. En particulier, professionnaliser l'enseignement aboutirait à mettre fin à la confusion générale qui règne...», etc. La confusion qui règne en français québécois quant à la notion de *profession* n'est pas près en tout cas de prendre fin. On notera que, dans ce passage, l'auteur a choisi de parler du «métier d'enseignant» plutôt que de la profession..., c'est moins gênant. («Une profession enfin parvenue à l'âge de sa majorité?», *Le Devoir*, 22 juillet 2002, p. A 7.)

qui a longtemps été fait au Québec de cette expression. Emploi qui n'a d'ailleurs pas disparu de l'usage, malgré l'adoption au début des années 1990 d'*ordre professionnel* — où c'est la notion d'*ordre* qui, comportant l'idée de soumission à des règles, indique que les professions qui en sont membres sont des professions d'un type particulier.

* * *

Cette petite incursion du côté du discours normatif et de la lexicographie ne doit pas nous faire perdre de vue l'essentiel : la légitimation du français québécois doit d'abord être fondée sur l'usage qu'en font des locuteurs de prestige, au premier rang desquels figurent évidemment les représentants de notre élite langagière. Dans sa réplique à Marie-Éva de Villers, la créatrice du néologisme contesté aurait par conséquent pu invoquer l'emploi de *professionnel* au sens anglais par des personnalités en vue de l'Office de la langue française. S'appuyer, par exemple, sur l'auteur du *Français au bureau*, Hélène Cajolet-Laganière, qui décrit ici l'échantillonnage des personnes ayant répondu à un sondage sur la qualité de la langue : « 49 étaient des personnes sur le marché du travail dans divers secteurs d'activités (professionnels, hommes d'affaires, journalistes, commerçants, enseignants, etc.) [12] ». Une telle classification est absolument incompréhensible pour un Français, pour qui tous ceux qui sont « sur le marché du travail » sont par définition des *professionnels,* du métier qu'ils exercent.

Mme Labrosse aurait d'ailleurs pu profiter de la lecture du texte d'où est tiré cet exemple, qui porte justement sur la notion de qualité de la langue, pour faire provision de quelques attestations d'anglicismes et de barbarismes divers, qui un jour ou l'autre pourraient se révéler utiles pour fonder la légitimité de notre variété de français. On n'est jamais trop prévoyant.

Voici ce qu'elle y aurait trouvé dans la catégorie *anglicismes* :

▪ *Qualifier comme* (de *qualify as*) pour *qualifier de* : « Ces auteurs qualifient donc le français de l'époque comme acceptable ».

▪ *Annonceur* pour *animateur, présentateur* : « ils ont rapatrié le modèle québécois : celui des annonceurs de la radio et de la télévision ». Une question, au passage : d'où l'ont-ils « rapatrié » ce

---

12. « Y a-t-il un consensus, au Québec, sur la notion de qualité de la langue ? », art. cit., p. 648.

«modèle québécois», de Papouasie? Les aménagistes ont en fait l'habitude de dire que les Québécois ont «rapatrié la norme», et non pas le «modèle québécois», qui ne peut guère être ailleurs qu'au Québec. L'idée se sera un peu brouillée dans l'esprit de la linguiste. Mais, après tout n'est-ce pas, du moment qu'on se comprend...

❧ *Étudiant* pour *élève*: «20 personnes interrogées étaient des étudiants répartis selon les divers ordres d'enseignement»; et même, explicitement, pour désigner les élèves de l'école primaire: «la seule exception étant les étudiants du primaire[13]».

Voilà pour les anglicismes. La liste des barbarismes, quant à elle, présente nettement moins d'intérêt du point de vue de la légitimation du français québécois. On n'y note à peu près rien qui relève du particularisme, si ce n'est la manifestation d'une nette préférence pour *perception* par rapport à *opinion*: «Nous avons voulu comparer ces perceptions recueillies en 1970 avec des données plus récentes[14]» — ferons-nous bientôt des «sondages de perceptions»? Pour le reste, il s'agit essentiellement d'hapax, fautes isolées, dans lesquelles on chercherait en vain quelque trace de québécitude. Mais, sait-on jamais? Vu le prestige de l'auteur, ces emplois pourraient un jour faire florès:

---

13. *Ibid.*, p. 638, 648, 649. En ce qui concerne l'emploi d'*annonceur* au sens d'*animateur* ou de *présentateur*, le *Dictionnaire québécois-français* signale qu'il «fait partie des recommandations officielles en France» et figure dans le *Petit Larousse illustré*, mais que l'expression ne s'est pas imposée. Et pour cause: il n'y a aucune raison d'appeler *annonceur* des gens qui n'annoncent rien. On peut penser que c'est pour remplacer les *speaker* et *speakerine* — marqués *vieilli* dans le *Petit Robert* — que, s'inspirant de la «trouvaille» des cousins d'Amérique, on avait recommandé *annonceur*. Signalons que le *Multi* recense *annonceur* au sens de «présentateur, animateur», sans indiquer qu'il s'agit d'un emprunt à l'anglais, comme le fait le *Petit Robert*, ni d'un québécisme.

14. *Ibid.*, p. 648. Dans *La Qualité de la langue au Québec*, Hélène Cajolet-Laganière et son collègue Pierre Martel consacrent deux sections aux «perceptions sur la qualité de la langue»: «Les perceptions sur la qualité de la langue de la presse électronique» et «Les perceptions sur la qualité de la langue publicitaire et de l'affichage», qui commencent comme suit: «Les opinions sur la qualité de la langue des médias sont tout aussi divergentes»; «Les opinions ne sont pas unanimes à l'intérieur des deux groupes professionnels» (*La Qualité de la langue au Québec, op. cit.*, p. 98, 103). Le passage de *perception* à *opinion* donne à penser que pour les deux linguistes, comme c'est le cas pour bon nombre de Québécois, ces mots sont parfaitement interchangeables. Le solécisme *perception sur*, construit sur le modèle de *opinion sur*, vient conforter cette impression: on dit en fait *perception de* quelque chose. Et ce qu'on énonce, clairement, explicitement, c'est une opinion; qui peut évidemment être fondée sur une perception, juste ou erronée, des choses.

◼ *Renchérir* employé transitivement : « Oscar Dunn renchérit cette idée et note d'une manière très nette l'influence de l'anglais. » Question : que signifie au juste *noter d'une manière nette* ? Ne veut-on pas plutôt dire ici : *noter une nette influence* ? Encore ces fâcheux problèmes de télescopages d'idées...

◼ *Préoccupation* curieusement employé au sens de *travers, tendance* ou *caractéristique* : « les dossiers chocs sur la qualité de la langue mettent évidemment l'accent sur les carences et les problèmes ; c'est là une préoccupation médiatique ».

◼ La confusion entre *inconditionnel* et *inconditionné* : « l'alignement inconditionné sur le modèle parisien ».

◼ Dans la même veine, la confusion entre *alarmant* et *alarmiste* : « On y décrit [dans les articles sur l'éducation] une situation alarmiste du français oral et écrit des jeunes Québécois et Québécoises[15]. » On appréciera le « raboutage » qui tient lieu de syntaxe : *décrire une situation du français des jeunes*...

On m'accusera peut-être ici de mauvaise foi, arguant que la linguiste se sera tout simplement mal relue. En ce qui concerne l'emploi fautif d'*alarmiste*, c'est peu probable puisqu'on retrouve la faute dans une communication prononcée la même année à l'Université de Louvain, avec son collègue Pierre Martel — que l'idée qu'une situation puisse être « alarmiste » ne semble pas gêner le moins du monde lui non plus : « Des dossiers importants [...] font état d'une situation alarmiste du français oral et écrit des jeunes Québécois et Québécoises[16] » ; ainsi que dans une autre communication prononcée un an plus tôt dans le cadre d'un colloque de l'ACFAS : « Dans la presse écrite, on décrit une situation alarmiste du français écrit chez les jeunes Québécois et Québécoises[17] ». Trois occurrences de *situation alarmiste* : on en

---

15. *Ibid.*, p. 639, 647, 652, 646.
16. P. Martel et H. Cajolet-Laganière, « Entre le complexe d'infériorité linguistique et le désir d'affirmation des Québécois et des Québécoises », *Cahiers de l'Institut de linguistique de Louvain*, Louvain, 1993, p. 173. Autres fautes, de syntaxe cette fois, relevées dans le texte de cette communication : « Ainsi, toute tentative pour adopter une norme du français différente au Québec était immédiatement stigmatisée, craignant [*de crainte que*] que le français québécois ne devienne une langue de "ghetto" » ; « Cette option prive le lecteur de toute référence au français officiel [*sic*], ne sachant [*si bien qu'il ne sait*] jamais si les mots qu'il y trouve sont communs ou non à tous les francophones » (*ibid.*, p. 178, 179). Et je pourrais encore citer la phrase qui suit... Mais restons-en à ces emplois abusifs du participe présent, dont on trouvera encore d'intéressants exemples à l'annexe 6.
17. H. Cajolet-Laganière, « Le français à la dérive : une réalité ? », dans *Les Actes du colloque sur la situation linguistique au Québec*, Office de la langue française, 1992, p. 156. On

conviendra, l'excuse du manque d'attention tient difficilement la route. Mais, si même il ne s'agissait que de cela, le passage d'*alarmant* à *alarmiste* n'en serait pas moins intéressant s'agissant de l'état de la langue au Québec, et surtout de l'opinion exprimée sur la question par une linguiste-langagière appelée à se prononcer sur les plus prestigieuses tribunes. Alors, essayons un peu de déchiffrer l'énigme : voulait-on dire que l'état du français est alarmant, plutôt qu'alarmiste ; ou, au contraire, l'épithète *alarmiste* s'appliquait-elle aux esprits chagrins qui jugent la situation alarmante ? Eh bien, voyez-vous, c'est selon…, selon le public auquel la linguiste s'adresse.

Ainsi, le premier exemple cité est tiré d'une communication intitulée « Y a-t-il un consensus, au Québec, sur la notion de qualité de la langue ? », dans laquelle Cajolet-Laganière trace l'évolution du sentiment normatif des Québécois. Les critiques sur l'état de la langue y sont présentées comme le signe d'une insécurité linguistique, qui fait obstacle à la définition d'une norme d'ici. Les opinions positives, au contraire, sont automatiquement données pour des témoignages d'affirmation linguistique : « … les répondants sont beaucoup plus positifs quant à leur performance individuelle, tant à l'oral qu'à l'écrit. Ils accentuent et réaffirment le modèle québécois… » — signalons les tours *accentuer le modèle* et *réaffirmer le modèle*, pour rendre l'idée d'*adhésion, croissante, au modèle*. La question de savoir si ces opinions, positives ou négatives, sont fondées n'est jamais explicitement posée par la linguiste, qui se contente d'insinuer que les critiques sont sans fondement, ou à tout le moins largement exagérées, en affirmant qu'elles sont essentiellement le fait de puristes, coupés de la réalité : « si l'on excepte les opinions émises, notamment dans *La Presse*, par différents représentants et représentantes de l'élite québécoise "puriste", qui prône l'alignement inconditionné [*sic*] sur le modèle parisien, les Québécois et Québécoises ont une meilleure perception [entendre *opinion*] de leur performance linguistique[18] ». Précisons, à propos des opinions prétendument

---

relève également dans cette communication une des nombreuses variantes du calque sémantique de l'anglais *to develop* : « les entreprises et les organismes ont développé une meilleure qualité de la langue » — autrement dit, la langue *s'y est améliorée* ou y est *maintenant meilleure*. Dans la même page, on trouve un autre anglicisme très répandu en français québécois, *opérer* pour *faire fonctionner* : « C'est l'affaire de tous les travailleurs, celui qui opère la machine à papier, celui qui huile la machine » (*ibid.*, p. 155).

18. « Y a-t-il un consensus, au Québec, sur la notion de qualité de la langue ? », art. cit., p. 650, 652.

puristes exprimées dans les journaux, que sont explicitement mentionnés les dossiers sur l'éducation du frère Untel et des journalistes Lysiane Gagnon et Danielle Ouimet. Le contexte est on ne peut plus clair : la situation n'est pas alarmante, c'est une petite élite de colonisés qui est alarmiste.

Voyons maintenant ce que la même linguiste disait un an plus tôt à un colloque qui ne portait pas, cette fois, sur l'aménagement du français québécois, et où par conséquent elle n'avait pas à embellir la réalité : « Dans la presse écrite, on décrit une situation alarmiste du français écrit chez les jeunes Québécois et Québécoises. Malheureusement, ce portrait reflète assez bien la réalité : en général, les jeunes qui terminent leurs études secondaires et collégiales ont de graves lacunes en ce qui a trait à la maîtrise du français. En tant que professeure à l'Université de Sherbrooke *dans le programme de Rédaction française et de Communication* [je souligne], je constate sans cesse cette malheureuse situation. Le but du programme est de former des rédacteurs, des réviseurs, des communicateurs. Ces diplômés et diplômées doivent avoir à la fin de leur baccalauréat une excellente maîtrise de la langue. On y parvient [ou *ils y parviennent...*?] après trois années de formation. Pour la presque totalité des étudiants et étudiantes qui s'inscrivent, il y a lieu de faire du rattrapage en grammaire, en orthographe, en vocabulaire et en syntaxe. Le niveau de connaissances de ces étudiants est nettement insuffisant[19]. »

Il va sans dire qu'il ne peut être question ici que des lacunes que leur professeur est en mesure de relever[20]. Ce qui nous amène

---

19. « Le français à la dérive : une réalité ? », art. cit., p. 156.

20. On sait déjà que ceux qui enseignent le français dans nos écoles n'ont pas tous la compétence pour le faire. La Commission Larose faisait lucidement état du problème dams son rapport : « ... la méconnaissance de la langue française au Québec se transmet d'un ordre d'enseignement à l'autre. [...] Cet engrenage atteint aujourd'hui les responsables de l'enseignement de cette langue dans les écoles, les maîtres eux-mêmes. » (*Le Français, une langue pour tout le monde, op. cit.*, p. 42.) Il semble bien que l'engrenage ait atteint l'enseignement supérieur. Ce dont témoignerait encore une lettre d'un chargé de cours en langues, linguistique et traduction parue dans le journal d'une université. L'auteur, qui donne des cours de rattrapage en français, y réplique à un professeur qui s'était plaint des lacunes de la langue des étudiants. Ce professeur n'a pas dû être rassuré pour l'avenir en lisant la réplique... truffée de barbarismes. Quelques exemples : « Je ne peux *donner tort à la pertinence* de ces remarques » ; « Plusieurs ont déjà sonné l'alarme [...]. Je ne voudrais certainement pas *dénigrer l'urgence* de ce signal. » Conclusion : « Je laisse [...] de côté les "ils ne savent pas écrire" ou encore les "qu'ils sont poches en français". Du moins, *tant et aussi longtemps* que les étudiants et les étudiantes exprimeront leur désir de s'améliorer et feront preuve *d'une conscience qu'utiliser* la langue représente un problème perpétuel [sic] dont les solutions [sic]

à conclure que non seulement la situation est «alarmiste», mais que demain elle sera catastrophique, quand déferlera sur le Québec la nouvelle génération de professionnels de la langue, des jeunes sans aptitude particulière pour le français et qui auront été formés en… québécois standard. La dérive sémantique ne pourra que s'accélérer, au rythme où ils «accentueront le modèle québécois» et où on parviendra à saper le prestige et l'autorité de la lexicographie française.

---

ouvrent la voie à la transmission (mais avant, [à] l'élaboration) des pensées [*de la pensée*].» (*Le Fil des événements*, journal de l'Université Laval, 27 mars 2003, p. 4.) Voilà où nous en sommes : il faudra bientôt prévoir des cours de rattrapage en français pour ceux qui donnent les cours de rattrapage en français dans les universités.

CHAPITRE SIX

LES DIFFICULTÉS DU *MULTI*

L'entreprise de délégitimation de la norme française va d'ailleurs bon train. Il est déjà mal vu de citer certains auteurs québécois jugés trop «francisants», ainsi que je devais l'apprendre à mes dépens il y a quelques années. Comme il fallait s'y attendre, la série d'articles que j'avais fait paraître dans *La Presse* et *Le Devoir* souleva une petite commotion parmi les tenants de notre variété de français, qui voyaient remis en question non seulement leur projet, mais également leur propre crédibilité en tant que locuteurs modèles. C'en était trop ! Cette fois Pierre Martel lui-même — dont je ne devais apprendre que trois ans plus tard qu'il faisait tandem avec l'auteur du *Français au bureau* dans le projet aménagiste —, me répliqua dans les pages du *Devoir*, dans un long article enflammé. Après avoir admis que j'avais «réussi à repérer certaines fautes» dans les publications de l'Office — comme s'il m'avait fallu chercher une aiguille dans une botte de foin ! —, il s'était empressé de minimiser la chose en me reprochant de suivre «une soi-disant "norme parisienne" véhiculée dans des ouvrages surannés comme le Dagenais[1] ». Échaudée par la fumeuse réplique de l'Office de la langue française à ma critique du *Français au bureau*, j'avais jugé prudent par la suite d'aller chercher, sur la question des anglicismes, la caution de quelques auteurs qui font autorité en la matière, Gérard Dagenais et Gilles Colpron. Mal m'en prit : on m'accusa de purisme par association, ces auteurs ayant eu le tort irrémissible de chipoter qui sur *banc de neige*, qui sur *mitaine* et *bleuet*.

Or les anglicismes à propos desquels j'avais renvoyé à Colpron et Dagenais avaient essentiellement trait aux notions de *développement* et d'*identification*. Et il se trouve que, sur le traitement de ces emprunts, loin que les ouvrages de ces auteurs fussent dépassés, c'est le *Multidictionnaire* qui dut faire du rattrapage

---

1. P. Martel, «Contre le séparatisme linguistique», *Le Devoir*, 23 juin 1992, p. B 8. L'article était délicatement sous-titré : «La qualité du français du Québec vue et simplifiée par une "réviseur pigiste" »…

quelques années plus tard. Il a en effet fallu attendre la troisième édition de l'ouvrage — parue environ huit ans après la publication de mes articles — pour que soient enfin recensés les nombreux emplois abusifs auxquels donne lieu ce faux ami qu'est le verbe *développer*. Jusque-là, le mot ne figurait que pour une «difficulté» orthographique : «*développer* s'écrit avec un *l* et deux *p*»… Même chose, ou à peu près, en ce qui concerne la notion d'*identification* : dans les premières éditions, seules les expressions *s'identifier* au sens de *se nommer, donner son identité* et *identification* au sens de *pièce d'identité* étaient signalées. Sachant encore que l'influence de l'anglais dans l'emploi de l'adjectif *conventionnel* (rappelons l'exemple relevé dans *Le Français au bureau*) n'était pas non plus signalée dans les premières éditions de l'ouvrage, on comprendra qu'il m'eût été difficile, à l'époque, de renvoyer au *Multidictionnaire*.

Comment expliquer qu'il ait fallu attendre si longtemps avant que des anglicismes aussi répandus, et de surcroît déjà répertoriés dans des ouvrages connus, soient signalés dans le *Multidictionnaire*? Cela tient sans doute en partie à la façon dont le *Multi* a été conçu, qu'on expliquait sommairement dans *Le Devoir* au moment de la parution de la troisième édition : «[La] première édition s'était inspirée des quelque 100 000 demandes d'information acheminées à l'Office de la langue française, alors que Mme de Villers était terminologue dans le domaine de la gestion[2].» La constitution du *Multi* a donc essentiellement été le fruit d'un travail de mise en forme lexicographique, travail qui demande de la méthode, mais pas nécessairement une maîtrise exceptionnelle du français. Et force est de constater que l'équipe de rédaction a mis un certain temps à combler les lacunes du fichier de l'Office. Les ajouts faits à certains articles au fil des éditions donnent d'ailleurs parfois à l'ouvrage des allures de *work in progress*. L'article consacré à *spécifique*, par exemple, se limitait dans la première édition à signaler une prétendue difficulté orthographique : «spécifique ne s'écrit pas avec deux s». Or il y a beaucoup à dire sur les emplois abusifs de cet adjectif, ce dont on ne s'est avisé que dans la deuxième édition, où on apporta cette précision : «Ne pas confondre avec l'adjectif **spécial**, propre à une personne, à une chose.» C'est justement le sens de *spécial, propre, particulier* que l'auteur du *Multi* elle-même donnait à *spécifique* dans une publication parue quelques années plus tôt : «Dans son

---

2. «Le français à la portée de tous», *Le Devoir*, 29 novembre 1997.

secteur d'activité spécifique, elle estime que le fonds terminologique ferroviaire répond à la plupart des besoins fondamentaux»; «elles ont constitué des fichiers terminologiques qui satisfont en très grande partie les besoins spécifiques de l'entreprise[3]».

Dans la troisième édition, on étoffera encore l'article, mettant cette fois en garde contre la tournure *spécifique à*, construite sur le modèle de *propre à*: «L'adjectif **spécifique** se construit avec la préposition **de**.» Or on relève cet emploi sous la plume même de l'auteur, toujours dans la publication citée plus haut: «Les recherches thématiques de Bristol-Myers s'effectuent principalement dans le domaine pharmacologique et dans le domaine médical qui sont spécifiques aux entreprises pharmaceutiques[4].» Dans la quatrième édition, on pourrait encore ajouter que l'emploi de *spécifique* au sens de *précis* ou *déterminé* est vieilli et appartient à la langue classique, ainsi que le signale le *Grand Robert*. Pour peu évidemment que l'auteur du *Multi* l'ait appris depuis l'époque où elle écrivait: «par cette indication, le lexicographe informe le locuteur qu'un mot [...] ne s'emploie que dans une région spécifique»; «En consultant un dictionnaire spécifique, l'usager consulte en fait l'équipe lexicographique de cet ouvrage[5]». Il ne serait pas sans intérêt non plus, dans un dictionnaire de difficultés, de signaler l'influence de l'anglais *specific*, qui peut aussi bien signifier *particulier, spécial* que *précis* ou *déterminé*.

À la lumière de ces attestations, on comprend mieux la minceur de l'article consacré à *spécifique* dans la première édition du *Multi*. De même en ce qui concerne le traitement de la notion d'*identification*, dont on trouvait un emploi peu orthodoxe dans l'introduction même des deux premières éditions de l'ouvrage: «Les définitions très concises du *Multidictionnaire* servent à l'identification du mot recherché ou à l'établissement de ses principales acceptions, en fonction de l'usage habituel du mot ou de l'expression[6].» L'exemple est particulièrement intéressant, car outre le fait qu'il est douteux cet emploi n'est pas clair. Les emplois impropres les plus courants de la notion d'*identification* sont faciles à rendre en français: *identifier le problème, la cause, la faute*, par

---

3. M.-É. de Villers, *Francisation des entreprises*, Office de la langue française, 1990, p. 14, 18.

4. *Ibid.*, p. 32.

5. M.-É. de Villers, «Les marques lexicographiques: des points de repère essentiels pour l'usage des mots», dans *Les Marques lexicographiques en contexte québécois*, Québec, Office de la langue française, 1998, p. 158, 159.

6. *Le Multidictionnaire de la langue française* (2ᵉ éd.), Montréal, Québec Amérique, 1992, p. XVI.

exemple, c'est *trouver le problème, déterminer la cause, relever la faute*. Mais on comprend mal ce que la lexicographe entend par l'*identification* d'un mot, qui serait rendue possible par sa définition. Hors contexte, on pourrait comprendre, par *identification* du mot, le *repérage* du mot. Mais ce n'est bien sûr pas à quoi sert une définition, qui ne peut guère que donner le sens général et les diverses acceptions d'un mot. Est-ce cela qu'on entend par «sert à l'identification du mot recherché ou à l'établissement de ses principales acceptions»? Mais alors pourquoi l'un *ou* l'autre: l'identification du mot *ou* l'établissement des acceptions? Quant à l'idée que les définitions «servent» à l'établissement des acceptions, on se demande à qui elles *servent* ainsi. Certainement pas à l'utilisateur, qui n'établit pas lui-même les acceptions des mots qu'il trouve dans le dictionnaire. Pourtant, c'est bien du point de vue de l'utilisateur qu'on se place dans cet énoncé, où il est question du «mot recherché». Où, d'ailleurs, il eût fallu parler du mot *cherché*: on ne «recherche» pas les mots dans le dictionnaire.

Disons les choses comme elles sont: cette définition de la définition est d'une consternante confusion. Une illustration parmi tant d'autres de cette langue brouillonne, voire carrément fautive, qu'on nous donne maintenant à lire dans les ouvrages de référence québécois.

* * *

Mais il y plus important dans un dictionnaire que l'introduction. Revenons donc aux entrées *identifier* et *identification*, et au «rattrapage» qu'on y a fait dans le recensement des anglicismes, dans la troisième édition de l'ouvrage. Il y a progrès, de fait, le *Multi* met maintenant en garde contre l'emploi d'*identifier* dans des acceptions liées à l'idée de mise en lumière d'une chose, que ce soit par un travail de la pensée (*déterminer, établir, définir*) ou par simple observation (*déceler, relever, découvrir*). Mais les glissements de sens liés aux notions d'*indication* et de *désignation* ne sont toujours pas traités de manière satisfaisante. On ne signale en effet que l'emploi d'*identifier* au sens de *proposer, recommander, suggérer*, en donnant comme exemple: «*Chaque gestionnaire doit identifier les correctifs les plus urgents.*» Exemple qui illustre bien les ambiguïtés auxquelles peut donner lieu cet anglicisme: *identifier les correctifs* pouvant tout aussi bien signifier se pencher sur les problèmes pour *déterminer* quels sont les correctifs à apporter — ce qui est justement le rôle du gestionnaire — que, une fois ce travail fait, tout simplement *proposer* les correctifs en question, dans un document administratif par exemple. Et, hors contexte, l'expression pourrait tout aussi bien vouloir dire *énumérer les correctifs*, dans une liste, sans pour autant les proposer ou les recommander. Il s'agit d'ailleurs là d'un emploi tout à fait courant en québécois standard, où le verbe *énumérer* ne s'utilise à peu près plus.

On observe pourtant dans l'usage québécois deux autres emplois fautifs du verbe *identifier* qui sont inspirés de l'anglais. Sous l'influence, peut-être, de l'emploi d'*identification* au sens de *pièce d'identité* — c'est-à-dire de *chose permettant d'établir l'identité* —, on a commencé à donner au mot les sens plus généraux d'*indication*, de *panneau*, d'*étiquette*, d'*enseigne*, de *marque*; et, par extension, on a fini par donner au verbe *identifier* les sens de *désigner, marquer, indiquer*. On s'étonne qu'au moment où elle a vu la nécessité d'étoffer l'entrée *identifier*, l'auteur du *Multi* ne soit pas allée consulter les ouvrages de ses prédécesseurs, Dagenais par exemple, qui signalait déjà la faute dans la première édition de son dictionnaire: «Se rappeler que le verbe **identifier** ne peut avoir comme sujet qu'un nom de personne. Il a les sens de "reconnaître", non celui de "faire reconnaître". On s'exprime à contresens quand on dit, par exemple, *l'enseigne rouge qui* [**identifie**] *nos magasins* au lieu de *l'enseigne rouge qui annonce*, ou *distingue*, ou *indique*, ou *fait reconnaître* nos magasins.» L'explication de Dagenais ne rend toutefois compte que d'un des emplois fautifs auxquels donne lieu ce sens particulier de la notion d'*identification*. Peut-être s'agit-il là d'une faute relativement récente, mais le verbe *identifier* s'emploie également avec un sujet de personne pour signifier que quelqu'un fait la marque, pose l'étiquette ou, pour reprendre l'exemple de Dagenais, choisit l'enseigne qui «fait reconnaître». Ainsi, en québécois, on peut indifféremment dire *les produits dangereux sont identifiés par une étiquette rouge* et *le chimiste a identifié les produits dangereux avec une étiquette rouge*. C'est exactement cette extension de sens qu'on trouve dans cet énoncé tiré de la troisième édition du *Français au bureau*: «Quand il y a plus d'une page, il faut identifier [*paginer, numéroter*] les pages subséquentes»; de même que dans ce commentaire de Claude Poirier, cité plus haut, sur le marquage des particularismes québécois: «Si nous identifions [*marquons*] les québécismes nous contribuons à propager la perception traditionnelle, à savoir que les québécismes ne sont pas des mots tout à fait français».

Il n'est pas sans intérêt de signaler que tous les anglicismes liés à la notion d'*identification* qui figuraient dans la troisième édition du *Français au bureau* relevaient de ces acceptions particulières, dont le *Multi* ne rend toujours pas compte. Ce qu'on s'explique décidément mal. Il est en effet plus que probable, comme nous l'avons vu, que l'auteur du *Multi* avait pris connaissance des articles dans lesquels je relevais ces fautes. Quoi qu'il en soit, à la lumière des arguments invoqués par la linguiste Céline Labrosse dans la polémique à propos de *professionnel*, il est facile d'imaginer le parti qu'on pourrait tirer de cette omission pour légitimer ces emplois : l'auteur du *Multi* ne peut pas en ignorer l'existence, si elle ne les a pas signalés comme usages fautifs c'est qu'elle les juge acceptables, etc. Ajoutons à cela que la liste des expressions « à éviter » du *Français au bureau* nouvelle mouture ne les signale pas non plus ; que l'Office a ardemment défendu l'expression *initiales d'identification* dont l'origine anglaise est transparente (les initiales *identifient* la personne) ; qu'un des réviseurs de la troisième édition du *Français au bureau* a laissé passer la faute quelques années plus tard dans un autre guide de rédaction, *Le français à l'hôtel de ville* (« par convention les rédacteurs sont identifiés par des lettres majuscules, et les dactylos, par des lettres minuscules[7] »). Et voilà réunis tous les ingrédients pour faciliter la légitimation d'emplois comme : *un mot épicène identifie à la fois les hommes et les femmes, le pictogramme identifie tel service,* ou encore *l'identification doit être rédigée en bon français...*

Mais pourquoi, se demandera-t-on, le lexicographe du français québécois voudrait-il légitimer des anglicismes dénués de toute valeur identitaire, folklorique ou « argotique », et pour lesquels le français dispose de parfaits équivalents ? Parce qu'on ne pourra pas éternellement cacher des emplois aussi répandus et que, le jour où l'usage québécois fera loi, il faudra bien finir par les consigner dans le dictionnaire. Or truffer le dictionnaire du français québécois de marques *anglicisme* et *emploi critiqué* aurait un désastreux effet sur le moral des troupes parlantes. Voilà pourquoi, par exemple, le *Dictionnaire québécois d'aujourd'hui* a marqué *familier* les anglicismes *identification* et *pièce d'identification* au sens de *pièce d'identité* et *s'identifier* pour *se nommer*. En trois coups de baguette magique, on venait de faire disparaître trois anglicismes — cela s'appelle « effacer les petites cicatrices

---

7. Voir l'annexe 3, p. 261.

de l'histoire[8]», pour reprendre la subtile formule de l'un des coauteurs, le Français Bruno de Bessé. Joli travail! Mais ce ne sont pas moins de cinq acceptions de plus, toutes fautives au regard du français standard, qu'il aurait encore fallu consigner si on avait voulu rendre compte parfaitement de l'usage québécois. On peut penser que l'équipe de rédaction ne soupçonnait même pas l'existence du problème, à en juger par l'exemple choisi pour illustrer l'accord au pluriel de l'expression *idée-force*, qu'on trouve exactement cinq lignes au-dessus de l'entrée *identifier* : «Identifier les idées-forces d'un texte», pour *dégager, faire ressortir, mettre en lumière* les idées-forces...

Comme quoi le seul fait que les définitions soient rédigées en québécois standard peut contribuer à ancrer dans l'usage des emplois critiqués, même si le dictionnaire ne les consacre pas officiellement.

* * *

Il arrive aussi que, sans tomber lui-même dans l'impropriété, le lexicographe se révèle incapable de prendre du recul par rapport à l'usage québécois : qu'il ne signale pas l'emploi abusif d'un mot parce qu'il ne le remarque tout simplement pas, et donne une définition ou des exemples qui collent de si près à cet emploi qu'il se trouve involontairement à le cautionner. C'est le cas des définitions d'*implanter* et d'*implantation* qu'on trouve dans le *Multidictionnaire*.

Depuis quelques années, la notion d'*implantation* a la cote au Québec. Les programmes ne sont plus mis sur pied, ils sont *implantés* ; on ne se contente plus, banalement, d'ouvrir un commerce quelque part, on l'y *implante*. Rappelons-nous la polémique déclenchée par l'*implantation* du Centre hospitalier universitaire de Montréal, le CHUM, dans l'est de la ville. On

---

8. B. de Bessé, «À quelques " bolles" qui n'en disent mot, mais qui consentent bien volontiers!», *La Presse*, 6 janvier 1993. Le lexicographe y allait d'une envolée lyrique pour défendre le dictionnaire québécois de la maison Robert: «... le DQA, comme tout dictionnaire, est une photo de la langue, et la photo est bonne. L'éclairage est pur comme un ciel de janvier à Magog, l'appareil-photo provient d'un des meilleurs fabricants de dictionnaires du monde, la pellicule a été fabriquée au Québec, la photo a été prise par des photographes confirmés dans la profession, qui ont tout naturellement effectué quelques retouches en laboratoire pour effacer les petites cicatrices de l'histoire comme le font tous les portraitistes des grands de ce monde.» L'évocation, par un Français, du ciel de Magog m'avait fort intriguée à l'époque. Quelques années plus tard, j'appris que se tenait régulièrement à Magog un colloque sur... les anglicismes!

devait par la suite assister à d'autres «implantations» non moins remarquables. Celle de la Cité du commerce électronique, par exemple: «l'implantation de la Cité du commerce électronique et de la Cité du multimédia [...] ajoutera environ cinq millions de pieds carrés d'espaces à bureau au marché montréalais d'ici cinq ans[9]». Comme il n'y a pas que le travail, qu'il faut aussi se distraire, on «implante» également des cinémas: «La région métropolitaine s'enrichit aujourd'hui de 35 salles de cinéma [...] réparties dans deux nouveaux complexes implantés par la chaîne Famous Players près du Parc Olympique ainsi qu'à Laval[10].» Et s'instruire, en fréquentant la Grande bibliothèque du Québec, dont un professeur d'architecture bien connu conteste ici l'emplacement: «Cela ne suffit-il pas d'avoir choisi d'implanter la Grande Bibliothèque dans l'Est contre toute logique géopolitique?» Si on en croit l'architecte, qui s'y connaît en la matière, le phénomène des implantations ne date pas d'hier dans la métropole: «Le Parti québécois, qui a beaucoup critiqué le gouvernement fédéral d'avoir implanté la Maison Radio-Canada en dehors du centre-ville, [...] s'apprête pourtant allègrement à faire la même bêtise.» De quelle bêtise est-il question? De la malencontreuse idée d'«implanter» le CHUM loin du centre-ville: «... il ne s'agit pas ici d'implanter une petite clinique médicale dans un gros village [...]. Dans l'hypothèse qu'un mégahôpital soit vraiment nécessaire [...], ne devrait-on pas s'assurer que cet équipement soit implanté dans le milieu le plus susceptible d'assurer son fonctionnement optimal...[11]» On ne relève qu'une seule fois, dans cet article, le verbe qu'on s'attendrait à trouver sous la plume d'un architecte, *construire*.

En résumé, on implante à qui mieux mieux, et surtout à tort et à travers. À en juger en tout cas par ce que dit le *Petit Robert* à l'entrée *implanter*: «Introduire et faire se développer de manière durable dans un nouveau milieu.» On retient quatre notions clés, quatre «sèmes» comme on dit en lexicographie: introduction, développement, durée et nouveauté du milieu. Toutes notions qu'on retrouve dans des expressions comme *implantation d'un organe* et, dans un autre ordre d'idées, *implantation de colonies juives en Cisjordanie*. Je ne prétends pas que les Français ne font pas à l'occasion des emplois extensifs et fantai-

---

9. *Le Devoir*, 17 août 2000, p. A 7.
10. «Think Big...», *La Presse*, 17 novembre 2000, p. A 14.
11. «Une planification de gros village», *Le Devoir*, 1er février 2000, p. A 9.

sistes du verbe *implanter*. Mais une chose est sûre : si jamais l'habitude d'implanter tous azimuts se répandait en France, ceux que cette affectation de langage agaceraient pourraient s'autoriser d'un dictionnaire pour rappeler à l'ordre les implanteurs intempestifs. Qu'en est-il au Québec, où les implants les plus saugrenus prolifèrent impunément depuis des années ? Le *Multi*, « notre » dictionnaire des difficultés de la langue, pourrait-il être de quelque utilité pour guérir la manie ? Rien n'est moins sûr. Lisons la définition qu'on y donne du verbe *implanter*, et l'exemple dont on l'accompagne : « Établir de façon durable (dans un nouveau milieu). *Ils ont implanté une nouvelle usine.* » Si on compare cette définition avec celle du *Petit Robert*, on constate que les notions d'*introduction* et de *développement* ont disparu et que la notion de *nouveauté du milieu* est affaiblie par la mise entre parenthèses. Cet affaiblissement est accentué par la perte du contrefort sémantique que constituait la notion d'*introduction*, qui comporte l'idée de passage d'un lieu à un autre, ainsi que par l'exemple, où l'idée de lieu est totalement absente. Comparons cet exemple (*Ils ont implanté une nouvelle usine*) avec celui du *Petit Robert* qui s'en rapproche le plus : « Implanter une industrie dans une région. » Outre la mention d'un lieu, on remarque la différence entre la nature de la chose implantée : dans un cas une usine, un simple bâtiment, qui évoque automatiquement l'idée de construction ; dans l'autre une industrie, c'est-à-dire un type d'activité économique, qui peut se développer et s'enraciner dans un milieu donné. L'exemple du *Petit Robert* ne fait pas allusion à la nouveauté du lieu, mais la définition insiste suffisamment sur cette idée pour qu'on comprenne qu'il n'y avait pas d'industrie de ce type dans la région en question. (L'exemple, très explicite, qui est donné dans le dictionnaire *Hachette* rend parfaitement cette idée : « Implanter une usine dans une zone privée d'activité industrielle » ; par comparaison avec l'exemple du *Multi*, il est en outre clair ici que le mot *usine* désigne plus que le seul bâtiment.) À supposer que tout cela ne suffise pas encore à persuader l'implanteur compulsif qu'*implanter* n'est pas un synonyme de *construire*, on pourrait s'appuyer sur les exemples illustrant l'emploi du verbe à la forme réflexive et du nom d'action : « Société qui s'implante sur un marché étranger » ; « Implantation […] de filiales à l'étranger ». L'introduction dans l'énoncé de l'expression *étranger* est la façon la plus simple de rappeler l'importance de la nouveauté du lieu. *Le Dictionnaire usuel illustré Flammarion* y recourt également : « Implanter des coutumes étrangères. » Par comparaison, les exemples du *Multi* où il est fait mention d'un lieu, ne permettent pas de saisir où réside la nouveauté, par exemple : « *Cette entreprise s'est implantée dans les Laurentides* », où rien ne permet de voir en quoi les Laurentides représentent un lieu nouveau pour l'entreprise en question. On pourrait en fait tout aussi bien dire — et on dirait même mieux — que l'entreprise en question *s'est installée* dans les Laurentides.

Ce qu'il y a en fait de remarquable dans les exemples du *Multi*, ce n'est pas tant que l'idée de nouveauté du lieu ne ressorte pas clairement. Après tout, les définitions des dictionnaires *Larousse* sont moins restrictives sur ce point, celle du *Petit Larousse illustré* s'énonçant comme suit : « Installer, établir quelque part de façon durable. » *Quelque part*, tout simplement. Mais il se trouve que la définition du *Multi* fait bien mention du caractère de nouveauté, et qu'entre la définition et les exemples se produit une sorte de transfert. Dans les exemples, la nouveauté devient un attribut non plus du lieu, mais de la chose implantée : « Ils ont implanté une nouvelle usine ». À l'entrée *implantation*, là où le *Petit Robert* met l'accent sur l'*étranger*, le *Multi* donne les exemples suivants : « L'implantation d'une nouvelle entreprise, l'implantation d'une idée nouvelle, d'un programme innovateur. » Pas un seul de ces exemples ne mentionne un lieu, mais tous évoquent la nouveauté de la chose implantée. En fait, les exemples donnés dans le *Multi* correspondent parfaitement aux emplois abusifs de la notion d'*implantation* qui foisonnent en québécois standard, et dont voici quelques exemples :

◗ « Les difficultés éprouvées par les étudiants du baccalauréat en français écrit [...] sont en partie responsable du taux d'abandon scolaire, ce qui incite l'établissement à implanter [*mettre sur pied*] pour l'automne 2001 un Centre de communication écrite offrant des mesures de soutien... »

◗ « ... l'idée que les compressions budgétaires seraient à l'origine de l'implantation [*introduction*] de la publicité à l'Université de Montréal est tout simplement fausse... »

◗ « Le refus du premier ministre Jean Chrétien de négocier avec le Québec l'implantation [*la création*] d'un régime provincial de congés parentaux procède peut-être d'un entêtement revanchard. »

▄ «Retard dans l'implantation [*mise en œuvre*] de la réforme — Le ministère de l'Éducation a dû refaire ses devoirs…»

▄ «Le système GIRES […], qui doit être implanté [*mis en service*] à compter d'avril 2001, compte de nombreuses failles…»

Et, enfin, un exemple relevé sous la plume de l'auteur du *Multi*: «Les constructeurs aéronautiques ou automobiles, les entreprises de produits pharmaceutiques, les fabricants d'appareils électriques, par exemple, ont implanté [*mis en place*] des systèmes informatiques complexes qui intègrent la planification des besoins matières, la gestion des approvisionnements…[12]»

Mettre sur pied, introduire, créer, mettre en œuvre, mettre en service, mettre en place, toutes nuances rendues par la notion d'*implantation*. Et le dictionnaire québécois sur les difficultés de la langue ne sera d'aucune utilité au correcteur qui voudrait mettre en garde contre ce flou sémantique. Au contraire, même, la consultation du *Multi* risque de confirmer l'implanteur récalcitrant dans son bon droit.

* * *

Poussons un peu plus avant notre enquête sur la compétence du «grammairien» québécois en tant qu'observateur de l'usage. Après tout, il ne suffit pas de colliger ce qu'on a trouvé dans les ouvrages des autres. D'abord, parce que nombre d'usages fautifs, pourtant répandus depuis longtemps, n'ont encore été recensés dans aucun ouvrage sur les difficultés de la langue. C'est le cas par exemple du solécisme *en emploi*, pour *sur le marché du travail,* qui a fini par être consacré dans l'intitulé d'une loi (Loi sur l'équité en emploi). Si la faute avait été signalée dans un ouvrage qui fait autorité, la tâche des quelques correcteurs qui tentaient depuis des années de l'éliminer de la langue de l'Administration en aurait sans doute été facilitée. Ensuite, parce que l'auteur du dictionnaire de difficultés doit être capable de déceler les nouveaux barbarismes. Ce qui peut parfois demander une certaine attention… En entendant à la radio une ministre parler des prestataires de l'aide sociale «qui n'ont pas de contraintes à l'emploi[13]»,

---

12. «Apprendre à écrire à l'université», *Le Devoir*, 24 octobre 2000, p. A1; «Compressions budgétaires ou pollution idéologique?», *Le Devoir*, 7 février 2000, p. A7; «Les billes de Québec», *Le Devoir*, 20 juin 2000, p. A1; *Le Devoir*, 18-19 mars 2000, p. A1; «Des failles dans le projet GIRES», *Le Devoir*, 30 mars 2000, p. A1; *Francisation des entreprises, op. cit.*, p. 90.

13. *La Tribune du Québec*, première chaîne de Radio-Canada, 13 juin 2002.

un non-initié croira sans doute qu'elle a commis un lapsus. Il aura en tout cas quelque mal à comprendre ce qu'elle veut dire, et pour cause : la ministre donne là à *contrainte* le sens d'*empêchement*. Ce faisant elle tombe dans le contresens : alors qu'on pourrait croire qu'il est question de prestataires qui ne sont pas *contraints* « à l'emploi » — c'est-à-dire *à travailler* —, elle veut en fait parler de ceux pour qui rien ne fait *obstacle* à leur insertion sur le marché du travail — ou « en emploi », comme on dit en québécois standard. En fait, la ministre ne faisait là que répéter une faute que personne au ministère n'a su voir — qui aurait pourtant dû attirer l'attention ne serait-ce qu'en tant que solécisme, *une contrainte à quelque chose...* —, et qui elle aussi est maintenant consacrée dans un texte de loi. Notre non-initié devra donc s'y faire : si un jour il doit recourir à l'aide sociale, un malheur n'arrivant jamais seul, on pourrait bien lui demander s'il est un prestataire « avec ou sans contraintes »[14] ! J'observe ce glissement d'*obstacle* à *contrainte* depuis des années dans les manuscrits qui me passent entre les mains. Il était écrit dans le ciel que l'hybridation sémantique aboutirait dans des textes officiels et dans les médias. En voici un exemple tiré cette fois de la presse écrite, d'un article où il est question du souhait de l'Université de Sherbrooke de voir son nom intégré à celui d'une station de métro... mais il y a des « contraintes » : « D'emblée, la requête de l'UdeS présente quelques contraintes. "On a déjà une station Sherbrooke, ce qui pourrait créer de la confusion pour les usagers", note Mme Paradis[15]. » On comprend très bien qu'il y a, en fait, un *obstacle*, un *problème*. Tout comme on comprend que c'est d'*obstacles* que veut parler le chef de l'ADQ quand, pour expliquer l'incapacité de son parti à recruter un nombre satisfaisant de candidates, il déclare : « il y a des réalités familiales qui surmultiplient les contraintes[16] ».

C'est ainsi que « se dégage la norme du québécois standard », diraient les aménagistes... À la vitesse à laquelle notre élite

---

14. Comme il fallait s'y attendre, l'expression est en fait très bien assimilée par le locuteur du québécois standard, à en juger en tout cas d'après cette attestation tirée du courrier des lecteurs du *Devoir* : « Disons que je suis un pauvre et que je vis en appartement avec ma femme et ma fille de trois ans. Les fonctionnaires diront : deux adultes de sexes différents avec une contrainte temporaire à l'emploi, la contrainte étant... l'enfant ! Nous recevrons 882, 34 $ par mois. » (« Les sous des pauvres », *Le Devoir*, 14 février 2003, p. A 8.) Il est clair que l'indignation de ce lecteur ne serait pas moindre si l'enfant était vue comme un empêchement, plutôt que comme une « contrainte »...

15. « L'Université de Sherbrooke veut aussi sa station de métro », *Le Devoir*, 20 juin 2002, p. A 4.

16. Cité dans « L'ADQ et la conciliation travail-famille », *Le Devoir*, 28 janvier 2003, p. A 6.

sociale fabrique barbarismes et solécismes, il faudra une solide et vigilante élite langagière pour que la norme en question ne dégénère pas en chaos sémanticosyntaxique. L'auteur de notre grand dictionnaire de difficultés est-elle à la hauteur de la tâche? Pour le vérifier, prenons dix usages déviants par rapport au français, mais non moins courants en québécois standard, qui n'ont jamais été recensés dans les dictionnaires de difficultés «surannés», et voyons si on peut espérer en trouver mention dans le *Multidictionnaire*.

PROVENIR DE

Premier cas: l'emploi du verbe *provenir* avec pour sujet un nom de personne, dont je donnais, dans *Le Maquignon*, un exemple tiré d'un article de Pierre Martel et Hélène Cajolet-Laganière: «plusieurs de ceux-ci [nos ancêtres] provenaient de la Normandie[17]». Si, en français standard, on dit bien que le camembert provient de Normandie, on dit des habitants de cette région de France qu'ils *viennent* de Normandie. Or, en français québécois, cette distinction a à peu près complètement disparu, tant dans la langue écrite que dans l'usage oral soigné. Elle s'est cependant maintenue dans la langue courante. Il ne viendrait en effet à l'idée de personne de demander à un interlocuteur: *toi, tu proviens d'où?* Tout Québécois saisira immédiatement l'étrangeté d'une telle formulation, qui curieusement lui échappe quand l'énoncé est formulé dans la langue écrite.

Voyons si le *Multi* signale cet usage fautif, qu'on entend couramment dans les médias: pas un bulletin d'information où il ne soit question de personnes *provenant* de quelque part. À l'entrée *provenir*, on trouve une brève définition, accompagnée d'un seul exemple: «Venir de. *Cette lettre provient de sa mère.*» Puis suit une mise en garde: «Ne pas confondre avec les verbes suivants: **découler**, être la suite nécessaire de; **dériver**, être issu de; **procéder**, avoir sa source dans; **ressortir**, s'imposer comme condition logique.» Seul bon point: dans l'exemple donné, le verbe a bien un sujet de chose. Mais à partir d'un seul exemple, on ne peut guère tirer de conclusion. Rien n'interdit en effet de penser que l'auteur aurait aussi bien pu choisir une phrase ayant un sujet de personne. Aucun dictionnaire de difficultés n'est exhaustif, et on pourrait croire que cette définition sommaire témoigne du peu d'intérêt de l'auteur pour cette entrée, si ce n'était de la longue

---

17. «Oui… au québécois standard», art. cit., p. 16.

remarque qu'on y trouve. Que la faute la plus répandue n'y soit pas signalée nous amène donc tout naturellement à conclure que la lexicographe ne l'a jamais remarquée. Le profane quant à lui, à supposer qu'il ait été prévenu contre cet usage, conclura sans doute que, contrairement à ce qu'on lui avait dit, il n'y a pas faute à employer le verbe *provenir* avec un sujet de personne, sans quoi bien sûr le *Multi* le signalerait.

S'il lui vient l'idée de consulter le *Petit Robert*, il y trouvera, précédant la définition du verbe, la mention *chose*. Et si, comme c'est le cas de l'utilisateur moyen, il ne lit pas les marques et mentions, il pourra toujours méditer sur les quatre exemples ayant tous, comme il se doit, un sujet de chose.

FAIRE EN SORTE

En québécois standard, la locution *faire en sorte* semble pouvoir rendre tous les rapports de cause à effet. Ces dernières années, son «occurrence dans le discours», comme on dit, a connu une hausse vertigineuse, au point de provoquer quelque agacement : *ça fait en sorte que... ça fait en sorte de...* Le nouveau tic de langage est d'autant plus agaçant qu'il cache une faute qualifiée : «ça» ne peut pas *faire en sorte*. La locution verbale signifie en fait, selon qu'elle est employée avec *que* ou avec *de, s'arranger pour que, veiller à ce que* ou *tâcher de* ; ce qui suppose la volonté, et par conséquent un sujet de personne. Il y a confusion en l'occurrence entre *faire en sorte que* et *faire que*, c'est-à-dire *avoir pour effet de*. Confondre *tâcher de* et *avoir pour effet de*, ce n'est pas rien : c'est en quelque sorte prendre des désirs pour des réalités.

Les exemples de cette faute sont légion non seulement dans la langue parlée, mais aussi à l'écrit. Témoin cet exemple tiré du rapport de la Commission Larose : «La pondération des critères de correction fait souvent en sorte qu'un élève réussisse le test malgré une nette insuffisance en maîtrise du code linguistique» — la pondération, en réalité, *fait que* l'élève réus*sit* (et non pas *réussisse*), malgré une maîtrise insuffisante (et non pas une *insuffisance en maîtrise*!) du français. En voici encore un exemple, relevé celui-là dans un ouvrage des aménagistes Martel et Cajolet-Laganière : «L'effet combiné de la faible scolarisation des Québécois [...] et de l'omniprésence de l'anglais comme langue de première rédaction des textes dans presque tous les domaines a fait en sorte que le français écrit au Québec n'a pas occupé toute la place qu'il aurait dû[18]» — cet «effet combiné» n'a pas *fait en sorte que*, il a tout simplement *fait que*.

Cette faute aurait-elle été corrigée par l'auteur du *Multi*? Peut-on espérer qu'elle soit signalée dans les prochaines éditions de l'ouvrage? Il est permis d'en douter au vu de cet extrait d'un article que la lexicographe faisait paraître dans la revue *Québec français*: «la seule présence d'un mot dans un dictionnaire fait en sorte qu'il est reçu, qu'il est considéré comme appartenant à la norme[19]».

CITOYEN

Nous sommes ici devant un cas de dilution sémantique extrême, proche de la dilution homéopathique. La notion de citoyenneté, en québécois standard, a été petit à petit complètement vidée de son sens. Je signalais, dans *Le Maquignon*, l'emploi impropre de *citoyen* pour désigner une personne dans le rapport au lieu où elle habite, c'est-à-dire au sens d'*habitant* ou de *résidant*. Depuis, le *Dictionnaire québécois-français* est paru, qui a signalé cette acception ainsi qu'une extension de sens: «personne définie par

---

18. *Le Français, une langue pour tout le monde, op. cit.*, p.39; *La Qualité de la langue au Québec, op. cit.*, p.52. Signalons, à l'intention de ceux qui s'étonneraient que je ne l'aie pas relevé, que le tour transitif *réussir un test, un examen* est maintenant admis.

19. M.-É. de Villers, «Lexicographie. Pour une appropriation du français du Québec», *Québec français*, n° 113, printemps 1999, p.100. Arrêtons-nous à ce que l'auteur du *Multidictionnaire* dit, dans cet énoncé, sur la légitimation de l'usage par le dictionnaire de langue: «la seule présence» d'un mot dans un dictionnaire signifie qu'il est «reçu», quelle que soit, donc, la marque qui l'accompagne. Ajoutons à cela ce que disait ailleurs Mme de Villers sur le traitement des anglicismes en lexicographie québécoise: «Pour les locuteurs du Québec, la question du marquage des anglicismes est peut-être aussi cruciale que celle des québécismes. [...] Cependant il apparaît difficile d'effectuer un traitement lexicographique poussé des emprunts, notamment des faux-amis et des constructions inspirées de l'anglais dans un dictionnaire de langue ou dans un dictionnaire encyclopédique.» («Les marques lexicographiques: des points de repère essentiels pour l'usage des mots», art. cit., p.160.) Voilà deux remarques fort justes, en fait deux arguments de poids contre le projet de dictionnaire général du français québécois mené par les aménagistes. On s'attendrait donc à voir Mme de Villers à la tête d'un mouvement d'opposition au projet. Or, tout au contraire, elle y prête son concours en laissant croire aux utilisateurs de son dictionnaire que les québécismes y sont marqués. Si tel était le cas, les pages du *Multi* seraient littéralement tapissées de la fameuse petite fleur de lis censée marquer «les québécismes». En fait, l'utilisateur du *Multi* ne peut déjà pas, et cela dans un dictionnaire de difficultés, distinguer un anglicisme québécois, dont le sens risque d'être obscur pour les autres francophones, d'un anglicisme qui appartient au français standard. *Monétaire* au sens de *financier*, par exemple, se trouve placé sur le même pied que *look*; ou encore que *fax*, approuvé par l'Académie française, critiqué par l'auteur du *Multi* sous le prétexte, nul et non avenu du point de vue de l'usage, qu'il s'agit d'une marque déposée.

rapport au maire, à la municipalité (en français, *administré* ou *concitoyen*)». Cette notion de «citoyenneté résidentielle»[20] est si large, qu'on peut être citoyen non seulement d'une ville, mais même d'une rue comme le montre cet exemple cité par l'auteur : «Dans la seule nuit du 25 juillet 1995, trois citoyens de la rue Gouin ont vu leur véhicule prendre feu dans leur entrée de cour.» Un énoncé comme on peut en entendre couramment dans les bulletins d'information.

Mais l'engouement citoyen ne se limite pas à ces emplois, inspirés, comme le signale le *Dictionnaire québécois-français*, à la fois du français classique et de l'anglais. Ce qui devait arriver arriva, et par contagion on a commencé à utiliser *citoyen* pour désigner les gens, la population en général, sans rapport aucun avec le lieu de résidence. Comme sous la Révolution française, *citoyen* n'a plus en fait que le sens neutre de *personne*. Ces deux exemples illustrent parfaitement la tendance : «Beaucoup de citoyens se sont aussi présentés hier au TNM pour rendre un dernier hommage à Jean-Louis Millette»; «Une vingtaine de places sont occupées par les journalistes [...], cinq sont réservées à l'accusé et à sa famille, et le reste va aux citoyens[21]». L'émission de télévision *Droit de parole* fut, pendant de nombreuses années, un haut lieu du débordement citoyen. On y allait chaque semaine interroger les «citoyens» dans la rue pour connaître leur opinion sur la question débattue, qui n'avait généralement rien à voir avec la citoyenneté. Mais qu'à cela ne tienne... *Les syndicats prennent-ils les citoyens en otage?* demanda-t-on un jour aux participants en studio. Aux participants, que dis-je? Aux citoyens! Pendant quelques années, la mention *citoyen* figura sous le nom des invités quand ils apparaissaient à l'écran. Cela, évidemment, quand le participant ne pouvait pas déclarer de titre plus précis. Si bien que l'habitude s'est prise d'opposer les participants

---

20. Je trouvais l'expression fantaisiste... Je ne devais pourtant pas tarder à faire la rencontre du *citoyen résidentiel* — en bonne compagnie, d'ailleurs, avec le *citoyen corporatif* —. dans un article d'un quotidien, où il est question d'une «cure d'amincissement» dans des services publics municipaux: «"Pour être qualifiée de succès, cette cure devra être réalisée sans diminuer la qualité des services que reçoivent les citoyens, tant «corporatifs» que résidentiels", a expliqué M. Labonté.» («Un pas dans la bonne direction, juge la Chambre de commerce», *Le Devoir*, 31 janvier 2003, p. A 2.) On notera les guillemets à *corporatifs*, pour signaler l'anglicisme, qui ont bien sûr été ajoutés par le journaliste qui rapportait les propos du président de la Chambre de commerce de Montréal. Il faudra sans doute attendre encore longtemps avant qu'on se rende compte que *citoyen*, dans ce genre d'emploi, mériterait également une bonne paire de guillemets.

21. «Hommage au maître», *Le Devoir*, 4 octobre 1999, p. A 1 ; «Hilton», *Le Devoir*, 31 janvier 2001, p. A 8.

invités à titre de spécialistes ou de représentants d'organismes et les «citoyens». Et c'est ainsi que *citoyen* commence à prendre le sens de *monsieur tout le monde*...

De là à opposer le *citoyen* aux organismes et aux entreprises, lui donnant ainsi le sens du substantif *particulier*, il n'y a qu'un pas qui semble en voie d'être franchi. «Après les citoyens, les commerçants», tel est le titre d'un article dans lequel on peut lire : «Satisfaite des résultats obtenus par les campagnes de sensibilisation auprès des citoyens [...], l'administration Bourque s'apprête cette fois à servir la même médecine aux commerçants[22].» Certes, il est question ici de l'administration municipale, mais le citoyen n'en est pas moins clairement opposé au commerçant. En français standard, on aurait titré : *Après les particuliers, les commerçants*. Cet emploi est sans doute appelé à se répandre vu la quasi-inexistance du substantif *particulier* en français québécois. La compagnie de téléphone Bell Québec n'oppose-t-elle pas les entreprises et les organismes aux «clients résidentiels», plutôt qu'aux particuliers? À quand le *client citoyen*?

Et il ne faudrait pas s'attendre à ce que *citoyen*, dans ses diverses acceptions québécoises, perde bientôt en popularité. Car le mauvais exemple vient de haut. La variante locutrice du citoyen a également fait son entrée en grande pompe dans les statistiques du Conseil de la langue française : «l'indice des langues d'usage public révèle que les locuteurs du français représentent 87 % des citoyens»; «L'usage public d'une langue est lié à la langue d'usage privé des citoyens[23].» Le *citoyen parlant*...

Pour revenir, enfin, à notre dictionnaire de difficultés, voyons si on peut y trouver de quoi enrayer le fléau citoyen, qui sévit tout de même depuis passablement longtemps. Hélas non, à l'entrée *citoyen* on donne tout simplement la définition du mot, sans faire aucune mise en garde contre les dérapages sémantiques. Il faut croire que l'auteur du *Multi* n'a pas, comme nous, atteint le degré zéro de la tolérance envers ces délinquants *citoyens*. Ce que tendrait d'ailleurs à accréditer cette phrase de son cru : «Les auteurs de la Charte ont estimé que la langue de l'Administration publique influencera [*sic*] la langue des institutions politiques, des entreprises et des citoyens[24]». On peut penser que les auteurs

---

22. *Le Devoir*, 23-24 septembre 2000, p. A 5.
23. *Le Français, langue d'usage public au Québec en 1997*, Conseil de la langue française, Rapport synthèse, 1999, p. 37.
24. M.-É. de Villers, «La contribution de l'Office de la langue française», *Terminogramme* 101-102, Office de la langue française, 2002. p. 30. On notera *Administration publique*

de la Charte se souciaient davantage de la langue de la population que de la langue des «citoyens»[25].

RETENIR

Témoin depuis quelques années déjà de la spectaculaire progression dans le «bon français d'ici» du verbe *retenir* — qui justifierait presque qu'on relègue *choisir* au rang d'usage populaire —, c'est sans grand étonnement que j'ai vu apparaître dans la quatrième édition du *Français au bureau* la curieuse opposition entre emplois *à éviter* et emplois *à retenir*, dans la non moins curieuse liste d'expressions *à connaître* dont il a déjà été amplement question.

D'autres exemples, relevés dans les quatrième et cinquième éditions du *Français au bureau*, attestent cet emploi caractéristique du québécois standard : «le mot **trésor** prend une majuscule. C'est l'usage retenu par le Conseil du Trésor du Canada»; «boul. est l'abréviation retenue par la Commission de toponymie[26]»; «en France [...], c'est *Mél* (pour *messagerie électronique*) qui a été retenu». Dans tous ces énoncés, il s'agit de toute évidence des usages qui ont été *choisis*, ou *adoptés*. En ce qui concerne *Mél*, par exemple, on peut penser que le néologisme a été *choisi* parmi un certain nombre d'autres, qui dans un premier temps avaient été *retenus* pour évaluer leur conformité à la morphologie du français et leurs chances de passer dans l'usage. Cette autre attestation relevée, comme la précédente, dans la dernière version de l'ouvrage montre bien que la popularité de *retenir* ne se dément

---

— avec la majuscule à *administration* —. alors que, selon le *Multidictionnaire*, on écrit soit *administration publique*, soit *Administration* : «Le mot **administration** prend la majuscule quand il désigne l'ensemble des services publics et qu'il est construit absolument.»

25. Autre intéressant exemple relevé dans un article de l'auteur du *Multidictionnaire* : «Au cours de la dernière décennie, les échanges des [*entre?*] citoyens de la planète se sont intensifiés, notamment les contacts entre les communautés de langue française.» («Lexicographie. Pour une appropriation du français du Québec», art. cit., p. 100.) À la décharge de la lexicographe, disons que ce « citoyen de la planète» est proche parent du très honorable citoyen du monde. Mais, pour honorable et légitime qu'il soit, le citoyen du monde n'en a pas moins, dans notre variété de français, une fâcheuse tendance à s'identifier à Jos. Bleau. Ce dont témoigne cet autre énoncé, très proche par le contexte, tiré d'un éditorial paru dans *Le Devoir* : «à l'heure où le citoyen pourra lui-même choisir ses émissions un peu partout dans le monde, il faut redéfinir le rôle de TV5» (15 septembre 2000, p. A 10). Le *citoyen-du-monde-téléspectateur*... Il va falloir s'y faire : surfant désormais sur la vague de la mondialisation, le *citoyen-de-chez-nous* n'a pas fini de nous enquiquiner !

26. *Le Français au bureau* (4ᵉ éd.), *op. cit.*, p. 152, 177.

pas au fil des éditions : « Pour la formation et l'expérience professionnelle, c'est l'ordre chronologique inversé [...] qu'on retient généralement[27] ». C'est en fait, encore une fois, celui qu'on *choisit*, qu'on *utilise* ou qu'on *adopte*. Enfin, signalons un emploi franchement insolite, qui est apparu celui-là dans la quatrième édition : « les deux chiffres retenus pour noter l'année ou les années ne doivent pas être précédés d'une apostrophe[28] ». En français standard, on dirait : *les chiffres* utilisés *pour* écrire *l'année*...

Puisque cet emploi n'a attiré l'attention de personne à l'Office de la langue française, il n'est sans doute pas inutile, pour éclairer le lecteur, de lui faire passer ici l'épreuve du dictionnaire. Parmi toutes les acceptions du verbe *retenir* que donne le *Petit Robert*, les deux seules qui pourraient avoir un vague rapport avec ce que les auteurs du *Français au bureau* entendent par *emplois à retenir* sont : « Conserver, garder dans sa mémoire, ne pas oublier » et « Prendre en considération (un fait ou une idée) pour en tirer parti ; prendre comme élément d'appréciation, objet de réflexion ou d'étude, comme ligne de conduite, etc. » La première définition doit être exclue d'emblée, les listes d'expressions fautives n'étant pas des exercices de mémorisation : il ne viendrait pas à l'idée d'opposer *à éviter* à *à mémoriser*. La seconde est tout aussi impropre, en fait, les expressions « à retenir » ne devant faire l'objet d'aucune évaluation de la part du locuteur. Bien au contraire, même, elles lui sont désignées d'autorité comme appartenant à l'usage soigné. C'est toutefois vraisemblablement à partir de cette acception que le glissement de sens de *retenir* à *choisir* s'est produit, les choses prises en considération ou pour objet de réflexion ayant souvent d'abord été « retenues » au sens propre, c'est-à-dire conservées, par rapport à d'autres qui ont été éliminées. En clair, elles ont été *choisies*. Un des exemples de cet emploi qu'on trouve le plus fréquemment dans les dictionnaires est « retenir la candidature de quelqu'un », où l'idée de choix est très claire : le candidat retenu a généralement été sélectionné parmi l'ensemble des candidatures soumises, dont la plupart sont généralement rejetées. Toutefois, sa candidature n'est pas la seule à avoir été retenue, c'est pourquoi on ne peut pas tout simplement dire qu'il a été *choisi*. De même qu'il est inexact de dire du candidat qui a été choisi pour occuper un poste qu'il est *le*

---

27. *Le Français au bureau* (5ᵉ éd.), *op. cit.*, p. 37, 88.
28. *Le Français au bureau* (4ᵉ éd.), *op. cit.*, p. 223.

candidat *retenu*. C'est pourtant un usage tout à fait courant dans ce qu'on appelle le québécois standard.

Si bien que, de toute évidence, il n'a fait sourciller personne parmi l'équipe de rédaction du *Français au bureau*. Et il est permis de penser que l'auteur du *Multidictionnaire* n'aurait pas non plus été alertée par cette extension de sens, dont on trouve en fait de nombreuses attestations sous sa signature. Dans cette phrase, par exemple, tirée d'un article paru dans la revue *Terminogramme*, où la lexicographe, parlant du *Français au bureau*, reprend exacte- ment les termes qui y sont employés : « il propose un vocabulaire exact, souligne les formes fautives à éviter et propose les formes correctes à retenir » — qui sont *les formes correctes à employer*, ou encore *les formes correctes* tout simplement. On relève encore deux autres exemples intéressants dans le même article. Dans l'énoncé suivant, comme dans le précédent, le verbe *retenir* pour- rait parfaitement être remplacé par *employer* : « Dans l'*Énoncé d'une politique linguistique relative aux Québécismes* que l'Office de la langue française publie en 1985, c'est le terme *québécisme* qui est retenu pour désigner les mots, les expressions ou leur sens qui appartiennent en propre au français québécois ». On voulait évidemment dire : *c'est le terme québécisme qui est employé pour désigner*. Il suffirait ici toutefois qu'on change le temps du verbe, et que plutôt que *est retenu* on ait *a été retenu*, pour que l'idée de choix s'impose à l'esprit, auquel cas on dirait que c'est le terme *québécisme* qui *a été choisi* pour désigner. Il y a clairement — si l'on peut dire — télescopage de deux idées dans cette formula- tion : l'*emploi* même du terme, et le fait qu'on l'ait d'abord *choisi*. Dans cet autre exemple, *retenir* prend essentiellement le sens de *choisir, adopter* : « La Commission générale de terminologie et de néologie de France s'est penchée sur la même question l'an dernier ; elle n'a pas retenu le néologisme québécois [*dépanneur*] et lui a préféré la création *bazarette*[29]. » Si, comme il est dit, la Commission « a préféré » *bazarette* à *dépanneur*, c'est nécessai- rement qu'elle s'était penchée sur le québécisme, qui par consé- quent avait bel et bien *été retenu*. On ne peut rejeter qu'une chose qu'on a *prise en considération*, ce qui est bien le sens de *retenir*.

Sens qui manifestement échappe à l'auteur du *Multi*, pour qui la formulation *retenir un mot* semble être devenue la façon courante de dire *employer un mot*, même quand l'idée de choix

---

29. « La contribution de l'Office de la langue française à l'élaboration d'une norme linguis- tique au Québec », art. cit., p. 28, 40, 32.

est totalement absente. Exemple éloquent tiré du texte d'une communication: «Ces québécismes sont neutres, pour ainsi dire: ils ne semblent pas retenus par les auteurs des textes journalistiques pour leur expressivité particulière ou leur valeur stylistique et il n'est pas certain que ceux-ci les distinguent toujours des mots du français standard.» Si on a des raisons de croire que ceux qui emploient les québécismes en question ne sont pas conscients qu'il s'agit de particularismes, on ne devrait même pas dire qu'ils les choisissent. Et, à plus forte raison, encore moins qu'ils les «retiennent». Autre exemple tiré du même texte: «ces québécismes [*présentement* et *possiblement*] appartiennent au registre courant de l'écriture et sont retenus par les journalistes aussi bien que les chroniqueurs des titres de presse *Le Devoir* et *La Presse*». Ces adverbes sont *employés*... tout simplement. Là encore, il n'y a même pas de raison de croire que les journalistes font consciemment un choix en employant ces adverbes, qui, comme le dit l'auteur, sont d'usage courant au Québec.

Enfin, cet autre exemple où le solécisme s'ajoute au barbarisme pour le mettre en évidence: «La direction de ce titre de presse [...] contribue ainsi à la diffusion du titre féminin proposé officiellement [*chercheuse*], et ce, même si ce féminin est peu retenu par les titulaires[30].» Ce féminin «peu retenu» est en fait *peu employé*. Le choix même de l'adverbe trahit encore une fois la confusion entre l'emploi — on dit en effet *peu employé* — et le choix: on ne dirait pas d'un mot qu'il est *peu choisi*, mais qu'il est *rarement choisi*. Ou *rarement retenu*, lorsque le verbe *retenir* convient, ce qui n'est absolument pas le cas ici.

Il ne reste qu'à espérer que l'auteur du *Multi* n'introduise pas cet emploi impropre dans un exemple le jour où elle entreprendra d'étoffer la définition de *retenir* qu'on trouve dans son dictionnaire... qui ne donne même pas la seule acception du verbe qui comporte la notion de choix.

---

30. M.-É. de Villers, «La presse écrite: illustration d'une norme implicite», dans *La représentation de la norme dans les pratiques terminologiques et lexicographiques*, Actes du 69e Congrès de l'ACFAS, coll. «Langues et sociétés», n° 39, Office de la langue française, 2002, p. 51, 56, 65.

FAIRE RÉFÉRENCE

Le *Dictionnaire québécois-français* recense l'expression *faire référence à* au sens de *faire allusion à, renvoyer à, évoquer,* en donnant ces emplois pour des calques de l'anglais *to make reference to.* C'est curieusement le seul ouvrage à avoir consigné ces anglicismes. Je dis curieusement, parce que l'influence de l'anglais dans certains emplois impropres de la notion de *référence* est bien connue et est déjà signalée par de nombreux auteurs d'ouvrages sur les difficultés. On est d'abord tenté de penser que l'expression même est calquée sur l'anglais, car elle n'est consigée ni dans le *Petit Robert* ni dans le *Grand Robert*. Mais on la trouve bien dans le *Grand Dictionnaire encyclopédique Larousse* — qui, il est vrai, n'est pas sourcilleux en ce qui a trait aux anglicismes —, définie comme suit : «*Faire référence à qqch, à qqn,* s'y rapporter, y avoir trait, en parlant de qqch ; s'y référer, en faire mention, les prendre comme référence.»

Voyons donc si on peut trouver quelque chose pour nous éclairer sur cet emploi dans le *Multidictionnaire*. À l'entrée *référence*, l'expression *faire référence à* a été recensée, définie comme suit : « Se reporter à, s'appuyer sur. *Nous faisons référence au jugement rendu l'an dernier.* » Cette définition est nettement plus restrictive que celle du dictionnaire français, seule l'expression *s'appuyer sur* pouvant avoir une chose pour sujet, et encore uniquement des noms comportant la notion d'idées (thèse, affirmation, soupçon...). Elle ne peut par ailleurs absolument pas rendre compte des québécismes signalés dans le *Dictionnaire québécois-français*, illustrés notamment par cet exemple : « "En politique, toutes sortes de motifs peuvent jouer." L'ex-leader du PLQ faisait référence au score obtenu par Lucien Bouchard [...] au cours du congrès de son parti... » On comprend ici que l'ex-leader faisait tout simplement *allusion* au «score» de l'ancien premier ministre. La définition du *Multi* ne peut pas non plus rendre compte de l'emploi qui est fait de l'expression dans cette définition du français québécois standard donnée par Pierre Martel et Hélène Cajolet-Laganière : «Par standard, nous faisons référence à un usage valorisé, servant de modèle, et utilisé dans tout genre de communications publiques et officielles[31].» Les linguistes veulent ici dire : *par standard, nous entendons un usage valorisé...*

---

31. *Le Français québécois, op. cit.,* p. 18.

La définition que donne le *Multidictionnaire* de *faire référence* correspond en fait à l'expression *se référer*, qui est d'ailleurs définie par la lexicographe exactement dans les mêmes termes. Selon le *Multi*, *faire référence à* et *se référer à* seraient donc des expressions parfaitement synonymes. Nous ne sommes pas au bout de nos surprises, car la lexicographe recourt à *faire référence* pour définir l'acception linguistique du verbe *référer* : « (LING.) Faire référence à. *Le québécisme bleuet réfère à une variété d'airelles voisine de la myrtille.* » L'auteur du *Multi* se trouve ici à employer *faire référence* dans un sens qui n'est pas du tout celui qu'elle en a elle-même donné : dans l'énoncé *bleuet réfère à une variété d'airelle*, il est évident que *réfère* ne signifie pas *se reporter à, s'appuyer sur*. Et pour comble, en linguistique, on ne dit pas, de toute manière, qu'un mot fait référence à quelque chose. Voyons la définition que le *Petit Robert* donne de la même acception : « LING. *Référer à* : avoir pour référent. » Le *Grand Robert* quant à lui donne comme définition *renvoyer à*. Il signale en outre que l'expression *référer à* vient de l'anglais *to refer*, et propose la forme « normale » *se référer à* — car en français le verbe ne s'emploie qu'à la forme pronominale ou avec la particule *en*. Renseignements que ne donne pas le *Multi*, et qu'on s'attendrait pourtant à trouver dans un dictionnaire de difficultés. À plus forte raison parce que de nombreux emplois de *référer à* sont signalés comme anglicismes, et que l'utilisateur de l'ouvrage risque fort de ne pas comprendre où réside exactement l'influence de l'anglais si on lui donne à penser que la forme *référer à*, dans l'acception linguistique, est parfaitement française.

Conclusion : avant de songer à signaler certains emplois abusifs de *faire référence*, l'équipe de rédaction du *Multidictionnaire* devra se pencher sérieusement sur la définition de l'expression.

PATINS À ROUES ALIGNÉES

Pour nous reposer de ces fastidieuses analyses sémantiques, quittons un moment le vocabulaire abstrait et allons voir ce que le *Multidictionnaire* dit sur les fameux « patins à roues alignées ». À l'entrée *patin*, on trouve notre saugrenu *patin à roues*, en bonne compagnie avec le non moins saugrenu *patin en ligne* : « Patin en ligne, patin à roues alignées : Chaussure dont la semelle est pourvue de roulettes alignées à la manière du patin à glace. » Voilà, le patin à roues est un patin muni de roulettes... Trouvez l'erreur ! Et il n'y a pas un mot non plus sur l'incongruité syntaxique que constitue le calque *patin en ligne*. Nous en dirons un, quant à nous, sur la maladresse syntaxique que recèle la définition. Relisons attentivement la fin de l'énoncé : *pourvue de roulettes alignées à la manière du patin à glace...* Le complément introduit par *à la manière de* ne peut logiquement se rapporter qu'au participe *alignées*. Or des roulettes ne peuvent évidemment pas être alignées à la manière d'un patin ; elles peuvent toutefois l'être à la manière *de la lame* d'un patin, ou mieux : *au centre de la semelle, comme la lame d'un patin à glace.*

EXPERTISE

C'est le secrétaire perpétuel de l'Académie française, Maurice Druon, qui le dit : «Le premier qui, prenant un mot pour un autre, écrivit *expertise* au lieu d'*expérience*, pour parler des connaissances spécialisées ou de la compétence de quelqu'un, a fait tristement école.» Tant et si bien d'ailleurs que, triste ou pas triste, *Larousse* et *Robert* ont consacré l'usage. Mais l'opiniâtre académicien ne l'entend pas de cette oreille! On insiste : «L'Académie a d'ailleurs pris soin (Dictionnaire, 9ᵉ édition — Documents administratifs du *Journal officiel* — 20 octobre 1993, *Éternel* à *Exploit*) d'introduire cette remarque normative : "Est à bannir : *Expertise, employé absolument dans le sens de compétence, savoir-faire, compétence d'une personne experte.*" Avons-nous été assez clairs[32] ?»

Pour claire qu'elle fût, la condamnation n'a manifestement pas été entendue en francophonie d'Amérique. Et c'est peu dire : non seulement l'Office de la langue française a approuvé l'expression, mais il en a fait une recommandation officielle. C'est ce qu'on peut apprendre dans le *Multidictionnaire*, à l'entrée *expertise* : «connaissance et compétence d'expert. (Recomm. off. OLF)». On aura remarqué que, comme pour la plupart des anglicismes approuvés par l'Office, les antécédents anglais de l'expression sont soigneusement passés sous silence. Par comparaison le *Petit Robert* signale : «d'après l'anglais, mais conforme à l'étymologie». Le mot est en outre présenté à titre de recommandation officielle, sans, curieusement, qu'on précise de préférence à quelle expression, quel emprunt lexical, l'Office recommande de l'employer. Or il s'agit vraisemblablement de *know how*, qu'en France on a remplacé par *savoir-faire* — aujourd'hui

---

32. M. Druon, *Le «Bon Français»*, Paris, Éditions du Rocher, 1999, p. 21, 22.

bien introduit dans l'usage, contrairement à *expertise*. On s'attendrait, dans un dictionnaire de difficultés, à pouvoir faire le choix entre l'emprunt à l'anglais *expertise* et l'expression, limpide et bien française, *savoir-faire*. Malheureusement, il n'y a même pas de renvoi d'une entrée à l'autre. Quant à l'article *savoir-faire*, on y lit : «Ensemble des connaissances techniques d'une personne, d'une entreprise qui peuvent être mises à la disposition d'autrui, à titre onéreux ou gratuit. *Le savoir-faire technologique* (et non le *know-how*).»

L'avantage de *savoir-faire* par rapport à *expertise* est que l'expression même évoque automatiquement la notion de *technique*, et par extension de *technologie*. C'est pourquoi je dis qu'elle est limpide. Avec *expertise*, au contraire, la confusion s'est rapidement installée entre les notions d'*expérience* et d'*expert* ; et d'autant plus facilement que l'expert est généralement quelqu'un qui a de l'expérience. Mais l'expérience à elle seule ne fait pas l'expert. Dans la notion d'*expert*, il y a, comme dans *savoir-faire*, l'idée de technique. On n'est pas un expert en philosophie ou en littérature, par exemple. On souhaiterait donc au moins trouver, dans un dictionnaire de difficultés, une mise en garde contre les emplois abusifs d'*expertise*, qui sont monnaie courante au Québec, où *expérience* semble en passe de devenir un archaïsme. Et où *expertise* triomphe dans sa fonction de pédanterie fourre-tout, qui remplace aussi bien *compétence* que *domaine, spécialité, qualifications* ou *formation*. Et bien d'autres notions plus ou moins connexes… Sans parler du fait que cet anglicisme en entraîne souvent un autre : on dit en effet en québécois standard *développer une expertise*, alors que l'expertise, ou le savoir-faire, cela *s'acquiert*. À titre d'exemple d'un emploi tout à fait fantaisiste d'*expertise*, cet énoncé dans lequel les aménagistes Pierre Martel et Hélène Cajolet-Laganière expliquent les critères d'après lesquels ils ont constitué un corpus de textes : «Parmi l'ensemble de ces mémoires, nous en avons choisi 100 en fonction de critères précis (texte original français, provenance régionale, sexe et expertise des auteurs, etc.) de manière à obtenir une représentativité valable de la signature [?] individuelle ou collective[33].» Hors contexte, on croirait que les mémoires en question, dont les auteurs ont «une expertise», avaient été soumis devant quelque commission sur l'état de la recherche en technologie. Il

---

33. P. Martel, H. Cajolet-Laganière et N. Vincent, «Le français québécois et la légitimité de sa description», *Revue québécoise de linguistique, op. cit.*, p. 97.

n'en est rien: il s'agit en fait des mémoires présentés devant la Commission Bélanger-Campeau, qui a vu défiler, ainsi que les linguistes eux-mêmes le précisent quelques lignes plus haut, écrivains, historiens, professeurs d'université et représentants d'associations diverses. Voilà comment on égare ses lecteurs! Qu'entend-on au juste par «expertise des auteurs»? Parions qu'on ne veut rien dire d'autre que «question abordée» par les auteurs, développement économique, souveraineté, etc. On voit mal, en tout cas, comment les linguistes auraient pu constituer un corpus représentatif, comme ils en expriment le souhait, en éliminant les mémoires de tous ceux qui ne pouvaient prétendre à aucune «expertise». Un exemple comme celui-là donne une idée des énigmes que peuvent poser certains emplois de ce néologisme de sens. On parlerait d'ailleurs plus justement de *néologismes de sens*, au pluriel.

Malheureusement, il faudra sans doute attendre encore longtemps avant que le *Multi* ne signale ces abus, dont on trouve un exemple dans la langue même de son auteur: «Dans le domaine de l'affichage commercial, les agences de publicité — appelées à jouer un rôle conseil de par leur expertise technique — ont rapidement diffusé le terme *solde* en remplacement du mot *vente*[34]». On se demande, ici encore, de quelle «expertise», et surtout de quelle pléonastique «expertise technique», il peut bien s'agir en ce qui concerne une agence de publicité. D'autant qu'il est question du simple choix du mot juste dans l'affichage. On ne voit guère d'autre façon de rendre l'idée en français courant qu'en disant que ces agences *sont bien placées* pour faciliter la diffusion des mots justes.

Là, M. Druon ne serait franchement pas content!

VALIDER

Le verbe *valider* connaît depuis plus d'une quinzaine d'années une extension de sens, qui semble devoir s'introduire durablement dans l'usage. Je dis une extension de sens, je devrais dire deux. Et cela ajoute au problème: non seulement l'emploi est impropre, mais souvent le sens n'est pas clair. J'ai signalé ce nouveau barbarisme dans *Le Maquignon*, pour simplifier les choses, dans la plus courante de ses nouvelles acceptions,

---

34. «L'aménagement des usages dans une perspective qualitative: au-delà de l'aménagement de statut», art. cit., p.663.

c'est-à-dire au sens de *vérifier*. Entre autres exemples, je citais ce commentaire d'un journaliste sur une série d'interviews qu'il avait réalisées avec de grands écrivains : «C'était l'occasion pour moi d'aller valider des impressions auprès de personnalités[35].» On comprend bien ici qu'il s'agissait, au départ, d'aller *vérifier* des impressions. Mais en fait, *valider* peut aussi prendre le sens de *confirmer* ou d'*approuver*, comme dans ce commentaire d'une ministre exprimant sa satisfaction devant la réforme du Code du travail : «Pour moi, ça valide qu'on est sur une très bonne piste[36].» Il est clair que *valider* signifie ici *confirmer*. Cela est d'ailleurs d'autant plus clair qu'on reconnaît dans le tour *valider que* — qui ajoute le solécisme au barbarisme — le calque de *confirmer que*.

Voilà deux emplois impropres de *valider*, dont, dans un contexte clair, on peut toutefois saisir immédiatement le sens. Mais que veut dire au juste l'animateur de radio qui, à propos de fuites de renseignements à la Société de l'assurance automobile, parle de «soupçons non validés[37]» : soupçons non fondés ou soupçons qui n'ont pas encore fait l'objet d'une vérification, d'une enquête ? Seul le souvenir de l'affaire en question me permettrait aujourd'hui d'interpréter correctement le sens de la notion de *validation* dans cet énoncé. De même, quand on lit en gros titre dans un quotidien : «Un expert valide l'explication de Chrétien», il faut lire le sous-titre pour comprendre que l'expert en question n'en est plus à l'étape de la vérification : «En 1999, le premier ministre n'était plus propriétaire du golf de Grand-Mère, même s'il n'avait pas été payé[38]». L'expert ne «valide» pas, en fait, il *confirme* ; et il ne confirme pas après avoir «validé», mais après avoir *vérifié*.

La faute est si répandue qu'il n'est sans doute pas inutile de rappeler la définition que le *Petit Robert* donne de *valider* : «Rendre ou déclarer valide» ; et de *valide* : «Qui présente les conditions requises pour produire son effet ; qui n'est entaché d'aucune cause de nullité.» Si on s'en tient au sens français de la notion de *validation*, peu de choses en fait peuvent être *validées* ou dites *valides* (passeport, élection, ticket...). Comment la confusion s'est-elle installée entre *valider, vérifier* et *confirmer* ? Un coup d'œil à la définition de l'anglais *validate* pourrait peut-être nous mettre sur la piste : «Check *or* prove *the validity or accuracy of (something)*».

35. *Rayon musique*, deuxième chaîne de Radio-Canada, 18 mars 1995.

36. *Le Midi-15*, première chaîne de Radio-Canada, 21 décembre 2000.

37. *La Tribune du Québec*, première chaîne de Radio-Canada, 21 novembre 2001.

38. *La Presse*, 27 mars 2001, p. A4.

Check or *prove*... Tout s'éclaire. L'anglophone qui utilise ce verbe, et qui connaît bien sa langue, sait que le contexte doit être très précis pour éviter toute confusion. Tout comme, d'ailleurs, le francophone qui utilise le verbe *vérifier*, qui a conservé de son étymologie latine le sens de *confirmer* et dont la signification peut par conséquent aussi être ambiguë. Malheureusement, il n'en va pas de même du francophone qui emploie improprement le verbe *valider*, et qui n'est vraisemblablement même pas conscient de l'impropriété.

Notons que l'anglicisme s'est également introduit dans les pays francophones d'Europe, notamment dans le domaine de la gestion. On parle, par exemple, de «protocoles de validation» dans les entreprises, pour évaluer la qualité de la production. Mais c'est sans doute le vocabulaire de l'informatique qui a le plus contribué à sa diffusion, par des calques comme *validation de données* (*data validation*) et *validation de concepts* (*concept validation*). En Europe toutefois, l'anglicisme semble être limité à des emplois où il est question de processus rigoureux et complexes devant mener à une approbation, une homologation. Au Québec, il est rapidement devenu d'usage tout à fait courant : on ne vérifie plus, on valide ! Et ça ne confirme plus, ça valide... Pour témoigner de la diffusion de cet anglicisme, voici trois attestations relevées sous la signature de linguistes que nous connaissons bien. La première est tirée d'un article du directeur linguistique du *Multidictionnaire*, Jean-Claude Corbeil : «Si le texte contient des mots qui ne figurent pas dans le dictionnaire du correcteur, un message apparaît qui demande à l'auteur de valider l'existence du mot[39].» Il s'agit, de toute évidence, de *vérifier* si le mot existe. On hésite ici à parler d'impropriété, vu le contexte : il est question de correcteur informatisé. Mais on souhaiterait un peu plus de rigueur : faut-il introduire dans la langue courante tous les emprunts sémantiques du vocabulaire de l'informatique ? Cette rigueur, on la souhaiterait à plus forte raison parce que, dans l'article en question, publié en France, l'aménagiste ne rate pas l'occasion de vanter la créativité terminologique de ses compatriotes. J'échangerais bien, quant à moi, nos troupes de choc de la néologie contre deux ou trois linguistes qui connaissent assez bien le français pour ne pas tomber tête première dans tous les pièges sémantiques.

---

39. J.-C. Corbeil, «Informatique», dans *« Tu parles !? Le français dans tous ses états*, Paris, Flammarion, 2000, p. 131.

Nous devons la seconde attestation à Pierre Martel et Hélène Cajolet-Laganière, qui parlent ici des résultats d'une enquête sur… les anglicismes : «Certes, ces données devront être validées dans des corpus plus vastes, mais elles nous incitent déjà à analyser le phénomène de l'anglicisation au Québec avec un regard plus objectif[40].» Ici encore, *valider* prend le sens de *vérifier*. Et cet emploi impropre nous incite quant à nous à penser que les deux aménagistes ne sont peut-être pas les linguistes les plus compétents pour faire des enquêtes sur les anglicismes. (Nous y reviendrons d'ailleurs plus loin.)

La troisième attestation met un terme à tout espoir de trouver la faute recensée dans le *Multi*, puisque c'est à son auteur même que nous la devons : «La presse écrite — maintenant informatisée — est un laboratoire linguistique de premier ordre qui permet aux lexicographes de recenser des faits, des innovations, des évolutions, de valider, de mettre à jour et d'enrichir la description de l'usage d'une langue[41].» Que peut vouloir dire, pour un lexicographe, *valider la description de l'usage d'une langue*? Je risquerais : *vérifier si sa description de l'usage est juste*.

Notons que, si l'étude de la presse écrite permet au lexicographe de «recenser des évolutions», en ce qui concerne les extensions de sens du verbe *valider*, les textes rédigés par les professeurs de l'École des hautes études commerciales — où l'auteur du *Multi* est responsable de la «qualité de la communication» — le permettent aussi certainement, depuis des années.

METTRE DE L'AVANT

Mettre de l'avant est une de ces expressions fautives qui, bien que très répandues depuis longtemps, n'ont jamais attiré l'attention des auteurs d'ouvrages sur les difficultés. On ne la trouve en tout cas ni chez Colpron ni chez Dagenais. À ma connaissance, le *Dictionnaire québécois-français* est le premier à l'avoir consignée. Quelques années plus tard, on la retrouvait dans l'ouvrage d'un ancien animateur de Radio-Canada, Camil Bouchard, *1 300 pièges du français parlé et écrit au Québec et au Canada*. Les deux auteurs donnent à l'expression le sens de *mettre en avant*, c'est-à-dire de *proposer*. Le *Dictionnaire québécois-français* la donne

---

40. «Le français au Québec : un standard à décrire et des usages à hiérarchiser», art. cit., p. 386.
41. «La presse écrite : illustration d'une norme implicite», art. cit., p. 50.

en outre pour un calque de l'anglais *put forward*. J'avais moi-même signalé rapidement l'expression dans *Le Maquignon*, sans en donner le sens que j'estimais connu, en la présentant comme un télescopage de *mettre en avant* et d'*aller de l'avant*.

Si l'idée de ce télescopage m'est venue à l'esprit, c'est que, contrairement à ce que disent les deux auteurs qui ont recensé l'expression, elle n'a pas toujours le sens de *mettre en avant*, de *proposer*. Elle est aussi parfois enployée au sens de *mettre en œuvre*, autrement dit d'*aller de l'avant*. Voici un exemple où *mettre en avant* a très clairement ce sens : «Cette stratégie devra bonifier les efforts qui seront mis de l'avant par le Bureau d'information du Canada[42].» On ne peut guère proposer des efforts, il nous semble. Autre exemple : «L'accessibilité du livre est au centre de la Politique du livre et de la lecture mise de l'avant en 1998[43].» La majuscule à *politique*, l'emploi du verbe au présent dans *est au centre de* et la précision relative à l'année, tout indique que l'auteur veut dire que la politique en question a été *adoptée*. Tout comme l'ont été les mesures «mises de l'avant» par le Parti québécois auxquelles fait allusion ici un journaliste du *Devoir* : «Le déficit de crédibilité dont souffre le PQ est tel que certains voient les mesures authentiquement progressistes mises de l'avant au cours des derniers mois, qu'il s'agisse de la Loi sur la lutte contre la pauvreté, de la révision des normes du travail ou encore de l'union civile, comme autant de manifestations d'opportunisme électoral[44].»

On imagine aisément les risques de confusion que présente une expression qui peut prendre tantôt le sens de *proposer*, tantôt le sens d'*adopter*, de *mettre en œuvre*. Sans parler du fait qu'elle est inconnue en français standard, et sans doute obscure pour les autres francophones, même dans son sens le plus courant. Voilà donc qui justifierait un traitement normatif sévère dans le *Multidictionnaire*. Mais nous n'en trouverons sans doute pas de sitôt, si on en juge par cette attestation de la faute tirée d'un article très récent de l'auteur du *Multi* : «Si cet énoncé a été peu diffusé et n'est guère connu du public, par contre, les règles qu'il met de l'avant ne rompent aucunement avec la tradition linguistique

---

42. «Pas un, ni deux mais trois rapports quasi identiques», *Le Devoir*, 21 mars 2002, p. A 3.
43. «Pour que le livre soit écrit, publié et diffusé partout au Québec», *Le Devoir*, 8 juin 2000, p. A 6.
44. «Le moindre mal», *Le Devoir*, 28 janvier 2003, p. A 3.

des Québécois[45]». Nous constatons quant à nous, encore une fois, que la langue de l'auteur du *Multi*, non plus, ne rompt pas avec la tradition linguistique des Québécois.

RECTITUDE

Parmi les quelques «nouveaux barbarismes» que je mentionnais dans *Le Maquignon*, figurait l'expression *rectitude politique*, à propos de laquelle je signalais le peu de résistance que lui ont opposé les locuteurs modèles du québécois standard. Je ne savais pas si bien dire: j'ignorais à l'époque qu'on venait même de la consacrer dans la plus récente édition du *Multidictionnaire*. Comme si de rien n'était. Comme s'il n'y avait rien d'étonnant à ce qu'on recoure à un mot désignant une qualité morale ou intellectuelle, *rectitude*, pour traduire l'idée d'un conformisme idéologique imposé par une gauche doctrinaire et bien-pensante.

À la lecture de la définition qu'elle en donne, on en vient d'ailleurs à se demander si l'auteur du *Multi* comprend vraiment l'expression: «Rectitude politique. Façon de penser et de s'exprimer qui convient, conforme au bon ton, qui ne choque pas dans un milieu donné.» Si ce n'était du verbe *penser*, on pourrait croire que la «rectitude politique» ressortit plus ou moins aux bonnes manières. Ce que des écrivains français ont pu appeler «l'ordre moral amerloque» (Gabriel Matzneff) ou «le chantage à la décence idéologique» (Renaud Camus) n'est certainement pas une simple «façon» de penser et de s'exprimer: ce n'est ni plus ni moins qu'une forme de censure, une censure *soft*. Voici d'ailleurs un emploi très explicite de l'expression — d'une variante, en fait — relevé dans une réplique de l'auteur du *Multi* à l'essayiste Pierre Monette: «D'après l'auteur, le carcan de la rectitude linguistique menacerait la liberté d'expression[46].» L'évocation du carcan rend bien l'idée de contrainte, qui manque justement dans la définition que donne la lexicographe. Mais, quoi qu'il en soit de la

---

45. «La contribution de l'Office de la langue française à l'élaboration d'une norme linguistique au Québec», art. cit., p. 42. Il est impossible de passer sous silence le barbarisme sur lequel se termine cet article: «l'Office de la langue française [...] reçoit sa légitimité par [*sic*] la mission essentielle dont il est investi depuis quatre décennies par la législation linguistique du Québec» (*ibid.*, p. 43). L'expression consacrée est *tenir sa légitimité de*. On peut aussi dire *être investi d'une légitimité par*, mais le verbe *investir* est utilisé plus loin dans la phrase. Est-ce ce qui a amené la linguiste à se rabattre, on ne peut plus fâcheusement, sur *recevoir*?

46. M.-É. de Villers, «Pour en finir avec les défaitistes de la culture québécoise», *Le Devoir*, 5 novembre 1996, p. A7.

justesse de cette définition, on se demande comment l'auteur du *Multi* peut, ayant défini la *rectitude* comme étant la «qualité de ce qui est droit, exact» et donné comme synonymes *exactitude* et *rigueur*, ne pas voir qu'il n'y a aucun rapport entre ce qui *convient*, est de *bon ton* et *ne choque pas*, et les notions de *droiture* et de *rigueur*.

Le fait qu'il n'y ait qu'au Québec qu'on ait traduit *political correctness* par *rectitude politique* devrait suffire à mettre la puce à l'oreille. En fait, la notion de *correction* rend infiniment mieux l'anglais *correctness*, et seule la hantise du calque nous en a détournés. Notre méconnaissance du vocabulaire abstrait et une parenté étymologique faisant le reste, nous nous sommes rabattus sur *rectitude*. La remarque laconique qui accompagne la traduction québécoise de *political correctness* dans le *Dictionnaire québécois-français* met exactement le doigt sur le bobo sémantique : «en français standard, "rectitude" désigne ce qui est droit, rigoureux : c'est un terme positif ; en revanche, l'expression "political correctness" est prise en mauvaise part ; c'est une expression négative». Bien épinglé : la notion de *rectitude*, essentiellement positive, prend dans cette expression une connotation péjorative — glissement que la définition édulcorée du *Multi* se trouve d'ailleurs à gommer. Comme c'est à peu près le seul contexte dans lequel on entend le mot — qu'on commence en outre à employer dans ce sens sans même l'assortir de l'épithète *politique*[47] —, le détournement de sens va tranquillement s'enraciner dans l'usage. Avec la bénédiction de notre dictionnaire des difficultés de la langue. Allez maintenant essayer de corriger la faute…

Et inutile de chercher appui auprès du conseiller linguistique de Radio-Canada, qui, guère plus perspicace, se contente lui aussi d'enregistrer l'expression dans son petit ouvrage : «Quant aux équivalents [de *political correctness*], on a tout d'abord proposé le terme NOUVELLE ORTHODOXIE, qui ne s'est pas vraiment implanté. C'est dommage d'ailleurs, car il s'agit réellement du terme le plus juste. On peut aussi parler d'**orthodoxie intellectuelle** et d'**orthodoxie politique**, C'est toutefois l'expression RECTITUDE POLITIQUE

---

47. Témoin cet intertitre relevé dans un essai critique consacré à la Commission Larose, «La rectitude triomphante» (*Larose n'est pas Larousse*, op. cit., p. 64). Autre exemple, plus explicite : «L'anathème est prononcé, et les rats du nouveau bénitier de la rectitude pourront dormir en paix : l'hérésie ne se propagera plus, les nouveaux prêtres de l'orthodoxie ayant tonné du haut de leur chaire universitaire.» («Les anthropologues et le mythe des peuples primitifs», *Le Devoir*, 4 décembre 2002, p. A 9.) On notera qu'en québécois standard ce sont les rats qui hantent les bénitiers. Les grenouilles se seront sans doute «relocalisées» dans les égouts laissés vacants par leurs anciens squatteurs.

qui s'est imposée[48].» Mais encore, que faut-il en penser? À quoi bon déplorer qu'une expression juste ne se soit pas « vraiment implantée» — se serait-elle *un petit peu implantée*? —, si c'est pour donner tacitement son imprimatur à une impropriété aussi flagrante que cet emploi de *rectitude*.

---

48. G. Bertrand, *400 capsules linguistiques, op. cit.*, p. 138.

CHAPITRE SEPT

LE BON DIEU SANS CONFESSION

C'est bien là justement que le bât blesse: chez la nouvelle génération de «grammairiens», des distorsions sémantiques de cet ordre ne semblent pas éveiller la moindre suspicion. C'est à se demander si la réputation de nos gardiens du bon usage ne serait pas quelque peu surfaite. Et si leur compétence se résumait à faire des recherches dans les ouvrages des autres? C'est la question qu'on se pose devant les lacunes du *Multidictionnaire*. Et c'est le même doute qui nous assaille à la lecture du petit ouvrage qui, un an après le *Multi* — et s'en autorisant peut-être —, consacrait à son tour la maladroite traduction de *political correctness*.

Traducteur de formation, justement, l'auteur présente depuis une douzaine d'années de brèves chroniques linguistiques sur la première chaîne de Radio-Canada. C'est un choix de ces chroniques qu'il faisait paraître il y a quelques années sous le titre *400 capsules linguistiques*. Or, en les lisant, on constate que ces «capsules» auraient parfaitement pu être conçues par un simple communicateur, comme on dit maintenant, en glanant à gauche et à droite les sujets, et les explications. Je ne dis pas qu'elles sont dénuées d'intérêt. Je dis que la langue dans laquelle elles nous sont livrées ne témoigne pas d'une maîtrise particulière du français. Avant même de prendre connaissance de l'ouvrage, nous avions été alertée par la langue dans laquelle on en avait fait la promotion à la radio. Pendant des jours, on nous avait asséné deux anglicismes, en nous annonçant benoîtement que l'ouvrage était *disponible* à Radio-Canada, et qu'il *identifiait* les fautes de langage les plus courantes... Parmi les fautes «identifiées» par l'ouvrage, comme de juste, on ne trouve ni *disponible* pour *en vente* ni aucun des nombreux emplois abusifs du verbe *identifier*. On ne peut évidemment pas présumer que le texte en question avait été proposé par l'auteur. Signalons tout de même qu'il a fallu quelques jours avant que la première faute soit corrigée, et que jusqu'à la fin de la promotion, soit pendant environ trois semaines, on a répété tranquillement la seconde.

Quant à l'ouvrage même, voici d'abord, en rafale, les anglicismes qu'on y relève :

À l'entrée intitulée « *Quatre par quatre et tout terrain* », on lit :

« Techniquement, on devrait parler de véhicule à quatre roues motrices. Toutefois, dans la langue courante, on peut également dire un quatre-quatre (rare) ou un quatre par quatre. »

La formulation *quatre par quatre*, pour *quatre sur quatre*, est en fait calquée sur l'anglais. Quant à l'expression *quatre-quatre*, si elle est « rare » au Québec, elle ne l'est pas en France où elle sert couramment à désigner le véhicule en question. Signalons au passage que *tout-terrain* s'écrit avec un trait d'union.

On notera l'emploi de l'adverbe *techniquement*, dans l'énoncé précédent, qui ne gêne pas trop dans ce contexte où il est question de véhicules automobiles. Il en va autrement quand on parle, comme dans ces deux exemples, de *mitaines* et de *bas* : « *Techniquement*, la mitaine est un gant de dame » ; « *Techniquement*, le terme **bas** désigne ce qu'on appelle communément "bas de nylon". »

Si aucun dictionnaire français ne rend compte de cet emploi de *techniquement*, The New Oxford Dictionary of English donne comme première définition de l'adverbe *technically* : « *according to the facts or exact meaning of something ; strictly* : technically, a nut is a single-seeded fruit ». L'exemple est particulièrement éclairant : en anglais, l'adverbe sert à introduire une définition. C'est bien l'usage qui est fait de son équivalent français, tout au long des *400 capsules linguistiques*. On n'en compte pas moins d'une vingtaine d'occurrences, dont voici encore quelques exemples : « *Techniquement*, la musique dite classique est la musique qui a été composée pendant la période classique » ; « *Techniquement*, ondée est synonyme d'averse » ; « *Techniquement*, les sauces ne sont pas utilisées dans les desserts ». Dans certains énoncés, l'adverbe sert à introduire non pas la définition même, mais la simple appellation : « *Techniquement*, ces patins [les *Roller Blades*] s'appellent patins à roulettes alignées. C'est d'ailleurs le terme le plus utilisé actuellement pour désigner ce type de patins[1]. » Utilisé par qui ? Certainement pas par les Québécois, qui disent *patins à roues alignées*. L'occasion était pourtant belle d'épingler ces curieux engins...

---

1. *400 capsules linguistiques, op. cit.,* p. 146, 117, 32, 119, 124, 136, 156.

On relève quelques emplois de l'adjectif *spécifique* au sens de *précis* et de *particulier* :

> «Le terme **surmenage** est également correct, mais un peu moins *spécifique*»; «On peut dire, par exemple : ce produit sera distribué dans des CRÉNEAUX *spécifiques*»; «Il désigne [le mot *élève*] toute personne étudiant dans un lieu d'enseignement *non spécifique*.»

Notons encore, dans le dernier énoncé, la maladresse de la formulation *toute personne étudiant dans un lieu d'enseignement non spécifique*, là où on voulait dire *quel que soit* le lieu d'enseignement — ou plus justement l'*ordre d'enseignement*. L'idée qu'on puisse étudier dans un lieu d'enseignement qui ne serait pas «spécifique» est tout simplement absurde.

> «... pour dire qu'une personne a des talents variés ou qu'elle a des *intérêts très diversifiés*, on ne peut pas dire qu'elle est "versatile"...»

Le linguiste confond ici *intérêts* et *champs d'intérêt* : les *intérêts* de quelqu'un, ce n'est pas ce qui l'intéresse, mais ce qui est dans son intérêt du point de vue pécuniaire, matériel.

> «... lorsque le *genre* du spécifique, en l'occurrence le nom de la rivière, *est facilement identifiable*, on risque peu de se tromper en accordant l'article avec le nom. Par exemple, on dira LA Chaudière et non pas "le" Chaudière, puisque le mot chaudière est féminin...»

L'anglicisme réside ici dans l'emploi de la notion d'*identification*, avec un complément abstrait. Plutôt que *lorsque le genre est facilement identifiable*, on voulait tout simplement dire : *lorsqu'on connaît le genre* ou *lorsque le genre est facile à déterminer.*

> «On peut l'utiliser [le vélo tout-terrain] à la ville comme dans les sentiers et les routes *plus* accidentées»; «Le terme **disque compact** est tout à fait correct. On peut également utiliser le terme **disque audionumérique** dans un contexte *plus* technique.»

Plus accidentées, plus technique... Plus que quoi? En fait, il n'est question en l'occurrence que de *routes accidentées* et de *contexte technique*. Cet emploi abusif de la particule de comparaison *plus* — appelé «comparatif boiteux» — est devenu courant en français québécois sous l'influence de l'anglais.

«REMUE-MÉNINGES [...] type de discussion de groupe dans laquelle chaque membre est poussé à émettre le plus d'idées et de suggestions possible sur une courte *période de temps*»; «Dans le domaine de la radiotélévision, le terme **créneau** désigne également une *période de temps* d'antenne réservé à la diffusion.»

L'expression *période de temps,* pour *laps de temps,* est calquée sur l'anglais. En français, une période, c'est par définition du temps. On notera au passage l'inélégance de la formulation être «poussé» à émettre des idées, pour *être invité, amené, encouragé...*

«Le terme "brûlement" n'*apparaît* pas *dans les dictionnaires.*»

L'emploi d'*apparaître* au sens de *figurer,* qui nous vient de l'anglais, ne s'y trouve pas non plus.

«... pour désigner un chèque signé *dont le montant* n'est pas inscrit, on peut utiliser l'expression CHÈQUE EN BLANC...[2]»

L'emploi de *montant* au sens de *somme* est considéré comme un anglicisme. Au sens français, le montant est essentiellement le chiffre auquel monte un compte.

Outre ces anglicismes, on relève un nombre appréciable de barbarismes divers:

«Le mot **vacance** peut être utilisé au singulier. Par exemple, si on dit qu'il y a une vacance à la haute direction, on veut dire qu'il y a un poste vacant, un *poste à combler* à la haute direction...»

L'expression *poste à combler* est fautive: on dit *pourvoir un poste,* ou *à un poste.*

«**Roulotte** est un terme acceptable, mais il ne désigne pas un *véhicule de loisir*»; «La **chenillette** est une sorte de *véhicule de loisir* tout terrain [*sic*]»; «Dans le cas d'autres activités [non artistiques], il est préférable de remplacer violon d'Ingres par PASSE-TEMPS, *LOISIR* ou *ACTIVITÉ RÉCRÉATIVE.*»

Contrairement à ce qu'affirme l'auteur, on ne peut pas dire *j'ai un loisir,* comme on dit *j'ai un passe-temps.* Il y a une diffé-

2. *Ibid.,* p.75, 122, 76, 177, 94, 37, 52, 43, 122, 44, 40.

rence entre *le loisir*, le temps libre, et *les loisirs*, les distractions qu'on a dans ses temps libres. C'est dans cette dernière acception que le mot est employé dans l'expression *véhicule de loisirs*, où *loisir* prend par conséquent la marque du pluriel. (Ne comptons pas sur le *Multidictionnaire* pour faire voir cette distinction : non seulement la difficulté n'y est pas signalée, mais on ne donne même pas de définition de *loisir* au singulier — bien que l'entrée soit au singulier... On se contente d'en illustrer l'emploi dans deux expressions figées : *à loisir* et *tout à loisir*.)

On relève de nombreux exemples de l'emploi de *retenir* au sens d'*adopter* :

> «En raison de son originalité et de sa pertinence, *le terme* [remue-méninges] *a été retenu* et est maintenant très répandu» ; «... l'expression PUBLICITÉ IMPORTUNE [pour *junk mail*] traduit assez bien l'idée. Il y a eu d'autres propositions, [...] mais *aucune n'a été retenue...*» ; «On a également proposé **journal de tournage** [pour *making of*], mais *le terme n'a pas été retenu*» ; «On a déjà proposé toutes sortes d'équivalents pour remplacer le terme anglais *talk-show* [...], mais *aucun n'a été retenu.*»

Il n'y a aucune idée de présélection ni de choix réfléchi ou de prise en considération dans ces emplois de *retenir*, puisque c'est la collectivité des locuteurs qui est l'agent de l'action. Une population ne *retient* pas une expression, elle l'*adopte*, spontanément ; ou mieux — parce que l'expression traduit bien ce qu'il y a d'inconscient dans le phénomène — celle-ci *passe dans l'usage*.

> «*Certains mots* ont été empruntés au latin par l'anglais et par le français, et *ont adopté un sens* différent dans chaque langue.»

Si une population peut *adopter un mot*, un mot ne peut toutefois pas *adopter un sens*, comme l'écrit ici l'auteur des *400 capsules*. *Adopter* ne peut avoir qu'un sujet de personne ; un mot *prend* un sens.

Dans les trois énoncés suivants, on note l'emploi abusif de *proposition*, pour désigner une simple *suggestion* :

> «Inutile de dire que *la proposition* [*gaminet* pour *t-shirt*] n'a pas été retenue. [...] *Les propositions "chandail-T" et "chemise-T"* n'ont pas été *retenues*» ; «... l'expression PUBLICITÉ IMPORTUNE [pour *junk mail*] traduit assez bien l'idée. *Il y a eu d'autres propositions*, [...] mais *aucune n'a été retenue...*» ;

«Il faut retenir que même si *moufflet* est *une proposition intéres-sante*, **muffin** est tout de même acceptable...[3]»

Hors contexte, l'expression *proposition intéressante*, relevée dans le dernier exemple, évoque tout autre chose que la simple trouvaille terminologique dont il est question. La différence entre la *suggestion* et la *proposition* n'est peut-être pas évidente si on s'en tient aux définitions des dictionnaires, mais l'usage tend à limiter l'emploi de *proposition* à des «suggestions» d'une certaine importance, qui engagent à l'action, entreprise, projet, etc.

Malgré les mises en garde qu'il fait contre la confusion entre *ajouter* et *rajouter* et *joindre* et *rejoindre*, l'auteur emploie lui-même systématiquement — comme le font d'ailleurs la plupart des Québécois — *retrouver* pour *trouver* :

«Les pavés sont des blocs cubiques, semblables à des briques, *qu'on retrouve dans les rues* du Vieux-Montréal et du Vieux-Québec [...]. Dans la plupart des rues des villes modernes, *c'est de l'asphalte qu'on retrouve* et non pas des pavés...»; «Cette invention du début du siècle [le bélinographe] *se retrouve* à peu près uniquement *dans les musées* !»; «*On retrouve* géné-ralement ce genre de kiosque [à musique] *dans les parcs*»; «Dans le Québec de mon enfance, on appelait "buvettes" les petites distributrices d'eau *qu'on retrouve dans les endroits publics*»; «...on utilise familièrement le mot sou pour désigner une pièce de monnaie de peu de valeur. *On retrouve* également ce terme *dans certaines expressions* figées...»; «*On retrouve* la glace noire surtout *sur le tablier des ponts*»; «la neige fondante *sale qu'on retrouve dans les rues* l'hiver s'appelle NÉVASSE...»

En ce qui concerne les deux derniers énoncés, signalons que l'auteur semble ignorer que l'expression *glace noire*, qui désigne tout simplement le verglas, est le calque de l'anglais *black ice*; et que, jusqu'à nouvel ordre, la neige fondante sale ne «s'ap-pelle» pas de la *névasse*, le néologisme ne s'étant pas imposé dans l'usage — ou n'ayant pas été «retenu», comme on dit en québécois standard.

On relève également l'emploi de *retrouver* à propos des mots qui sont recensés dans le dictionnaire :

«Dans le *Petit Robert, on retrouve le mot* **dégrafeur**, qui désigne le même appareil»; «*On retrouve l'expression* "médecines

---

3. *Ibid.*, p. 174, 50, 56, 179, 43, 103, 111, 167, 177, 94, 103, 117.

alternatives" dans quelques dictionnaires»; «*on retrouve* également *la graphie* **fioul** dans certains dictionnaires»; «On retrouve *"vol non-stop"* dans certains dictionnaires, mais son utilisation est encore très contestée...» Et enfin, cet intéressant énoncé où les deux verbes, *retrouver* et *trouver*, sont en concurrence: «*On ne trouve pas* encore le mot **taxage** dans les dictionnaires, *mais on retrouve*, par contre, le verbe **taxer**[4].»

> «Le mot **facture** est le terme générique qu'on utilise pour désigner un état détaillé, précisant la nature, la quantité et *le prix* des marchandises vendues ou *des services rendus*...»

Preuve supplémentaire de la pénétration de ce barbarisme dans l'usage québécois, on retrouve ici l'emploi erroné de *rendre des services* pour *fournir des services*, déjà relevé dans *Le Français au bureau*. Et c'est bien parce qu'on l'a déjà *trouvé* ailleurs qu'on peut dire qu'on le *retrouve* dans les *400 capsules linguistiques*.

> «En français moderne, toutefois, on dira *plus volontiers* TENUE CORRECTE [que conventionnelle]...»

Ce n'est pas qu'on dise «volontiers» tenue correcte, c'est-à-dire par quelque inclination ou tendance naturelle chez le locuteur, mais tout simplement parce que l'expression s'est imposée.

> «Pour ce qui est de l'utilisation de **battre son plein** avec un sujet pluriel, certains grammairiens *ont suggéré qu'il fallait toujours dire* battre son plein, *jamais* battre leur plein.»

Toujours, jamais..., voilà une façon bien catégorique de «suggérer».

> «Dans la langue technique, **performance** est considéré comme un anglicisme et *son utilisation*, quoique très répandue, *est encore contestée*. [...] *Par ailleurs, l'adjectif* **performant** *est attesté* dans *un* contexte technique.»

L'auteur ne comprend manifestement pas le sens de l'adjectif *attesté*, que le *Petit Robert* définit comme suit: «Dont il existe des exemples connus. *Mot, emploi attesté* (par un texte)». *Attesté* ne s'oppose nullement à *contesté*: si on peut dire de *performance* que son utilisation dans la langue technique est «très répandue», c'est nécessairement parce que cet emploi est *attesté*. Comment

---

4. *Ibid.*, p.24, 36, 105, 15, 54, 96, 162, 18, 112, 100, 180, 168.

pourrait-on critiquer un emploi s'il n'était d'abord attesté? On notera encore l'emploi de l'article indéfini au singulier: *attesté dans* un *contexte technique*; où en français idiomatique on dirait *dans* des *contextes techniques*, en général.

> «Le bone-setter [...] était quand même *réputé pour faire mal* et les enfants en avaient peur.»

Être réputé pour faire mal est un tour à double titre curieux du point de vue du sens: d'abord parce que, contrairement aux expressions construites avec *réputation*, la locution *être réputé pour* est généralement associée à des actions positives; ensuite parce que l'expression *faire mal*, employée absolument, évoque la douleur provoquée par quelque chose, la chaussure trop étroite qui *fait mal*, par exemple. En outre, du point de vue grammatical, l'expression doit être suivie d'une locution nominale: on n'est pas *réputé pour faire quelque chose*, mais *réputé pour quelque chose...*

Dans le même article, on peut encore lire ceci: «*Le bonhomme sept heures* est *un personnage* [...] *dont on menace les enfants pour les effrayer...*[5]»

Si on peut *menacer d'une arme*, on ne peut pas *menacer d'un personnage*. Rien ne s'oppose toutefois à ce qu'on *menace d'appeler* le personnage en question.

Du vocabulaire, passons maintenant à la syntaxe, qui n'est pas non plus sans faille:

> «Par exemple, un étudiant peut dire: je fais face à l'alternative suivante: je passe la nuit à étudier ou *j'échoue mon examen.*»

On dit *échouer* à *un examen*, comme d'ailleurs il était de rigueur jusqu'à il y a quelques années de dire *réussir* à *un examen*. (Il n'est pas sans intérêt de signaler qu'à l'emploi transitif du verbe le *Multidictionnaire* donne l'exemple «Elle a réussi son examen», assorti de l'explication suivante: «En ce sens le verbe peut également être transitif indirect et se construire avec la préposition **à**.» Or c'est le contraire: dans cette acception, le verbe est transitif indirect, et *peut* être transitif direct.)

> «... tout *ce qu'on retranche* de son revenu imposable (les dons aux œuvres de bienfaisance, les cotisations aux ordres profes-

---

5. *Ibid.*, p. 16, 63, 35-36, 132, 42, 41.

sionnels, etc.) *sont* des déductions»; «*Ce qu'on utilise* pour faire fonctionner les lampes de poche, les baladeurs et les jouets *sont* des PILES et non des "batteries".»

Le tour *ce que... sont*, construit sur le modèle de *ce sont*, est incorrect. Si on peut dire *ceux que... sont*, il faut dire *ce que... ce sont*.

«... le mot **bouffe** vient de l'adjectif italien buffo *qui signifie* **drôle** *d'où le mot* **bouffon**...»

Outre le fait qu'on s'attendrait à trouver une virgule devant la relative explicative *d'où le mot bouffon*, cette formulation n'a pas le sens que lui donne l'auteur, qui voulait en fait dire: *d'où vient le mot* bouffon. Si elle ne s'appuie pas sur un verbe, la locution *d'où* marque non pas l'origine mais la conséquence, ce qui donnerait: *l'adjectif* buffo *signifie* drôle, *d'où il résulte que* bouffon *vient de* buffo. En fait, l'énoncé devrait être entièrement reformulé: *le mot* bouffe *vient, tout comme* bouffon, *de l'adjectif italien* buffo, *qui signifie* drôle.

«... à moins de ne vouloir désigner spécifiquement l'outil qui sert au tronçonnage proprement dit, *il est tout à fait correct d'utiliser* le terme SCIE À CHAÎNE *sans craindre* de faire un anglicisme...[6]»

La construction *il est correct... sans craindre* est tellement maladroite qu'elle se passe d'explication.

Outre ces fautes qualifiées, on remarque un certain nombre d'expressions qui ont fait, et font encore pour certaines, l'objet de critiques, ce que paraît ignorer l'auteur des *400 capsules*.

Le verbe *ignorer*, justement, employé sous l'influence de l'anglais au sens de *ne pas tenir compte de*:

«Beaucoup de dictionnaires *ignorent* complètement l'adverbe **possiblement** parce qu'il est tout à fait inutile, finalement.»

«On appelle ESPRIT D'ESCALIER l'esprit de *répartie* qui se manifeste à retardement.»

Répartie pour *repartie* a longtemps été critiqué. L'emploi n'est d'ailleurs accepté que depuis peu dans le *Petit Robert*, qui ne

---

6. *Ibid.*, p. 74, 70, 35, 42, 54.

donne toujours que des exemples avec *repartie*. Le dictionnaire est en retard sur l'usage, qui a consacré *répartie*? On s'étonne tout de même un peu qu'un chroniqueur de langue ne signale pas au passage cette concurrence des deux emplois.

> « Le mot hobby est toujours considéré comme un anglicisme, *malgré qu'*il figure dans la plupart des dictionnaires »; «*Malgré qu'*on l'entende très fréquemment dans le milieu artistique, l'expression "standing ovation" est toujours considérée comme un anglicisme. »

Si ces deux emprunts lexicaux sont critiqués, le tour *malgré que*, pour *bien que*, l'a également longtemps été. Le *Multidictionnaire* juge même utile de le signaler: «Critiquée par de nombreux auteurs, [cette locution] est passée dans l'usage, mais semble quelque peu vieillie. » L'auteur des *400 capsules* aurait fort bien pu consacrer quelques lignes à l'expression, pour dire par exemple que Proust l'employait, que Gide l'a ardemment défendue, et qu'il n'y a plus qu'une poignée de puristes pour la critiquer. Bien des auteurs d'ouvrages sur les difficultés de la langue trouvent encore intéressant d'en parler.

> «Certains *annonceurs* et animateurs disent SUR Radio-Canada, d'autres préfèrent dire À Radio-Canada. »

Il a déjà été question de cet emploi d'*annonceur*. Même si le *Multidictionnaire* cautionne l'anglicisme — ou plus justement cautionne l'expression, sans mentionner qu'il s'agit d'un anglicisme —, rien n'empêcherait l'auteur de nous expliquer pourquoi on appelle *annonceur*s des gens qui n'annoncent rien.

> «En français une batterie est un ensemble de chose [*sic*]. [...]
> On parlera, par exemple, d'une batterie de cuisine (*ensemble des ustensiles* de cuisine, *des chaudrons*, etc.)[7]. »

Notons d'abord qu'en français standard *ustensile* désigne aussi bien les récipients — ici les «chaudrons» — que les couteaux, fourchettes et cuillères. Par conséquent, les «chaudrons» faisant partie de l'*ensemble des ustensiles*, il fallait écrire: *ensemble des ustensiles, chaudrons, etc.*, c'est-à-dire ne pas faire précéder *chaudrons* de la préposition *de*, qui rattache le mot à *ensemble*. Mais ce qui retient surtout l'attention, c'est bien sûr

---

7. *Ibid.*, p.138, 82, 99, 164, 14, 35.

l'emploi de *chaudrons* comme terme générique, un québécisme, où on s'attendrait à trouver *casseroles*.

À plus forte raison parce que le chroniqueur de langue n'a pas précisément la fibre québécisante. Et ceux qui croient que, pour être moins versé en français standard, il sera plus réceptif à l'usage québécois, devront en rabattre. Nous avons vu déjà la fin de non-recevoir qu'il oppose à l'emploi intransitif de *quitter*, c'est-à-dire de *quitter* au sens de *partir*. En fait, les québécismes n'ont pas la cote auprès de l'auteur des *400 capsules linguistiques*, qu'il s'agisse de *roulotte*, de *brocheuse* ou d'*aiguise-crayon*, il leur préfère l'équivalent en français standard — en l'occurrence *caravane, agrafeuse* et *taille-crayon*. Quant à l'idée que certains de nos particularismes puissent avoir quelque charge poétique, familière ou humoristique, elle ne semble pas lui effleurer l'esprit : *noirceur* est froidement étiqueté «régionalisme abusif», le rigolo *gougoune* impitoyablement rangé parmi les barbarismes, et l'expression *c'est songé* assimilée à une vulgaire faute de syntaxe[8]. À vrai dire, on a surtout le sentiment que l'auteur n'a pas d'idées arrêtées sur la norme, et qu'en matière de québécismes il se contente de rendre compte des décisions de l'Office. On peut par conséquent penser qu'il se rangera spontanément dans le camp des aménagistes, le jour où paraîtra leur dictionnaire du français québécois.

Et son appui ne serait pas négligeable. Car, en moins de temps qu'il n'en faut pour le dire, après la parution du petit ouvrage, son auteur était promu au prestigieux titre de conseiller linguistique de Radio-Canada. L'«ayatollah de la langue», comme l'appellent gentiment les animateurs, est maintenant considéré comme une autorité en matière d'usage. On n'allait d'ailleurs pas tarder à le nommer membre du Comité d'officialisation des termes de l'Office — désormais québécois — de la langue française.

* * *

Il est presque dans l'ordre des choses, en fait, que l'ouvrage de type correctif échappe à la critique, qu'on donne à son auteur, pour ainsi dire, «le bon dieu sans confession». Le *Multidictionnaire* n'a pas fait exception à la règle, bien au contraire. L'achat de l'ouvrage par la maison Larousse, l'année suivant sa parution, a permis dès le départ d'asseoir solidement sa réputation : «La consécration que vient de recevoir le *Multidictionnaire* commande un type

---

8. *Ibid.*, p. 122, 29, 46.

d'évaluation qui ne laisse guère de place à la critique[9]», dira la grammairienne de l'Université de Montréal, qui de fait se contentera d'y relever quelques incohérences. Des critiques, il y en a tout de même eu, venues presque essentiellement du camp québécisant où on a toujours reproché au *Multi* de n'être pas l'ouvrage qu'on attendait. Point de vue que résume parfaitement la boutade du linguiste Gilles Bibeau : «Le *Multidictionnaire des difficultés* constitue à mes yeux une belle chance... perdue[10].» Mais les critiques de ce genre tournent rapidement court : après avoir déploré son parti pris hexagonal, on se limite généralement à écorcher un peu l'ouvrage en signalant la pauvreté, évidente, des articles.

Pourtant, même du point de vue du français standard, le *Multidictionnaire* se révèle souvent très décevant. Pour la plupart, les lacunes que nous y avons déjà relevées portaient sur des usages présentant un intérêt particulier pour l'utilisateur québécois. Mais tout francophone peut trouver à redire, quand, dans ce dictionnaire de difficultés, on l'induit en erreur quant à l'accord du participe passé de certains verbes pronominaux. Ce qui est le cas, par exemple, pour les verbes *constituer* et *préparer*, à propos desquels le *Multi* dit : «À la forme pronominale, le participe passé s'accorde toujours en genre et en nombre avec le sujet», ce qui est tout à fait inexact. Si on accorde bien le participe *préparé* avec le sujet dans : *elles se sont préparées pour sortir*, on ne le fait pas dans : *elles se sont préparé un petit repas* ; de même, si l'accord se fait dans : *ils se sont constitués en société*, il ne se fait pas dans : *ils se sont constitué une petite rente*. Comment a-t-on pu faire des erreurs pareilles, qui touchent un certain nombre d'autres verbes (notamment *se poser, se fixer, se montrer*), et de surcroît les laisser passer dans les deuxième et troisième éditions revues[11] ? Autre exemple d'erreur, moins grave mais qu'on ne doit pas pour autant minimiser... l'article consacré au verbe *minimiser*, justement. On s'attendrait d'abord à y trouver une mise en garde contre la confusion avec *réduire*. Or non seulement il n'y en a pas, mais la définition, erronée, ajoute à la confusion : «Réduire au minimum. *Minimiser un incident.*» Il se trouve que *minimiser* ne signifie pas *réduire au minimum*, mais *réduire l'importance* : la notion d'*im-*

---

9. M. Sauvé, «Les besoins des Québécois en matière de dictionnaires de langue», dans *Dix études portant sur l'aménagement de la langue au Québec*, Québec, Éditeur officiel du Québec, 1990, p. 6.

10. G. Bibeau, «Les dictionnaires pour l'école : les besoins», *ibid*, p. 62.

11. Dans la quatrième édition de l'ouvrage, ces mentions erronées ont été enlevées pour ce qui est des verbes *se préparer* et *se fixer*.

portance est capitale dans la définition de ce verbe. L'exemple est pourtant clair, et on aurait dû voir qu'il ne correspond pas à la définition : du strict point de vue de l'usage, d'ailleurs, *réduire un incident* est un barbarisme. C'est dire que non seulement la définition est erronée, mais qu'elle est fautive : un incident ne peut pas être «réduit», seules ses conséquences peuvent l'être. Quant à la notion de *minimum*, on ne sait franchement pas où l'auteur du *Multi* est allée la chercher. Dans le préfixe *mini*, peut-être…

La question s'impose : se pourrait-il que la maison Larousse n'y ait pas regardé de très près avant d'acheter ? Il y a quelques années, ayant mis la main par hasard sur l'édition française du *Multi*, le *Dicopratique*, j'eus la curiosité d'aller voir à l'entrée *professoral* si les lexicographes de chez Larousse avaient corrigé l'aberrante, et lapidaire, définition qu'on y donnait : «Digne d'un professeur» — un corps professoral n'est tout de même pas un corps digne d'un professeur ! En outre, le *Multi* ne signalait pas que le mot peut avoir un sens péjoratif : un ton professoral n'est pas le ton d'un professeur, mais un ton pontifiant. Or les lexicographes français avaient publié l'article tel quel… Il n'est pas sans intérêt de signaler ici que le directeur linguistique du *Multidictionnaire*, Jean-Claude Corbeil, a ses entrées chez Larousse depuis les années 1970. Soit l'homme est un redoutable vendeur, soit la direction de la vénérable maison aura estimé qu'elle faisait là une bonne affaire. Après tout, une maison d'édition est une entreprise commerciale. Quoi qu'il en soit, le *Dicopratique* n'a pas été réédité.

Quant à l'édition québécoise, il a fallu attendre la troisième avant qu'on distingue le sens propre et le sens figuré de l'adjectif *professoral*, qu'on donne une définition juste du premier («Relatif aux professeurs») et qu'on signale l'acception péjorative du second. Pour laquelle on a par ailleurs trouvé moyen de recycler l'aberrante définition «digne d'un professeur». Aberrante en effet, car, sauf à prétendre que les professeurs sont tous des cuistres, on voit mal comment un ton professoral pourrait être un ton *digne d'un professeur*. Et encore faudrait-il accepter qu'une définition puisse être formulée sur le ton de l'ironie, qui résulte ici du recours à l'expression à valeur méliorative *être digne de* pour rendre une idée péjorative. Trois éditions pour en arriver là…

Il doit être clair que les critiques que je formule ici ne sont pas le fruit d'une étude systématique du *Multidictionnaire*, qui seule permettrait de donner une idée juste de la qualité de l'ouvrage.

C'est par hasard en fait que mon attention s'était portée sur l'entrée *professoral*, alors que, dans la deuxième édition de l'ouvrage, je cherchais le verbe *provenir*, voulant voir si l'emploi fautif avec sujet de personne y était signalé — et, comme nous l'avons vu, il ne l'était pas, et ne l'est toujours pas. Or, à peine étais-je revenue de mon étonnement devant l'invraisemblable définition de *professoral* (celle des premières éditions), que mon regard se posait, à l'entrée suivante, sur l'expression *profil bas*, dont la définition se révéla non moins saugrenue. Les deux premières éditions du *Multi* définissait en fait l'expression en l'assortissant de son pendant *profil haut*, dont j'ignorais jusqu'à l'existence : «Profil bas, profil haut. Programme d'action minimal, maximal.» Outre le fait qu'il manque la mention *anglicisme*, *profil bas* étant la traduction littérale de *low profile*, cette définition ne correspond pas du tout au sens qu'on donne couramment à l'expression au Québec. Et en France, d'ailleurs, où le *Petit Robert* la consignait pour la première fois dans son édition de 1991 : «Adopter un profil bas, agir sans se faire remarquer.» Deux ans plus tard, le *Nouveau Petit Robert* raffinait la définition et l'accompagnait de la marque *anglicisme* : «**Anglic.** *Adopter un profil bas* : se montrer discret, ne pas se faire remarquer (pour des raisons stratégiques).» L'édition remaniée de 2000 ajoutera la date d'attestation de l'expression en France, 1970, et donnera la forme anglaise *low profile*. Quant au *Petit Larousse illustré*, il définit l'expression comme suit : «adopter une attitude de mesure, de modération dans ses paroles, ses projets, ses actions, généralement pour des raisons d'opportunité». Ce dictionnaire de type encyclopédique ne donne évidemment aucune indication étymologique ou normative.

Que conclure de tout cela ? Que jusqu'à la parution de la troisième édition du *Multi*, en 1997, il fallait consulter des dictionnaires européens pour trouver une définition juste d'une expression qui nous est venue des États-Unis... C'est d'ailleurs encore ce qu'à mon avis il vaut mieux faire. Car, même revu, l'article que propose le *Multi* est encore insatisfaisant : «Profil bas. Programme d'action minimal, attitude modérée et discrète. *Dans un contexte d'agitation sociale, le gouvernement a adopté un profil bas.*» D'abord, on s'attend évidemment à ce qu'un dictionnaire de difficultés signale l'anglicisme, ce qui n'est toujours pas fait. Ensuite, l'intérêt de conserver dans la définition la notion de *programme d'action* nous échappe complètement. Enfin, la partie «utile» de la définition, celle qui correspond au sens figuré qu'on donne à l'expression, est bien mince : «attitude modérée et discrète». Seul l'exemple permet de comprendre qu'il n'est pas question là des qualités de la bourgeoise bon chic, bon genre. Le rapprochement s'impose ici avec la définition exsangue de l'expression *rectitude politique* («qui convient, conforme au bon ton, qui ne choque pas...») : dans un cas comme dans l'autre, on semble confondre hypocrisie et convenances sociales. Par comparaison, les définitions de *profil bas* données par les dictionnaires français mentionnent toutes deux les «raisons de stratégie» et les «raisons d'opportunité» qui motivent la modération et la discrétion caractéristiques du *low profile*. Idée essentielle, que même l'exemple, sur lequel il faut se rabattre dans le *Multi* pour palier le flou de la définition, ne rend pas clairement.

Ce que l'exemple rend toutefois parfaitement, ou plus justement trahit, c'est le style «indéfini» du québécois standard : *Dans un contexte d'agitation sociale, le gouvernement a adopté un profil bas*. Relisons attentivement : *dans* un *contexte, le gouvernement* a adopté... Où on s'attendrait à lire soit *dans un contexte, le gouvernement adopterait* — cas hypothétique —, soit *dans le contexte, le gouvernement a adopté* — cas réel. Tel qu'il est formulé, l'exemple du *Multi* est un énoncé hybride, qui n'a guère de sens. Mais cela ne frappera sans doute pas le locuteur du québécois standard, d'autant qu'il prise énormément l'expression passe-partout *dans un contexte de*, indissociable pour lui de l'article indéfini. Si bien qu'il écrira spontanément, par exemple : *dans un contexte de mondialisation de l'économie* — comme si l'histoire de l'économie était jalonnée de tentatives de mondialisation et que nous nous trouvions dans «un» de ces nombreux contextes économiques ; alors que nous sommes dans le contexte en question, et qu'il conviendrait de dire *dans le contexte de la mondialisation de l'économie*. Le *Petit Robert* donne d'ailleurs comme exemple de cet emploi de *contexte* : «dans le contexte de l'économie mondiale» ; un dictionnaire québécois donnerait sans doute : *dans un contexte d'économie mondiale*.

Puisque la question du québécois standard nous a rattrapés au tournant, signalons que c'est juste au-dessus de *professoral* et de *profil bas*, dans la même page, que figure l'article *professionnel*. On se rappellera l'édifiante mystification à laquelle la lexicographe s'est adonnée, dans la troisième édition de l'ouvrage, en faisant purement et simplement disparaître le sens québécois du mot, pour éviter d'avoir à choisir entre le signaler comme anglicisme ou le légitimer.

Provenir, professoral, profil bas, professionnel... Voilà quelques exemples de ce qu'on peut trouver à dire, et à redire, sur le *Multi*. Sans avoir à chercher bien loin. Mais encore faut-il chercher un peu. Or il semble qu'à l'exception des dictionnaires qui proposent clairement une norme locale, et qui de ce fait attirent l'attention suspicieuse à la fois du public et des spécialistes, la lexicographie québécoise peut s'épanouir en toute tranquillité, à l'abri de la critique. Et il y a fort à craindre que le grand dictionnaire auquel travaillent actuellement les aménagistes jouisse de la même immunité. Bien sûr, on jouera la carte québécoise. Mais, dans le choix des entrées et des marques, on adoptera un *profil bas...* pour « des raisons de stratégie » évidentes : il ne sert à rien d'attirer l'attention sur la première édition. D'autres suivront, auxquelles les spécialistes ne s'intéresseront plus d'aussi près. Mais de quels spécialistes, linguistes, lexicographes, pourrait-il donc être question ? On voit mal qui aurait à la fois la compétence nécessaire pour faire une critique de fond, le courage de se prononcer publiquement et l'autorité suffisante pour imposer une opinion un tant soit peu défavorable sur un dictionnaire qui recevra automatiquement l'onction du Saint-Office, où on n'en a plus que pour le français québécois standard.

CHAPITRE HUIT

LE FRANÇAIS DE NOS LEXICOGRAPHES

Q ui voudrait malgré tout s'initier à la critique de la lexicographie aménagiste pourrait déjà s'exercer sur les définitions
des « mots clés» du Rapport Larose. Ces définitions ont été rédigées par le linguiste de l'Office de la langue française Normand
Maillet et par nulle autre que l'auteur du *Français au bureau*,
Hélène Cajolet-Laganière, qui, rappelons-le, était membre de la
Commission. Hormis le fait qu'il était justement l'un des signataires de la réplique de l'Office à ma critique du *Français au bureau*,
je sais peu de chose sur M. Maillet. Mais à en juger par ce qu'il
nous donne à lire dans cet index, je n'ai en tout cas aucune raison
de croire qu'il n'était pas parfaitement sincère dans sa défense de
cet ouvrage: il est clair que l'homme ne connaît du français que
sa version américaine, le québécois standard. Mais ses propres
performances dans l'art définitoire sont de peu d'intérêt, en fait,
au regard de celles de sa collègue, qui se trouve être codirectrice
d'un projet de dictionnaire national du français québécois... et
qui fait là ses premiers pas en lexicographie.

J'entendais d'abord me limiter à l'analyse de deux définitions, qui me semblaient présenter un intérêt particulier du point
de vue du québécois standard. Mais, il fallait s'y attendre, où
que le regard se pose il tombe sur quelque faute particulièrement révélatrice, ou tout simplement cocasse, qu'on peut difficilement passer sous silence. En l'occurrence, l'index en question
est pour ainsi dire «inauguré» par une faute, l'emploi impropre
de la locution *aux fins de*, par laquelle commence la première
définition: «Administration ou administration publique — Aux
fins du présent rapport, terme générique qui englobe le gouvernement et ses ministères, les organismes qui en relèvent, les organismes municipaux et l'ensemble du réseau scolaire, du primaire
à l'université[1].» Bien que la faute ait déjà été signalée, il n'est
sans doute pas inutile de rappeler que la locution *aux fins de*,
qui suppose une intention, un but, ne s'emploie qu'avec un nom

---

1. *Le Français, une langue pour tout le monde, op. cit.,* p. 223.

d'action : *aux fins du rapport* est un tour aussi saugrenu que *dans le but du rapport*. S'il reste encore au lecteur un peu de sa belle capacité d'étonnement, il pourra toujours avec moi se demander comment il se fait que deux sommités de l'Office de la langue française ne sachent pas cela, qui est pourtant signalé dans quelques ouvrages sur les difficultés de la langue, dont le *Multidictionnaire*. Et puis, par-delà la faute, il y a la pédanterie de la formulation qui agace. Car enfin, n'aurait-on pas pu écrire tout simplement : *Dans le rapport, le terme désigne...* ? On remarquera en outre que l'université se trouve abusivement associée à l'enseignement scolaire. Il est vrai qu'en québécois standard on peut parler des «étudiants du primaire» (voir p. 138 l'attestation relevée sous la plume même de Mme Cajolet-Laganière), alors pourquoi l'université ne ferait-elle pas partie du réseau scolaire, n'est-ce pas ? L'amalgame était pourtant facile à éviter, en écrivant par exemple : *l'administration scolaire et celle des universités*. Mais on notera surtout que, fût-ce «aux fins du rapport», l'expression *administration publique* ne désigne pas le gouvernement. L'administration publique, c'est essentiellement l'ensemble des organismes, des fonctionnaires qui sont chargés du service public. Le gouvernemnt, c'est le premier ministre et son cabinet, bref ceux qui gouvernent. Si l'administration publique doit se conformer aux directives gouvernementales, gouvernement et administration publique ne doivent pas être confondus. Les «administrés» le savent d'ailleurs, qui n'apprécient guère de voir nommer à la direction des organismes publics des amis du gouvernement. Or, en québécois standard, conséquence du contact avec l'anglais, il y a confusion totale entre le gouvernement et l'État. Un employé de l'État, par exemple, dira qu'il travaille «pour le gouvernement» ; et ce qui relève de l'État sera dit *gouvernemental* plutôt que *public* (*subvention gouvernementale, édifices gouvernementaux, services gouvernementaux...*). On relève d'ailleurs dans le Rapport Larose l'anglicisme *organismes gouvernementaux*, notamment dans la liste des recommandations relatives à l'emploi du français, où il est dit : «Qu'en plus des ministères et organismes gouvernementaux, les principes de la politique gouvernementale relative à l'emploi et à la qualité de la langue française s'appliquent à toutes les composantes de l'Administration.» Notons encore l'emploi de *gouvernemental* dans *politique gouvernementale*. Si l'expression n'est pas incorrecte en soi, la politique en question est en fait une politique de l'État québécois : un gouvernement pourra la remettre en question mais, une fois adoptée par le Parlement, elle relève de l'État. Éloquent témoignage de l'imprécision du québécois standard, dans la recommandation qui précède de même que dans celle qui suit, on a utilisé les termes justes, *État* et *public*, comme si tous ces mots étaient parfaitement interchangeables : «Qu'avec les personnes morales, l'État du Québec et les organismes publics et parapublics communiquent dans la seule langue officielle, le français»; «Qu'avec les personnes physiques, l'État du Québec et les organismes publics et parapublics communiquent en français[2]». Il est révélateur que ce soit justement dans la recommandation où il est question de la qualité de la langue qu'on trouve les expressions fautives : toute cette question étant du ressort des aménagistes, c'est vraisemblablement d'un document rédigé par leurs bons soins, et dans leur langue, qu'a été tirée la phrase.

Organismes gouvernementaux, organismes publics… L'occasion est belle de mettre encore une fois à l'épreuve notre grand dictionnaire de difficultés. Allons donc voir si le *Multidictionnaire* peut guider le locuteur québécois dans ce dédale sémantique. Voyons d'abord ce qu'on trouve à l'entrée *gouvernemental* : «Relatif au gouvernement. *Les services gouvernementaux*»… Non seulement on ne signale pas la faute, mais on la donne pour ainsi dire en exemple. Une simple erreur, comme on en trouve dans tous les dictionnaires ? Allons donc voir si ce qu'on dit à l'entrée *public* sera plus éclairant : «Qui concerne un groupe, une collectivité, une nation. *Les pouvoirs publics, la voie publique. L'opinion publique.*» C'est tout : aucune mise en garde contre la confusion entre *public* et *gouvernemental*. On ne peut guère compter non plus sur la définition pour mettre la puce à l'oreille, puisque la notion d'*État* n'y figure même pas. Toute la définition d'ailleurs est d'une confondante imprécision : tout ce qui concerne «un groupe, une collectivité» ne peut tout de même pas être dit *public*. On notera, encore une fois, l'emploi de l'article indéfini, qui ne va pas ici sans affaiblir la définition : *une collectivité*, c'est une collectivité quelconque. Par comparaison, *la collectivité* renvoie clairement à la seule collectivité qu'on puisse évoquer en l'assortissant de l'article défini, sans autre forme de précision, soit la *collectivité sociale*. On trouve un excellent exemple de cet emploi absolu du mot dans le *Petit Robert*, à l'entrée *social* : «Fonction d'utilité sociale, qui concerne la collectivité», avec renvoi à *service*

---

2. *Ibid.*, p. 117.

public. C'est cette *collectivité sociale* qui est évoquée dans la définition de *public* donnée par le même dictionnaire : « Qui concerne le peuple pris dans son ensemble ; qui appartient à la collectivité sociale, politique et en émane ; qui appartient à l'État ou à une personne administrative. » Par comparaison avec les notions clés de la définition du *Multi*, soit *groupe, collectivité, nation*, le *Petit Robert* donne *peuple, collectivité sociale, collectivité politique, État, personne administrative*. On remarquera que le dictionnaire français ne dit pas : *qui concerne* un *peuple* — comme le *Multi* dit *une nation* —, parce que, en bon locuteur du français, le lexicographe de la maison Robert fait parfaitement la différence entre *un peuple* et *le peuple*. De même que, comme ses collègues de chez Larousse, il sait que la notion de *nation* n'a absolument rien à voir avec cette acception de l'adjectif *public.*

Quant au fait que l'anglicisme *organisme gouvernemental* soit donné comme exemple dans le *Multidictionnaire* — à l'entrée *agence*, on donne d'ailleurs également comme exemple *agence gouvernementale* ; et le terme *parapublic* est défini comme étant un *secteur gouvernemental* —, il n'y a pas vraiment lieu de s'en étonner. En voici une attestation relevée dans un article signé par l'auteur de l'ouvrage : « À l'instar des Américains qui optent alors pour une neutralisation des appellations afin d'éviter toute discrimination, les organismes gouvernementaux du Québec et du Canada sont tentés par le nivellement des genres[3]. » Et dire que cette définition d'*administration publique*, donnée dans le Rapport Larose, n'avait d'abord attiré mon attention que pour l'emploi fautif de la locution *aux fins de* ! Comment disais-je ? Où que le regard se pose[4]...

Peut-être commence-t-on à comprendre que la supériorité de la lexicographie française — aux yeux de qui s'intéresse au français, cela va sans dire — tient pour une bonne part à cela même qu'elle est française, au sens où elle est « en français ». La lexicographie québécoise étant en québécois, c'est normal. Mais ce n'en est pas moins parfois déroutant. Comme l'est cette chose qu'on nous donne, dans le Rapport Larose, pour une définition de

---

3. M.-É. de Villers, « La féminisation des titres au Québec », dans *Le Français au Québec : 400 ans d'histoire et de vie, op. cit.*, p. 384.

4. Je ne savais d'ailleurs pas si bien dire... Il est impossible de ne pas signaler encore la perle qu'on trouve dans le *Multi* à l'entrée *public*, dans la définition cette fois du substantif : « La population. *Cette chanteuse aime son public.* » En voilà une, en tout cas, qui mérite pleinement le titre de chanteuse « populaire » ! Notons que cet exemple aberrant a été ajouté dans la troisième édition de l'ouvrage.

ce qu'en français on appellerait la *langue des services* : «Langue de service — Au Québec, dans un ministère ou un organisme, langue utilisée pour offrir des services à la fois dans la langue de travail, le français, et dans une autre langue, le plus souvent l'anglais[5].» Nous avons bien lu : *langue de service...* Comme dans *porte de service* et *escalier de service*. Si c'est comme ça qu'on pense valoriser le français! Et, comme il fallait s'y attendre, la langue «de service» est la langue utilisée dans *un* ministère ou dans *un* organisme. On a malheureusement omis de préciser de quel ministère et de quel organisme il était question au juste, et ce qu'il en était des autres : *les* ministères et *les* organismes, en général.

Cette fois, la coupe est pleine! Le moment est venu d'assumer franchement mes «états d'âme» à l'égard de cette langue-là : du strict point de vue stylistique, ce vasouillage indéfini me hérisse. Mais, qu'on ne s'y trompe pas, derrière ce souci du défini, il y a plus qu'une certaine «sensibilité française» — parfaitement méprisable d'un point de vue linguistiquement bête et méchant, nous le comprenons bien... À propos de cette distinction entre défini et indéfini, le linguiste Claude Hagège fait très justement valoir, dans *Le Français et les siècles*, qu'il est loin de s'agir toujours d'un «innocent débat de grammairiens». Citant comme exemple le cas célèbre de la Résolution 242 de l'ONU, Hagège explique que, grâce à cette opposition, la version française du texte pourrait permettre de lever une ambiguïté fondamentale : «Le premier paragraphe de l'article 1, exposant les principes d'une "paix juste et durable au Moyen-Orient", dit en anglais : *"withdrawal of Israel armed forces from territories occupied in the recent conflict"* ; le texte français, du fait que la langue distingue *de*, qui signifie "hors de certains", et *des*, qui signifie "hors de tous les", dit quant à lui : "retrait des forces armées israéliennes des territoires occupés lors du récent conflit"[6]». Dans quelques années, restera-t-il encore beaucoup de Québécois pour saisir la différence entre *se retirer de territoires* et *se retirer des territoires*? On peut à bon droit se poser la question, à voir se répandre dans les publications officielles et les ouvrages de référence ce français de traduction qu'on appelle le québécois standard[7].

---

5. *Le Français, une langue pour tout le monde*, op. cit., p. 226.
6. *Le Français et les siècles*, op. cit., p. 199-200.
7. Éloquente illustration de l'ampleur du problème, cet ouvrage correctif intitulé *Fais gaffe!*, qu'on a maladroitement sous-titré *Guide autocorrecteur des fautes de français écrit* (Fides, 2001). C'est doublement, en l'occurrence, que l'auteur aurait dû «faire

Mais nous n'en n'avions pas encore terminé avec cette laborieuse définition de *langue des services* — je prends la liberté d'utiliser la formulation française. Reprenons donc le fil : « Au Québec, dans un ministère ou un organisme, langue utilisée pour offrir des services à la fois dans la langue de travail, le français, et dans une autre langue, le plus souvent l'anglais. » Reprendre le fil est une chose, le suivre en est une autre... En résumant l'essentiel, on voit se dégager un sens, à mi-chemin entre la tautologie et l'absurdité : *langue utilisée dans un ministère ou un organisme pour offrir des services dans la langue de travail, le français*. Ce qui, en français normal, pourrait s'énoncer comme suit : *langue utilisée dans les services de l'administration publique, en général le français*. On peut d'ailleurs se demander s'il convient bien, dans la définition, de préciser de quelle langue il s'agit. Ce que nous en dit la définition du Rapport Larose, en tout cas, n'est pas très utile : « à la fois dans la langue de travail, le français, et dans une autre langue, le plus souvent l'anglais ». Autrement dit, n'importe quelle langue ! Et notons la tournure : *à la fois* en français *et* dans une autre langue... En même temps ? Remarquez, on a parfois le sentiment que le québécois standard c'est un peu ça, le télescopage de deux langues. Encore une fois, il ne s'agit pas ici de vaines considérations sur le style : le recours à la tournure *à la fois... et* induit carrément en erreur, en donnant à penser que le bilinguisme est de règle dans les services de l'administration publique. Est-ce pour éviter l'équivoque que les deux linguistes ont introduit dans la définition, l'embrouillant ainsi encore davantage, la notion de langue de travail, en précisant qu'il s'agit du français ? Si c'était bien leur but, ils se sont trompés : que le français soit la langue de travail dans l'Administration en général ne signifie nullement que le personnel qui est en contact avec le public n'est pas tenu de donner des services dans d'autres langues.

Et, pour mettre le point final, signalons que la mention *au Québec*, par laquelle commence la définition, est non seulement inutile, dans l'index d'un rapport sur la situation linguistique au Québec, elle est inexacte. Au Québec, comme ailleurs dans la francophonie, on entend par *langue des services* non seulement la langue des services de l'Administration, mais aussi celle des services offerts à la clientèle dans les entreprises. C'est donc

---

gaffe ». D'abord, bien sûr, parce que c'est des *fautes du français écrit* qu'il est question, celles qui relèvent *du* français écrit. Ensuite, parce que l'expression *faute de français* étant un syntagme, l'adjectif *écrit* ne peut tout simplement pas se rapporter au déterminant *français*.

uniquement dans le Rapport — ou *aux fins du rapport*, comme ils disent — que l'expression a un sens aussi restrictif.

Le travail d'épuration terminé, comparons maintenant les deux versions de la même définition, la québécoise et la française:

> Langue de service — Au Québec, dans un ministère ou un organisme, langue utilisée pour offrir des services à la fois dans la langue de travail, le français, et dans une autre langue, le plus souvent l'anglais.
>
> Langue des services — Langue utilisée dans les services de l'administration publique, généralement le français.

Je ne sais pas si cela tient au «génie» de la langue, mais la définition en québécois standard me semble, comment dire, tourmentée — attention, je n'ai pas dit tordue! Par comparaison, on pourra évidemment trouver un peu mince l'alerte définition française. Quoi qu'il en soit, il faudra s'en tenir à des généralités, car il ne saurait être question d'aller jusqu'à comparer la qualité de la langue des deux formulations — pensez-y: l'autonomie de notre variété de français! —, et surtout pas de l'évaluer en fonction de critères aussi peu québécois que la clarté et la concision.

D'ailleurs, en québécois standard on ne pourra plus évaluer la «qualité de la langue». Ou, plus exactement, si on veut le faire, il faudra trouver une autre façon de dire les choses. C'est du moins ce qu'on conclut en prenant connaissance de l'insolite définition de l'expression *qualité de la langue* qui nous est donnée dans l'index du Rapport Larose: «Qualité de la langue — Le fait pour une production [orale ou écrite] de respecter le système linguistique propre au français standard en usage au Québec[8].» Nous n'y échapperons pas: avant d'en venir au sens même de la définition, quelques remarques sur la formulation s'imposent. D'abord, l'idée de définir la notion de *qualité* comme étant un *fait* témoigne d'une consternante méconnaissance du vocabulaire abstrait: la qualité d'une chose est un état, une caractéristique, ce n'est pas un fait. Ensuite, le recours aux crochets, plutôt qu'à de simples virgules, a le fâcheux inconvénient de faire des adjectifs *orale* et *écrite* des précisions accessoires, alors qu'ils sont essentiels pour que *production* prenne le sens de *production linguistique*. Notons encore, justement, le jargonneux *production*, là où on aurait pu parler tout simplement de *langue*: *état de la langue, orale ou*

---

8. *Le Français, une langue pour tout le monde, op. cit.*, p. 227.

écrite... Enfin, on peut à bon droit s'étonner qu'il soit question d'un «système linguistique» propre au québécois standard, au bon usage d'ici, quand les aménagistes n'ont jamais parlé que d'une simple norme, très proche de celle du français standard. Mais après tout, *système* et *norme* sont peut-être des synonymes en québécois standard, comme *fait* et *état* ou *public* et *gouvernemental*.

Ou encore comme *qualité de la langue* et *langue de qualité*, pour revenir à la définition même, dont je prétends qu'elle rend complètement absurde l'idée d'évaluer la qualité de la langue. Si, selon la définition de nos deux lexicographes, la qualité de la langue est le «fait de respecter la norme», c'est donc que *qualité* doit être entendu au sens de *bonne qualité*. Or comment — ou pourquoi — évaluer une chose qui est bonne, par définition? En fait, la définition de Maillet et Cajolet-Laganière est inexacte : dans *qualité de la langue, qualité* a le sens neutre d'*état*. C'est pourquoi on peut parler d'amélioration ou de dégradation de la qualité de la langue. De la même manière qu'à propos de la qualité de l'environnement, par exemple, on peut dire qu'elle se dégrade, s'améliore, est préoccupante, etc. Or voici la définition que le *Grand Robert* donne de cette expression ; «*Qualité de l'environnement* : état de l'environnement évalué en fonction de ses effets sur les êtres vivants et les biens.» *État évalué en fonction de*... Sur ce modèle, on pourrait définir la *qualité de la langue* comme étant *l'état de la langue évalué en fonction d'une norme*. Mais ce serait évidemment trop simple, trop juste. Et surtout trop français : dans «le système linguistique propre au français standard en usage au Québec», on ne dit pas les choses comme ça...

Dans ce système linguistique québécois, on dit d'ailleurs bien des choses qu'on ne pourrait pas dire en français. Prenons par exemple le titre de la proposition de politique linguistique *Le français, langue commune*, qu'en pur québécois standard on a sous-titré *Promouvoir l'usage et la qualité du français, langue officielle et langue commune du Québec*... *Promouvoir l'usage du français*, jusque-là tout va bien : on peut *promouvoir*, c'est-à-dire *encourager, favoriser, soutenir*, l'usage du français. Mais *promouvoir la qualité*, c'est-à-dire l'*état*, du français, voilà une idée qui laisse perplexe. À plus forte raison quand on connaît l'état de la langue en question, à propos duquel le fameux «profil bas» serait plus indiqué, il nous semble. On pourrait cependant, en tout respect de la sémantique française, dire soit *améliorer la qualité du français*, soit *promouvoir un français de qualité*.

Cela fait des années, depuis en fait que le baragouin aménagiste s'est imposé dans les organismes de la Charte, que circulent des expressions absurdes comme *faire la promotion de la qualité de la langue* et *promouvoir la qualité de la langue*. Je m'étais toujours demandé si c'était la notion de *promotion* ou la notion de *qualité* qu'on ne comprenait pas. L'énigme est enfin résolue, grâce à ce minilexique du québécois standard[9]. Ébauche ô combien prometteuse de notre grand dictionnaire national.

* * *

Et des promesses à remplir, il n'en manque pas. Car il n'y a pas que la notion de *qualité de la langue* qui demande à être «adaptée» à notre variété de français. C'est une foule de définitions qu'il faudra revoir pour qu'elles s'accordent avec les usages peu orthodoxes du québécois standard. Les aménagistes n'auront d'ailleurs pas trop des six millions de dollars dont ils disposent pour régler le cas des fantaisies sémantiques que recèle la seule introduction du Rapport Larose. Cinq malheureuses petites pages, dont la lecture est un véritable calvaire pour qui a encore quelque idée de ce qu'est la langue française — ou tout simplement, la langue avec un grand L. Idée inopportune, il est vrai, qui ne peut que retarder l'avènement de la mythique norme québécoise. Tout bien pesé, d'ailleurs, l'introduction du Rapport Larose est certainement une autre édifiante illustration de cette norme que les aménagistes sont à «expliciter». Comment croire en effet que la commissaire Cajolet-Laganière elle-même — «reconnue pour ses travaux et publications en matière de rédaction et de qualité de la langue», ainsi qu'il était dit dans sa notice biographique — n'y a pas mis la main? Il n'y aurait rien là que de très normal. Il serait même étonnant, à vrai dire, que la commissaire aménagiste n'ait pas songé à profiter de la tribune qu'elle avait monopolisée avec le secrétaire aménagiste Jean-Claude Corbeil pour donner à voir les mille attraits du «bon usage» aménagiste. Et quelle plus belle vitrine pour le standard d'ici que l'introduction même de ce rapport sur la situation du français, sur lequel allaient se précipiter tous ceux qui sont préoccupés par la qualité de la langue? On n'a d'ailleurs rien laissé au hasard. Cela pourra

---

9. La clé de l'énigme était en fait déjà dans l'ouvrage que Cajolet-Laganière et son collègue Pierre Martel ont consacré à la qualité de la langue au Québec: on peut y constater que les deux linguistes ont quelque mal à saisir la notion de qualité de la langue... Voir l'annexe 4.

paraître étonnant à ceux qui l'ont lu — étonnant du point de vue du français, s'entend —, mais le Rapport Larose a fait l'objet d'une révision linguistique. Là encore, on peut penser que c'est la commisssaire aménagiste elle-même qui a choisi les réviseurs. On voit mal, en tout cas, qui se serait permis de prendre pareille décision sans au moins demander son avis à l'auteur du prestigieux guide de rédaction administrative de l'Office de la langue française, qui enseigne la rédaction à l'université et forme elle-même des réviseurs. De là à dire que les deux lascars dont le nom figure sous la mention *Révision linguistique* sont des émanations de son enseignement, il n'y a qu'un pas... que je me garderai de franchir.

À l'ironie qui sourd de ces lignes, le lecteur aura sans doute compris que mon adhésion à la novlangue n'est pas entière, que la francophone en moi se rebiffe obstinément. Si bien d'ailleurs qu'elle s'apprête à passer impitoyablement ce texte au crible de la bonne vieille norme française. On ne se refait pas...

Attaquons-nous donc hardiment à ce florilège de barbarismes : il y a du pain sur la planche !

«Quand on sait ce que la question linguistique a de tout temps *soulevé comme déchirements*, passions...»

Soulever des passions, soit, mais *soulever des déchirements*... Là, ça fait franchement mal. Qu'est-ce que je disais? C'est un vrai chemin de croix !

«Les vives critiques dont la Commission a été l'objet, lors de sa création, illustrent bien le climat de brouille, *le piétinement* sinon le cul de sac *devant lequel se trouvait la question* linguistique au Québec.»

Vous êtes-vous déjà trouvé *devant un piétinement*? Cela doit être terriblement déroutant. Que la question linguistique elle-même puisse se trouver devant un piétinement me semble extrêmement préoccupant. Et je demande : à qui la faute?

«... sentiment que les chances de *participer à la société* ne sont pas les mêmes pour tout le monde...»

Les chances de *participer à la société* sont en fait nulles pour tout le monde. Pour l'implacable raison qu'on ne peut pas *participer* à une société, pas plus qu'on ne peut *participer à une famille* ou *à un groupe*. On peut toutefois fort bien être un *membre de la société*, ou encore *participer à la vie* de la société.

> «... *attentes* démesurées *en faveur* du bilinguisme...[10]»

Il y a télescopage ici de deux idées : *avoir des attentes* et *être en faveur de*. Malheureusement, *avoir des attentes en faveur de quelque chose* n'a aucun sens : on a des attentes *à l'égard de, en ce qui a trait à, en ce qui concerne* quelque chose.

> «... un peu tout le monde cherchait des *boucs émissaires aux difficultés* de la société québécoise à faire le point...»

L'expression *bouc émissaire* ne s'emploie qu'absolument : on n'est pas *bouc émissaire à quelque chose*. On pouvait ici dire : *des boucs émissaires à qui imputer les difficultés*...

> «Pour *répondre au mandat* qui lui a été confié, la Commission s'est donnée pour objectif de tout examiner...[11]»

Décidément, il est dit que pas la moindre expression consacrée n'échappera au massacre ! Aussi courante fût-elle. On ne *répond* pas à un mandat : on *remplit* un mandat, une mission, une tâche. C'est d'ailleurs d'une *mission* qu'il est question en l'occurence, c'est-à-dire de la charge d'accomplir quelque chose, tout simplement ; et non pas au nom de quelqu'un, comme le suppose la notion de *mandat*. Comme si ça ne suffisait pas, il y a également faute dans l'accord du participe *donné*, qui devrait être au masculin : la Commission s'est donné *à elle-même* pour objectif...

> «Toutefois, la Commission estime qu'on ne peut *appuyer* les fondements d'une politique linguistique *à partir* de ces seuls indicateurs.»

Pas étonnant que les politiques linguistiques soient bancales, si on en *appuie* les fondements *à partir de* plutôt que *sur* quelque chose. On pourrait sans doute également arriver à d'excellents résultats si on *définissait* les fondements de ces politiques *à partir de*...

---

10. *Le Français, une langue pour tout le monde, op. cit.*, p. 2.
11. *Ibid.*, p. 3.

«Pour la Commission, ce serait s'enfermer dans une approche *qui comporte des dérives* sociales majeures, tel le cloisonnement de la société québécoise en trois catégories : les francophones, les anglophones et les allophones.»

Voilà un passage un peu plus étoffé. Passons rapidement sur la curieuse tournure *s'enfermer dans une approche* — où *adopter une approche* aurait parfaitement fait l'affaire —, et arrêtons-nous à l'expression *comporter des dérives*. La *dérive* étant, par définition, une déviation incontrôlée, une chose ne peut pas *comporter une dérive*, elle ne peut qu'en *comporter le risque*. Notons encore, du point de vue stylistique, l'emploi, rare et littéraire, de la locution *tel* pour introduire un exemple (*des dérives, tel le cloisonnement de la société*) : dans un français aussi mal maîtrisé, c'est d'une agaçante préciosité. Et enfin, excès contraire, l'emploi pour le moins inélégant de *catégorie*, sans déterminant, pour désigner des personnes. Alors que la notion de *québécois* n'est d'aucune utilité pour qualifier *société*, utilisée comme déterminant de *catégories*, elle aurait pu rendre la formulation moins saugrenue : *le cloisonnement de la société en trois catégories de Québécois.*

«Cela *confinerait la société* québécoise *à mettre sous le boisseau sa volonté* de construire un projet civique ouvert sur le monde et à rester frileuse pour *le restant de ses jours.*»

Disons-le sans détour : tout ce qui pourrait «confiner la société québécoise à mettre sa volonté sous le boisseau» ou encore à «rester frileuse pour le restant de ses jours» — *rester... pour le restant* ! — est éminemment condamnable. D'abord, parce que le tour *confiner à faire* quelque chose est un très vilain solécisme. Ensuite, parce que donner à l'expression *mettre sous le boisseau* le sens de *renoncer*, quand elle signifie *dissimuler*, c'est une grossière impropriété. Enfin, parce que l'évocation du *restant des jours* d'une société est absolument ridicule.

«Il y a une volonté commune [...] d'*abaisser les barrières* qui divisent la société québécoise selon l'origine ethnique[12].»

Abaisser les barrières... Et on fait ça comment ? On scie le haut, on les enfonce, on en érige de nouvelles qui seront plus basses ? Et si on proposait de les *abolir* ou de les *lever*, est-ce que ce ne serait pas plus simple ?

---

12. *Ibid.*, p. 4.

«Le français, langue officielle et commune de la nation québécoise, s'est *mué logiquement* en langue de la citoyenneté québécoise[13].»

L'emploi du verbe *se muer* est impropre ici: *se muer*, c'est *se transformer*. Or, en devenant la langue de la citoyenneté, le français ne cesse évidemment pas d'être langue officielle et commune. En outre, les connotations du verbe, associé à des phénomènes physiologiques, sont difficilement compatibles avec la notion de *logique*. Le français est en fait *tout naturellement devenu* la langue de la citoyenneté. Voilà ce qu'on aurait pu dire, si le français était venu naturellement sous la plume...

(Mais hélas, plus rien ne coule de source, et le français peine aussi à se frayer un chemin dans les dédales de la syntaxe québécoise, ainsi que le lecteur pourra le constater à la lecture de l'annexe 5.)

Nous voilà enfin arrivés au terme de ce fastidieux exercice de correction. Fastidieux, de fait, et pourtant je m'en voudrais de ne pas citer encore un passage d'une maladresse remarquable. Qu'on ne manquerait pas en tout cas de remarquer dans certains milieux. Lisons attentivement — ne nous laissons pas distraire par la faute d'accord — cette assertion sur la nation québécoise, censée mettre en évidence son caractère inclusif: «Comme la nation québécoise veut également continuer d'exprimer le plus grand respect pour ses communautés historiques de langue[s] anglaise, amérindiennes et inuite, elle doit rassurer l'ensemble de la nation québécoise, conforter les principes fondateurs de sa politique linguistique et, pour ce faire, leur conférer un caractère constitutionnel[14].» Voilà exactement le genre de bêtise dont les *citélibristes* ont toujours fait leurs choux gras. Et comment pourrait-on les en blâmer? Il n'est pas nécessaire d'être ferré en analyse du discours pour voir le défaut de l'énoncé: *la nation québécoise doit rassurer... l'ensemble de la nation québécoise!* Comme on dit plaisamment: tous sont égaux, mais certains le sont plus que d'autres.

Est-il besoin de dire qu'il y avait mille autres façons de formuler les choses? Pour qui, évidemment, maîtrise minimalement la langue. Or l'introduction du Rapport Larose est manifestement l'œuvre de gens qui n'ont pas l'ombre du commencement d'une idée de ce que suppose la maîtrise d'une langue.

13. *Ibid.*, p. 4-5.
14. *Ibid.*, p. 5.

Et pourtant, les aménagistes — en la personne d'Hélène Cajolet-Laganière — ont pu laisser publier ça. Ô les entendre parler de *politique linguistique globale qui élève au rang de priorité absolue la maîtrise du français*, de *vaste plan d'aménagement linguistique liant statut et qualité de la langue...* Et penser qu'ils ont maintenant les moyens de leurs ambitions. Dire que ça n'a rien de rassurant est un plaisant euphémisme.

* * *

Tournons-nous donc, en dernier recours, vers le collègue d'Hélène Cajolet-Laganière, Pierre Martel, qui dirige avec elle la rédaction de ce fameux dictionnaire du québécois standard. Car, enfin, ils sont tout de même deux. Y a-t-il une chance de trouver là quelque baume, qui pourrait à la fois rasséréner le francophone et calmer la fureur du contribuable en lui qui s'insurge? Ayant beaucoup fréquenté les deux ouvrages que le linguiste a publiés avec sa collègue aménagiste, je ne fonderais pas trop d'espoirs là-dessus. Mais, comme on dit: donnons la chance au coureur, et voyons ce qu'il peut faire dans une «situation de communication» exceptionnelle. Mon choix s'est porté sur un article intitulé «Le français au Québec: statut et corpus», publié dans l'*Histoire de la langue française* du célèbre linguiste Ferdinand Brunot. Cela ne dit sans doute rien au profane, mais on ne peut guère trouver ouvrage plus prestigieux, qui ait un plus grand rayonnement dans la francophonie et auprès des étrangers qui étudient notre langue, que cette monumentale histoire de la langue française. Il y a quelques années, le Centre national de recherche scientifique de France entreprenait de poursuivre l'œuvre de Brunot, mort en 1948. En 2000, paraissait donc un nouveau tome, publié sous la direction des linguistes Gérald Antoine et Bernard Cerquiglini, qui couvre la période allant de 1945 à 2000. Francophonie oblige, on y a notamment fait place aux français de Belgique, de Suisse et, bien sûr, du Québec. Et c'est l'aménagiste Pierre Martel qui y signe l'article sur l'histoire récente du français québécois.

Dans la première phrase de cet article, Pierre Martel écrit que le français du Québec est une variété de français «à nulle autre pareille». On pourrait croire que le linguiste a pris sur lui d'en faire la preuve, tant la prose qu'il nous donne à lire là est... *à nulle autre pareille*. Et je lui sais gré de m'avoir fourni «les mots pour le dire»: j'aurais pu être plus abrupte. Pour évaluer la concentration de fautes et de maladresses de tous ordres qu'il y a dans cet article, nous examinerons, courageusement, l'une après l'autre, les huit phrases de la première page.

> «Le français du Québec s'est forgé une personnalité *particulière à nulle autre pareille dans la francophonie* et, après presque 400 ans d'histoire, il a acquis le statut d'une véritable "variété nationale"[15].»

Arrêtons-nous à la séquence *particulière à nulle autre pareille dans la francophonie*, où il y a deux fautes. D'abord, la tournure *particulière à nulle autre pareille* est redondante : ce qui est à nul autre pareil est nécessairement particulier. Il suffisait pourtant de simples virgules : *particulière, à nulle autre pareille...*, pour créer une gradation qui a le sens de *non seulement particulière, mais à nulle autre pareille*. Quant au tour *à nulle autre pareille*, il s'agit d'une expression figée, qui s'emploie absolument : une chose est *à nulle autre pareille*, elle n'est pas *à nulle autre pareille quelque part*. Si on tenait au complément, au demeurant inutile, on pouvait dire : *qui n'a pas d'équivalent dans la francophonie*. (On trouve également, plus loin dans l'article, une curieuse variante de l'expression, *sans nulle autre pareille*, télescopage de *sans pareille* et *à nulle autre pareille* : «une véritable industrie terminologique, sans nulle autre pareille dans la francophonie[16]».)

> «Dans ce bref article-synthèse, nous verrons, dans une première partie, *les contextes* historique, sociologique et politique *de la langue au Québec*.»

On ne parle pas du *contexte d'une langue*, mais du *contexte dans lequel évolue une langue*. Il est en outre aberrant de parler de «la langue au Québec», quand il est question du français au Québec.

> «Dans une deuxième partie, nous examinerons rapidement les interventions politiques et *les législations linguistiques* qui ont récemment renforcé son statut par rapport à l'anglais.»

---

15. P. Martel, «Le français au Québec : statut et corpus. L'époque contemporaine», dans *Histoire de la langue française 1945-2000*, sous la direction de G. Antoine et B. erquiglini, Paris, CNRS Éditions, 2000, p.729.
16. *Ibid.*, p.738. On trouve la même formulation dans *Le Français québécois*, rédigé par le linguiste quelques années plus tôt en collaboration avec Hélène Cajolet-Laganière : «Le Québec met au point une véritable industrie terminologique, sans nulle autre pareille à travers la francophonie» (*Le Français québécois, op. cit.*, p.52).

Le piège avait été tendu dans la phrase précédente: le possessif *son* renvoie ici à *langue* (*la langue au Québec*), si bien que nous nous trouvons devant une opposition entre *la langue* et *l'anglais*... Opposition d'autant plus étonnante d'ailleurs qu'il y a souvent fusion chez nous entre «la langue» et l'anglais. Témoin, cet emploi de *législation* au pluriel, au sens de *lois*, qui est un anglicisme courant en québécois standard. La législation étant, en français, un ensemble de lois relatives à un domaine déterminé, il ne peut être question ici que de la *législation linguistique* ou des *lois linguistiques*.

> «Nous examinerons, dans une troisième partie, *quel a été l'aménagement de la langue* jusqu'à aujourd'hui et *quel est son état* actuel (corpus).»

C'est la tournure *quel a été l'aménagement* qui fait ici grincer des dents. Dans cet énoncé, *aménagement* est nécessairement un nom d'action: il est clairement question de ce qui *a été fait* en matière d'aménagement linguistique. Que peut bien alors signifier une question comme *quel a été l'aménagement?* Réponse: rien du tout! En tout cas, pas en français, où on dirait plutôt *quelles ont été les étapes de l'aménagement*. De même, bien sûr, si *aménagement* désigne ici l'action d'aménager, on ne peut pas parler de son *état*. On pouvait dire: *nous verrons où en est l'établissement du corpus*... Si c'est ce qu'on voulait dire, pourquoi ne l'avoir pas dit clairement? Pourquoi se contenter de mettre *corpus* entre parenthèses?

L'énumération des parties de l'ouvrage étant terminée, signalons les tournures indéfinies: *dans une première partie, dans une deuxième partie, dans une troisième partie*, là où on dirait en français de France *dans la première, la deuxième, la troisième partie*.

> «En conclusion, nous montrerons quels sont la place et *l'apport du français au Québec au sein de la francophonie.*»

D'abord, c'est bien évidemment de *l'apport du français* du *Québec*, et non pas *au* Québec, qu'il est question — on pourrait croire à une simple coquille, s'il n'avait été question plus haut de «la langue au Québec». Ensuite, était-il absolument nécessaire de distinguer *la place* et *l'apport*? L'ennui est que si on peut dire *la place au sein de*, on parlerait plus justement de *l'apport à* quelque chose.

«Il est sans doute utile de rappeler que, depuis la conquête anglaise jusqu'à la Révolution tranquille (de 1760 à 1960), *les Canadiens français, appelés souvent maintenant les Québécois*, formaient un peuple dominé à maints égards.»

Ici les idées s'embrouillent complètement : ce que dit le linguiste sur les appellations *Canadiens français* et *Québécois* est doublement erroné. Quiconque se fie à ce qui est écrit là croira que *Canadien français* n'a jamais désigné que les francophones du Québec et que cette appellation est encore largement utilisée, plus même que *Québécois*, qui ne serait utilisé que «souvent».

«Assujettis politiquement à la *minorité anglaise conquérante*, ils avaient en outre un statut inférieur sur les plans économique et social.»

La minorité anglaise était-elle *conquérante*? En posant la question, on comprend mieux ce que signifie l'adjectif : un peuple conquérant, est un peuple animé par le désir de conquêtes, un peuple impérialiste, expansionniste. *Conquérant* n'est pas synonyme de *vainqueur* : une nation conquérante peut fort bien être vaincue dans une guerre. Si bien que, hors contexte, on pourrait se demander si la Conquête a bien eu lieu. La subordonnée *assujettis politiquement* l'indique ici très clairement. Si clairement d'ailleurs que l'adjectif *conquérant* était parfaitement inutile. Il n'est pas inutile toutefois de signaler ici que *vainqueur* se dit en anglais *conquerer*…

«Campagnards et paysans, animés par un instinct de conservation (un haut taux de natalité *ou la "revanche des berceaux"*, fut un moyen de lutter contre l'envahissement et *l'assimilation du conquérant*), les Canadiens français formaient une société repliée sur elle-même[17].»

On est en général animé par *l'*instinct de conservation — article défini —, qu'on suppose commun à tous les individus et à tous les peuples ; si on peut parfois être animé par *un* instinct de conservation, c'est nécessairement par un instinct d'une qualité particulière : *animé par un puissant instinct de conservation*, par exemple. Passons à la parenthèse, sur laquelle il y a beaucoup à dire. Signalons tout d'abord, encore une fois, une tournure indéfinie peu idiomatique : *un haut taux de natalité… fut un moyen de lutter*, pour *le haut taux de natalité fut un moyen* ; ou plus

---

17. *Ibid.*, p. 729.

justement, *la natalité fut un moyen de lutter*, car le moyen n'est évidemment pas le *taux* de natalité. Passons ensuite à la virgule manquante avant la conjonction *ou*, qui aurait d'ailleurs pu être avantageusement remplacée par des énoncés comme *ce qu'on a appelé, on a parlé de...* Enfin, le linguiste tombe dans le contresens quand il parle de *l'envahissement et l'assimilation* du *conquérant*, alors que c'est bien sûr de l'assimilation *par* le vainqueur — et pas le *conquérant* — qu'il est question. «Revanche des berceaux» il y eut, nous voulons bien, mais tout de même!

Arrivés au bas de cette petite page, nous avons déjà relevé une assertion doublement erronée, sur les appellations *Canadiens français* et *Québécois*; une formulation qui prête à confusion, la *minorité conquérante*; et enfin, un parfait contresens, l'*assimilation du conquérant*. Pour ne parler que de cela[18]. Il ne s'agit pas ici de jugements portés à l'aune d'une mythique pureté de la langue française ou d'une norme «imposée de l'extérieur». C'est de clarté qu'il est question, de sens, de l'adéquation entre ce qu'on veut dire et ce qu'on dit. Est-il besoin de rappeler l'exercice de décodage auquel il a fallu se livrer pour trouver un sens à l'emploi que font Martel et Cajolet-Laganière de l'adjectif *alarmiste* dans l'absurde formulation *situation alarmiste du français des jeunes*? Pour finir de surcroît par en trouver deux, applicables selon les contextes! Sur le même sujet, j'aurais encore pu citer un passage de l'ouvrage que les deux linguistes ont consacré à la question de la qualité de la langue au Québec, où de toute évidence ils confondent *invraisemblable* et *injustifié*: «...il est certain que le français au Québec s'est amélioré. [...] Des études objectives et de nombreux témoignages nous le confirment. Il est donc invraisemblable, selon nous, de dresser un "portrait noir" de la situation du français au Québec[19].» *Invraisemblable* ne peut évidemment être entendu ici au sens propre, c'est-à-dire au sens de *qui n'est pas vraisemblable, est improbable*, puisqu'il y a bel et bien des Québécois qui «dressent un portrait noir de la situation» — en fait, on ne *dresse* pas un portrait, on *fait* ou on *trace* un portrait. Quant à l'emploi d'*invraisemblable* au sens de *très étonnant*, il a une connotation péjorative qui serait tout à fait déplacée dans le contexte. En outre, quel que soit le sens qu'on donne à l'adjectif, les notions d'invraisemblance et d'improbabilité appellent le subjonctif: *il est invraisemblable qu'on trace*

---

18. Et pour ne parler que de cette page... Pour la suite, voir l'annexe 6.
19. *La Qualité de la langue au Québec, op. cit.*, p. 155.

un portrait noir, et non pas *de tracer un portrait noir*. On dirait cependant bien : *il n'est pas justifié de tracer…*

★ ★ ★

Quant à la question de savoir si le français s'est amélioré au Québec, si de manière générale le «niveau a monté», comme on dit, mais c'est évident! Comment pourrait-il en être autrement? Quant on fait ce genre d'affirmation, on se trouve implicitement à comparer la population d'avant la Révolution tranquille, dont le taux de scolarisation était comparable à celui des Noirs de Harlem, à la population actuelle, qui a derrière elle quarante ans de scolarisation de masse. En clair, et en québécois, cela s'appelle comparer des pommes et des oranges. Comparer des pommes avec des pommes, cela pourrait vouloir dire, par exemple, comparer le français des grammairiens et des chroniqueurs de langue d'hier à celui des linguistes-langagiers d'aujourd'hui. Et là, je l'affirme : la dégradation de la langue est patente. Pour ce qui est des «anciens», le lecteur pourra aller voir par lui-même dans les bons vieux ouvrages, qu'on trouve encore dans les librairies d'occasion. Quant aux «modernes»….

Voici encore quelques exemples de fautes de vocabulaire relevées dans le français du tandem aménagiste, sous la rubrique *Nos lexicographes connaissent-ils le lexique?* Qu'on pourrait sous-titrer… *C'est tout de même invraisemblable!*

◼ Les aménagistes ne comprennent pas le sens du verbe *reconnaître* : «De cette manière, *le dictionnaire vient reconnaître l'autonomie* de la variété de langue à décrire[20]».

Le dictionnaire vient en fait *consacrer* l'autonomie d'une langue : le verbe *reconnaître*, nous l'avons déjà vu, ne peut pas avoir une chose comme sujet.

◼ Les aménagistes ne comprennent décidément pas du tout le sens du verbe *reconnaître* : «La formation linguistique des maîtres compte pour peu dans l'ensemble de leur formation et nous semble insuffisante. […] Toutefois, *cette insuffisance* de leur formation linguistique, *même si elle n'est pas reconnue par le public* et les parents, entraîne d'autres conséquences[21].»

---

20. *Le Français québécois, op. cit.*, p. 114.
21. *La Qualité de la langue au Québec, op. cit.*, p. 131. Signalons la double faute, de syntaxe et d'accord, que recèle le passage retranché : «Un rapport de consultation menée à l'intérieur et à l'extérieur du milieu de l'éducation révèle…» — où il fallait bien sûr écrire : *Le rapport d'une consultation menée…*

Les deux aménagistes donnent ici à *reconnaître* le sens d'*être conscient de*. Or, dans cet emploi, *reconnaître* a en fait le sens d'*admettre*. Ce que les auteurs de cette phrase se trouvent donc à dire, c'est que le public et les parents, conscients du problème, ne veulent pas l'admettre! Notons en outre qu'en disant que l'insuffisance de la formation linguistique «entraîne d'autres conséquences» — fâcheuses, le contexte est clair —, ils donnent à entendre que la prise de conscience du problème par la population serait une conséquence fâcheuse...

◖ Les aménagistes confondent *développer* et *concevoir*: «ces activités d'éducation populaire ont été autant d'occasions de *développer du matériel pédagogique* adapté aux adultes».

Du matériel pédagogique, ça ne se «développe» pas, ça se *conçoit*, s'*élabore*. On aura reconnu ici l'anglais *to develop*.

◖ Et confondent, toujours sous l'influence de l'anglais, *développement* et *apparition*: «Pour certains, *le développement des médias électroniques* a contribué à l'amélioration de la langue populaire[22]».

C'est clairement de l'apparition même des médias électroniques qu'il est question ici, et non pas de leur «développement», c'est-à-dire de leur évolution (télévision par câbles, chaînes spécialisées, etc.). Notons encore la confusion, sous la plume de ces deux linguistes, entre langue populaire et langue de la population: loin de s'être «améliorée» avec l'apparition de la radio et de la télévision, la langue populaire a régressé dans l'usage. L'idée que la langue populaire, qui n'est pas régie par une norme, puisse s'améliorer est d'ailleurs en soi aberrante.

◖ Les aménagistes ne comprennent pas la notion d'*imputabilité*: «Que tous les services et les établissements de l'Administration soient *imputables quant à la qualité de la langue* de leurs activités»; «Les entreprises doivent reconnaître qu'elles ont une *imputabilité à ce chapitre*[23]».

On confond ici l'*imputabilité* et la *responsabilité*. L'imputabilité d'une personne, c'est la possibilité de considérer celle-ci comme l'auteur d'une infraction. *Imputabilité* est un terme juridique, qu'on emploie à tort pour parler de la responsabilité des gestionnaires de l'État, de l'obligation qui leur est faite de rendre compte

---

22. *Ibid.*, p. 143, 98.
23. *Ibid.*, p. 91, 93.

de leurs actes. En outre, ce n'est pas même ici d'une responsabilité de cet ordre qu'il est question, mais de la simple responsabilité sociale. Cette responsabilité, il n'y a d'ailleurs aucune raison de présumer que les entreprises sont réticentes à l'accepter, ce que suppose l'emploi, abusif encore une fois, du verbe *reconnaître* : elles doivent tout simplement en *prendre conscience*.

Il n'est pas sans intérêt de noter que l'emploi fautif de la notion d'*imputabilité* est signalé dans les récentes éditions du *Français au bureau*, ouvrage dont, rappelons-le, l'aménagiste Hélène Cajolet-Laganière est l'une des coauteurs. Signalons que ces deux énoncés où figure la faute sont tirés du chapitre quatre du Rapport Larose, intitulé «Pour un vaste chantier d'aménagement linguistique liant statut et qualité de la langue». Si, en ce qui concerne la lamentable introduction de ce rapport, il était impossible d'affirmer que la commissaire aménagiste — qui devait certainement, en tout cas, «reconnaître» son «imputabilité» à cet égard — avait vu de près ou de loin à sa rédaction, on peut être sûr que le chapitre sur l'aménagement linguistique est de son cru. Je renvoie le lecteur à l'annexe 1, où il pourra voir tout ce que ce chapitre doit aux ouvrages qu'elle a signés avec son collègue Pierre Martel. Dont on peut raisonnablement penser qu'il a au moins relu le chapitre en question. Je me permets donc d'attribuer la paternité de ces fautes aux deux aménagistes. Les quelques énoncés qui suivent sont également tirés de ce chapitre, d'une quinzaine de pages.

▪Les aménagistes confondent *identifier* et *définir* : «La Commission recommande [...] Que les médias et les agences de publicité *identifient les critères* de qualité qu'ils entendent respecter».

Cet emploi fautif du verbe *identifier* nous est déjà bien connu. Il devrait également l'être de Mme Cajolet-Laganière, puisque, là encore, la faute est signalée dans la liste des expressions « à connaître» du *Français au bureau*. Il ne s'agit pas d'*identifier* des critères, mais de les *définir*, de les *préciser*.

▪ Les aménagistes ne saisissent pas la différence entre *endosser* et *approuver* : «en 1996, ces *propositions* étaient *endossées par le gouvernement* québécois».

Les propositions dont il est ici question ont trait à l'aménagement de notre variété de français. La faute, qui a déjà été signalée dans l'avant-propos, réside dans l'emploi d'*endosser* au sens d'*approuver*, alors qu'au sens figuré ce verbe signifie en fait *accepter la responsabilité.* Accepter la responsabilité d'un acte et l'approuver, on en conviendra, ce n'est pas du tout la même chose. Encore une fois, la faute est signalée dans *Le Français au bureau...*

◼ Les aménagistes confondent *législation* et *loi*: «Ces aspects ont été l'objet de *différentes législations linguistiques* (loi 63, loi 22, Charte de la langue française)[24].»

La faute a déjà été relevée, plus haut, dans l'article de Pierre Martel. Ce ne fut d'ailleurs pas une surprise de l'y trouver, puisque nous l'avions déjà remarquée dans l'ouvrage des deux aménagistes, *Le Français québécois*: «On pouvait s'attendre à ce que l'adoption de diverses législations linguistiques favorise l'émergence d'un véritable plan d'aménagement de la langue.» Où nous avions également relevé le tour *loi de* pour *loi sur*: «assurance-chômage (loi de l')», employé abusivement sous l'influence de l'anglais. Et notons encore que l'expression *assurance-chômage* était donnée là comme illustration du vocabulaire du québécois standard appartement à la catégorie «Administration gouvernementale et vie sociale[25]». Où nous voyons, quant à nous, une belle illustration de l'anglicisme qui consiste à confondre — encore une fois — *gouvernemental* et *public*. On trouvait d'ailleurs déjà plusieurs exemples de la même faute dans le premier ouvrage des deux aménagistes, *La Qualité de la langue au Québec*, où il est question d'*organismes gouvernementaux*[26].

Ici, une question nous tarabuste: n'y a-t-il donc jamais personne dans l'entourage des deux aménagistes pour leur signaler leurs fautes? Après tout, *Le Français québécois* a été relu par des linguistes comme Jean-Claude Corbeil, qui a été responsable de la terminologie à l'Office de la langue française pendant

24. *Ibid.*, p. 92, 83, *ibid.*
25. *Le Français québécois, op. cit.*, p. 49, 100.
26. «La langue de l'Administration publique et de la législation, c'est la langue des documents produits par les divers ministères et organismes gouvernementaux, les hôpitaux, les villes [*sic*] et municipalités, c'est aussi la langue des tribunaux, des textes de lois et de règlements. Selon Me Lapointe, on peut regrouper les textes gouvernementaux en trois catégories» (*La Qualité de la langue au Québec, op. cit.*, p. 76). À la lumière du premier énoncé, on peut voir qu'en français québécois les adjectifs *public* et *gouvernemental* sont, dans certains contextes à tout le moins, parfaitement interchangeables: ces organismes «gouvernementaux», qui font partie de l'administration publique, auraient tout aussi bien pu être dit *publics*. Quant au deuxième exemple, il y est bien sûr question, le contexte est clair, non pas des textes rendus publics par le gouvernement, mais de l'ensemble des textes *provenant de l'Administration*. (On trouvera la suite de la rubrique *Nos lexicographes connaissent-ils le lexique?* à l'annexe 7.)

une quinzaine d'années et est aujourd'hui directeur linguistique du *Multidictionnaire*, et Noëlle Guilloton, de l'Office, rédactrice en chef de la revue *Infolangue* et coauteur du *Français au bureau*. Pour ne nommer qu'eux. Ils sont en fait près d'une vingtaine, dont les noms sont mentionnés dans la page *Remerciements*. On peut penser qu'ils ont été choisis pour leur connaissance du français québécois, et que par conséquent ils devraient être habiles à débusquer le québécisme «de mauvais aloi».

* * *

Mais c'est évidemment d'abord et avant tout chez les auteurs de cet ouvrage eux-mêmes qu'on s'attendrait à trouver cette connaissance fine de notre variété de français. Sur la question des anglicismes en particulier. Car il faut savoir que, par temps perdu — quand ils ne sont pas occupés à faire la promotion des inappréciables équivalents québécois de *sponsors* et *shopping* —, nos deux aménagistes font des études sur la fréquence des anglicismes dans la langue de chez nous. Études dont ils ne manquent jamais d'évoquer les résultats, immanquablement encourageants, comme ici, dans l'article qu'ils cosignaient dans *Le Français au Québec: 400 ans d'histoire et de vie*: «Tout le monde sait que le français québécois, pour avoir subi une influence marquée de la langue anglaise nord-américaine, contient [*sic*] des emprunts à l'anglais et qu'au cours de l'histoire, combattre ces anglicismes est même devenu pour certains une sorte d'"obsession" [ici, renvoi prévisible à l'historienne de "notre obsession", Chantal Bouchard]. Pourtant, les conclusions d'une récente recherche permettent de relativiser ce phénomène.» Il est vrai que les données de cette recherche, précise-t-on, «devront être validées [*sic*] dans des corpus plus vastes»... Voilà en tout cas un anglicisme — qui a déjà été signalé plus haut — que les deux aménagistes n'auraient pas pu relever dans le corpus étudié dans le cadre de cette recherche. Car cette recherche qu'ils évoquent, ils l'ont menée eux-mêmes, ainsi qu'on peut l'apprendre dans une note en fin de chapitre: «Les auteurs ont fait un recensement des "emprunts critiqués" à l'anglais dans les principaux répertoires d'anglicismes au Québec et en ont vérifié la fréquence dans des textes québécois de 7 millions de mots puisés dans la Banque de données textuelles de Sherbrooke (BDTS)[27].»

---

27. «Le français au Québec: un standard à décrire et des usages à hiérarchiser», art. cit, p. 386, 470.

Une remarque, d'abord : si obsession de l'anglicisme il y a, au Québec, la pathologie a visiblement épargné les deux aménagistes, qu'une longue fréquentation des ouvrages normatifs n'a pas suffi à prévenir contre une foule d'anglicismes qui y sont unanimement critiqués. Quant on songe que Cajolet-Laganière n'est même pas capable d'éviter des anglicismes qui sont dénoncés dans son propre ouvrage ! En un mot comme en cent : les aménagistes n'ont aucune crédibilité en tant qu'anglicistes. Et, à mes yeux en tout cas, ils n'en auront pas davantage en tant que linguistes aussi longtemps qu'ils travailleront à partir de corpus de textes «épurés» par des réviseurs linguistiques. Or la Banque de données textuelles de Sherbrooke comprend, nous dit-on dans *Le Français québécois*, outre les «textes oraux» [*sic*] — qui sont d'un intérêt secondaire pour la définition de la norme —, des «textes écrits littéraires et non littéraires (journalistiques, techniques, scientifiques, sociopolitiques, administratifs, juridiques, médicaux, etc.)[28]». Les textes non littéraires sont vraisemblablement tirés de revues spécialisées ou de documents administratifs, qui sont probablement tous passés entre les mains de réviseurs ; grâce à quoi on peut, pour une large part, éluder le problème de l'anglicisation des langues de spécialité. Quant aux grands quotidiens et aux magazines, ils ont aussi bien souvent des correcteurs — l'auteur du *Multidictionnaire* a longtemps joué ce rôle au magazine *L'actualité*, par exemple. En outre, les journalistes sont eux-mêmes en quelque sorte des professionnels de la rédaction, et leur langue n'est donc pas représentative de l'usage de l'élite sociale québécoise.

Quoi qu'il en soit, en la matière, il n'est pas nécessaire de faire la moindre recherche : il suffit d'ouvrir le *Multidictionnaire* pour trouver une somme déjà impressionnante d'anglicismes qui sont employés couramment à l'écrit. Et par des locuteurs de prestige, professeurs d'université, hauts fonctionnaires, etc., ce dont pourraient témoigner tous les réviseurs d'expérience. La nomenclature du *Multi* est à cet égard très à jour : on n'y consigne pas d'anglicismes qui ont disparu de l'usage, comme *directory* pour *annuaire* par exemple. Mais, s'il est à jour, le *Multi* est loin d'être complet. Il y manque une foule d'anglicismes tout à fait courants dans le «bon» français d'ici. On n'y trouve ni *glace noire* (pour *verglas*), ni *utilités publiques* (pour *services d'utilité publique*), ni *statutaire* (pour *légal*), ni *libelle* (pour *diffamation*), ni *dénomination*

---

28. *Le Français québécois*, *op. cit.*, p. 38.

(pour *confession*). À l'entrée *confus* on ne trouve aucune mise en garde contre l'emploi de cet adjectif pour qualifier une personne qui n'est pas tout à fait lucide (*des personnes âgées qui commencent à être confuses*). Le calque *centre d'interprétation* n'est pas non plus dans le *Multi* — et le jour où on le recensera, se rendra-t-on seulement compte que la notion d'*interprétation* n'y a absolument aucun sens? L'article consacré à *occupation* ne dit rien de l'anglicisme qui consiste à donner au mot le sens de *profession*. Anglicisme pourtant toujours bien vivant: on trouve dans des textes tout ce qu'il y a de plus officiel des expressions comme *personnes occupées* pour désigner des personnes qui font partie de ce qu'on appelle en français la *population active*. On ne trouve pas trace non plus, dans le *Multi*, de *désinstitutionnalisation*, pour *réinsertion sociale* — *OLF approved, by the way*, au nom du respect du jargon des spécialistes, ce qui a permis à l'expression, bâtarde s'il en est, de s'introduire dans la langue courante. Le *Multi* d'ailleurs ne signale pas non plus que l'emploi d'*institution* au sens d'*établissement* est un anglicisme. Et ce ne sont pas nos deux aménagistes qui relèveront cette omission, puisque eux-mêmes parlent d'*institution scolaire*, plutôt que d'établissement scolaire dans *La Qualité de la langue au Québec*[29]. Pas plus qu'ils ne pourraient faire remarquer à l'auteur du *Multi* l'absence de mise en garde, à l'entrée *compagnie*, contre l'emploi de ce mot au sens général d'*entreprise*: on trouve aussi une attestation de cet anglicisme dans l'ouvrage des deux aménagistes[30]. Et je pourrais continuer ainsi longtemps…

Même en faisant le tour de tous les ouvrages spécialisés, on n'aurait encore en fait qu'une idée limitée de l'influence de l'anglais sur le français québécois. De ce point de vue, toutefois, le *Dictionnaire québécois-français*, de Lionel Meney, présente un

---

29. «En outre, de nombreuses initiatives d'institutions scolaires sont à souligner en ce qui a trait à l'organisation de cours et à la rédaction d'ouvrages permettant [*sic*] une meilleure maîtrise de la langue […]. (L'Université de Sherbrooke, l'École polytechnique de Montréal, l'École des Hautes Études commerciales, en sont quelques exemples.)» (*La Qualité de la langue, op. cit.*, p. 113.) On remarquera que, dans cet emploi, l'expression *institution scolaire* est même doublement fautive, les exemples cités ne comportant en fait que des établissements *d'enseignement supérieur*, et non pas *scolaires* (l'énumération fait bien partie de la phrase: la ponctuation fautive, le point final, aura échappé à l'attention des correcteurs d'épreuve). On notera en outre l'emploi maladroit du verbe *permettre*, là où on aurait dû parler de cours et d'ouvrages *destinés à* améliorer la langue.

30. «Le test d'écriture consistait à rédiger deux textes décrivant [*correspondant à*] des situations courantes (laisser une simple note à un membre de la famille et écrire une lettre à une compagnie au sujet d'un appareil ménager défectueux).» (*Ibid.*, p. 142.)

intérêt particulier. Son auteur, d'origine française, y a en effet recensé une foule de particularismes, dont de nombreux anglicismes, qui avaient jusque-là échappé à l'attention des lexicographes indigènes. Pour tout dire, son dictionnaire regorge de mentions *d'après l'anglais, calque de l'anglais*, etc. Et il est remarquable que l'auteur du *Dictionnaire historique du français québécois*, Claude Poirier, ne lui en ait pas fait reproche dans la critique, pourtant très sévère, qu'il a faite de l'ouvrage. Bien au contraire, même, la seule erreur relative au marquage des anglicismes qu'il lui ait signalée est de ne pas avoir vu l'anglicisme dans l'adjectif *laurentien* — que Meney donne pour une dérivation de *Laurent* —, qui serait «un emprunt de l'anglais Laurentian, au départ terme de géologie[31]». En fait, contrairement à Martel et Cajolet-Laganière, qui sortent régulièrement de leur chapeau (*pull out of their hat...*) quelque enquête sur les anglicismes révélant qu'il n'y en aurait plus qu'à l'état de trace, Claude Poirier en découvre, lui, toujours davantage. Après plus de vingt ans de recherche sur l'histoire du français d'Amérique, il conclut dans l'introduction de son dictionnaire: «Quant aux emprunts à l'anglais, ils sont en plus grand nombre que ce que laissaient entrevoir nos premiers relevés où les anglicismes sémantiques et les calques passaient souvent inaperçus[32]». Car très souvent, de fait, l'anglicisme échappe à l'attention. Pour le déceler, il faut une connaissance du français standard et une «sensibilité sémantique» que leur prose ne laisse certes pas deviner chez les deux aménagistes.

Quoi qu'il en soit de la crédibilité des recherches de Martel et Cajolet-Laganière, c'est d'abord leur approche, platement statistique, qui est contestable. Voyons comme les choses ont l'air simples, présentées de ce point de vue par les deux aménagistes: «Sur 4216 "emprunts critiqués" à l'anglais qui ont été répertoriés, plus de 93 % présentent une fréquence très basse et près de 60 % d'entre eux ne sont utilisés par les Québécois ni à l'oral ni à l'écrit[33].» Je dis que les choses ont l'air simples... En fait, on a quelque mal à comprendre comment 60 pour cent des anglicismes qui «présentent une fréquence très basse» — mais pas nulle — pourraient n'être utilisés par les Québécois ni à l'oral

---

31. C. Poirier, «Faut-il "traduire" le "québécois"? », *Québec français*, n° 118, été 2000, p. 102.

32. *Dictionnaire historique du français québécois, op. cit.*, p. XXIV.

33. «Le français au Québec: un standard à décrire et des usages à hiérarchiser», art. cit., p. 386.

ni à l'écrit[34]. Mais, de toute façon, laissons de côté les gros chiffres, et revenons aux quelques anglicismes que je viens de relever dans la langue même des deux linguistes. À partir de là, posons la question comme elle se pose vraiment en l'occurrence, c'est-à-dire du point de vue de la légitimation du bon français d'ici par le dictionnaire de langue. Et, de ce point de vue-là, je prétends que les lexicographes-aménagistes auraient déjà fort à faire avec les quelques anglicismes en question. Et, au vu du nombre d'anglicismes, et de barbarismes, que j'ai relevés jusqu'à présent dans la langue de notre élite langagière, on peut aisément imaginer le problème que poserait la légitimation du vocabulaire de notre élite sociale.

Mais ne nous y trompons pas : les aménagistes savent pertinemment que la «langue soignée» de l'élite québécoise, qu'ils nous proposent pour étalon normatif, n'est pas exempte d'anglicismes critiqués. Tous les professionnels de la langue savent cela. Ils ont tout simplement choisi de ne pas en parler quand ils s'adressent au grand public. Si bien que des fâcheux pourraient même être tentés de penser qu'ils abusent de la naïveté du profane, dans l'esprit de qui se confondent aisément les notions de langue soignée et de correction, au regard du français standard. Pour illustrer ce double discours, revenons à ce que les deux aménagistes disent sur la question des anglicismes dans l'article cité plus haut, publié, je le rappelle, dans *Le Français au Québec : 400 ans d'histoire et de vie*, un ouvrage collectif destiné au grand public : «Sur 4216 "emprunts critiqués" à l'anglais qui ont été répertoriés, plus de 93 % présentent une fréquence très basse et près de 60 % d'entre eux ne sont utilisés par les Québécois ni à l'oral ni à l'écrit.» Les linguistes pêchent ici par omisssion, en ne précisant pas que ces données ne distinguent pas les emprunts lexicaux, ou de forme, et les emprunts sémantiques. Et que lorsqu'on établit cette distinction, capitale du point de vue de la norme — la question de la légitimation d'anglicismes comme *switch* ou *bumper* ne se posant même pas —, le tableau est tout autre. Ainsi que

---

34. Les deux aménagistes seront plus clairs dans une communication prononcée un an plus tard : «En balayant la BDTS à l'aide du DEA [dictionnaire électronique des anglicismes], nous constatons que quelque 50 % des formes anglaises (simples et complexes) sont carrément absentes et la très grande majorité des formes présentes ont des fréquences très basses.» (P. Martel et H. Cajolet-Laganière, «Quelques éléments [*sic*] visant à renouveler la pratique lexicographique au Québec», dans *La Représentation de la norme dans les pratiques terminologiques et lexicographiques, op. cit.*, p. 205 — les «éléments» visant à renouveler la pratique lexicographique sont vraisemblablement des *propositions…*)

pourront l'apprendre ceux qui lisent les actes des colloques sur la lexicographie québécoise : « La fréquence des emprunts de sens dans la BDTS est nettement supérieure à celle des emprunts de forme. [...] Nos études nous ont fourni la liste des emprunts de sens, en contexte, par fréquence et par dispersion selon les types de discours. Ces emprunts de sens représentent pour nous un élément très important de la nomenclature des noms communs à caractère normatif[35]. » Ainsi donc les anglicismes représentent, du point de vue normatif, une part de la nomenclature *très importante* ! Alors, je demande : comment se fait-il que nos deux aménagistes n'en parlent jamais quand ils s'adressent à un public profane, et qu'on n'en trouve pas trace dans leur « description » du québécois standard ? En fait, ironiquement, la langue même de Martel et de Cajolet-Laganière donne une bien meilleure idée du nombre d'anglicismes propres au québécois standard — ou qui y ont une fréquence exceptionnellement élevée — que la pseudo-description du québécois standard qu'ils nous servent depuis des années dans leurs ouvrages et leurs articles. Mais, puisque enfin ils abordent la question, voyons donc s'ils ont en tête quelque critère de légitimation autre que la simple occurrence dans des textes publiés. Sur la question de la norme, nous devrons nous satisfaire de cette réflexion, tirée du seul passage où soit évoquée la notion d'emploi critiqué : « L'étude de ces vocables est très longue, puisqu'elle exige d'analyser chacun des contextes de manière à distinguer les emplois français ou "acceptés" de ceux qui sont "critiqués" par l'un ou l'autre des ouvrages lexicographiques sélectionnés[36]. » Fort bien ! Mais dans leur ouvrage lexicographique à eux, dans ce dictionnaire du québécois standard, qui doit changer complètement la donne normative, qu'en sera-t-il ? Voilà ce qu'on aimerait bien savoir : on voudrait entendre dire enfin, clairement, que ce ne peut être qu'une question de temps avant que ces emplois « critiqués », mais qu'on relève pourtant dans le français « utilisé dans les communications publiques et officielles », soient légitimés, puisqu'ils appartiennent au français québécois standard, par définition. À moins, évidemment, que nos deux aménagistes ne comprennent même pas leur propre définition du français québécois standard.

Heureusement, une communication de Marie-Éva de Villers, prononcée justement au même colloque, viendra nous éclairer

---

35. *Ibid.*, p. 207.
36. *Ibid.*

un peu sur ce qu'il faudrait légitimer comme anglicismes si la norme était définie d'après l'usage de l'élite sociale québécoise. On s'en étonnera peut-être, mais l'auteur du très «francisant» *Multidictionnaire* est déjà beaucoup plus avancée que les deux aménagistes — elle est en tout cas plus explicite sur la question — dans la voie de la reconnaissance des anglicismes du français québécois. Dans cette communication, Villers rend compte de l'étude qu'elle a faite dans le cadre d'une thèse de doctorat sur la langue des journaux, à la recherche de la norme implicite du québécois standard[37]. Où l'on voit l'auteur du *Multi* négocier le virage aménagiste... À l'en croire, au Québec, exactement comme en France, la langue d'une certaine élite sociale s'imposerait tout naturellement comme norme implicite du bon usage. D'entrée de jeu, elle affirme : «Nous observons que la variété linguistique qui constitue la norme d'une communauté donnée recoupe celle des locuteurs prestigieux, comme les qualifie le linguiste Jean-Claude Corbeil [...]. Qui sont ces locuteurs de prestige ? Ce sont ceux qui se situent au sommet de la hiérarchie socioculturelle, ceux des classes éduquées : les intellectuels, les écrivains, les journalistes, les locuteurs des médias. Ce sont eux qui aujourd'hui façonnent et actualisent la norme linguistique valorisée par la communauté à laquelle ils appartiennent[38].» Voilà une affirmation pour le moins contestable en ce qui concerne le Québec. Que, chez nous comme ailleurs, l'élite en question «façonne» l'usage, nous voulons bien. Mais, si sa langue détermine la norme *valorisée*, comme on le prétend, comment expliquer que le français parlé dans les médias électroniques fasse l'objet de plaintes constantes depuis quelques années ? À tel point que la multiplication des critiques sur la qualité du français à Radio-Canada — autrefois considéré comme un modèle à cet égard — a amené le diffuseur public à mener une vaste enquête sur la question en 2002-2003[39]. Peut-on concevoir

---

37. Essentiellement, il s'agissait de comparer le vocabulaire employé dans les articles parus dans les quotidiens *Le Monde* et *Le Devoir* au cours de l'année 1997. Le lecteur attentif aura sans doute remarqué que la plupart des exemples provenant de journaux qui sont cités dans ce livre sont justement tirés du *Devoir*. Ce qui s'explique tout simplement par le fait que l'auteur y est abonnée. Il est intéressant de noter que c'est précisément ce quotidien qu'a choisi Marie-Éva de Villers pour dégager la norme du québécois standard.

38. «La presse écrite : illustration d'une norme implicite», art. cit., p. 49-50.

39. Invité à une émission de Radio-Canada consacrée à cette enquête, l'historien Jean-Claude Germain lança cette remarque révélatrice : «De ce temps-ici, à la radio, je commence à en avoir mon voyage du monde qui est constamment en train de souligner : "Ah, j'aurais dû dire ça !" On projette l'image que c'est pas de la radio, mais que c'est une école de langue.» (*La Tribune du Québec*, première chaîne de Radio-Canada,

pareille chose en France? Et peut-on imaginer le présentateur du «journal de 20 heures» évoqué par le linguiste français Bernard Cerquiglini — cité par Villers à l'appui de sa thèse — confessant, comme le fit un jour un de ses homologues québécois, qu'il ne peut pas se passer de son conseiller linguistique? Mais il ne s'agit pas ici de s'étendre sur les simplifications auxquelles Mme de Villers se livre en ce qui a trait au sentiment normatif des Québécois: contentons-nous de prendre acte que, selon elle, les québécismes relevés dans la presse écrite appartiennent à la «norme linguistique valorisée». Or, parmi ces québécismes, l'auteur du *Multi* signale un anglicisme fréquent — d'ailleurs critiqué dans son dictionnaire —, l'adjectif *corporatif* dérivé de *corporation* employé au sens d'*entreprise*: «nous répertorions notamment les expressions *développement corporatif, campagne publicitaire corporative, image corporative, identité corporative, affaires corporatives, bon citoyen corporatif*, notions se rapportant à l'entreprise plutôt qu'à l'association professionnelle[40]». À quoi je pourrais ajouter cette perle, *lèvres corporatives*: «*Reengimeering*, le mot est sur toutes les lèvres corporatives en Amérique[41]»... Et, à tant faire que d'apporter ma petite pierre à l'édifice du québécois standard, je pourrais également signaler que ce bon vieil anglicisme est même réactivé dans un nouveau contexte. C'était prévisible: avec l'introduction dans l'administration publique de ce qu'on appelle la «culture d'entreprise», la culture... *corporative* y a subrepticement fait son entrée. Si bien, par exemple, que, dans un ministère, on a trouvé brillant d'appeler la banque de données de l'organisme «banque de données corporative»!

La vitalité de cet anglicisme, attestée par sa fréquence dans des quotidiens de qualité, ne fait aucun doute. Cela permet-il pour autant de conclure qu'il appartient à la norme valorisée par les Québécois, comme le prétend Marie-Éva de Villers? La notion de valorisation suppose chez le locuteur un degré de conscience de l'usage qui est en fait rarissime. Le locuteur moyen se contente généralement de reproduire sans réfléchir l'usage domi-

---

23 décembre 2002.) M. Germain faisait peut-être allusion là à l'émission même à laquelle il participait, dont l'animateur avait justement cette habitude de se corriger en ondes. Celui-ci devait d'ailleurs récidiver, quelques semaines plus tard, après qu'une auditrice lui eut fait savoir par courrier électronique que l'emploi qu'il venait de faire de *domestique*, pour *intérieur*, était un anglicisme. Sur quoi, il émit un songeur *bon y'eu*! Le nouveau modèle... *radio-canayen*.

40. *Ibid.*, p. 60.

41. «Le mot que toute l'Amérique corporative a sur les lèvres», *Le Devoir*, 13 juin 1994, p. B2.

nant. Et c'est même bien souvent le cas des locuteurs d'exception, ainsi que nous avons amplement pu le constater dans les pages qui précèdent. Pour montrer à quel point la conception de la norme adoptée par Mme de Villlers est contestable, il suffirait de prendre deux des anglicismes proprement québécois que nous avons relevés dans sa langue, *mettre de l'avant* et *organisme gouvernemental*, et de lui demander si c'est parce qu'elle valorise ces usages qu'elle les emploie. On devine la réponse, tant il est évident que ce qui est en cause, c'est l'ignorance de l'écart et non pas la valorisation de l'usage : l'auteur du *Multi*, la locutrice modèle par excellence, si elle savait, s'empresserait certainement de remplacer ces usages québécois par leur équivalent en français standard. On peut donc à bon droit se demander pourquoi elle semble incapable de concevoir que nombre de ses compatriotes partagent le même sentiment normatif. Mme de Villers a de toute évidence consacré plus de temps à compter des mots dans les journaux qu'à réfléchir à la question de la norme. Ce qui expliquerait qu'elle commette exactement la même erreur que les aménagistes, dont tout l'échafaudage normatif repose sur la confusion entre langue soignée et norme valorisée. Aussi soigné fût-il, l'usage n'est jamais que l'usage ; et l'usage ne rend jamais compte qu'imparfaitement de l'intention du locuteur. Or c'est dans cette intention que réside la norme valorisée, pas dans les pages des journaux.

* * *

Ces quelques lignes consacrées à la question de l'anglicisme risquant de me valoir le titre peu enviable d'«obsédée», une mise au point s'impose. Il ne s'agit pas de dénoncer l'anglicisation du français québécois, mais d'aborder le problème, tout simplement, pour faire pièce à l'entreprise de désinformation menée par les aménagistes. Il n'y a pas chez moi une once de purisme à l'égard des emprunts à l'anglais : je place sur le même pied tous les écarts sémantiques, sans ségrégationnisme aucun. L'anglicisme est une impropriété comme une autre, avec ce que cela comporte comme risques de brouillage du sens. Dans cette optique, ce n'est pas l'anglicisme en soi qui est critiquable, mais l'anglicisme québécois, dans la mesure où il nuit à la communication, que ce soit entre nous ou avec les autres francophones. Le risque de confusion n'est pas plus grand quand on emploie *développer* pour *créer* ou *endosser* pour *approuver* sous l'influence de l'anglais que quand on confond *alarmant* et *alarmiste* ou *reconnaître une chose* et *en être conscient* par simple ignorance du vocabulaire. La communication, voilà de quoi il est question. Et de ce point de vue, mieux vaut un emprunt à l'anglais bien introduit dans le français standard qu'un «beau québécisme» qui n'est plus compris que par quelques vieillards poitevins. À cet égard, je ne doute pas que les aménagistes soient sincères quand ils disent vouloir proposer un standard de niveau international. Ce n'est pas leur sincérité qui est en cause, c'est leur compétence. Et à double titre. D'abord, en ce qui concerne leur connaissance de la langue, qui n'est manifestement pas suffisante pour leur permettre de bien évaluer l'écart entre le «québécois standard» et le français. En ce qui a trait, ensuite, à la théorie qui sous-tend leur projet. Martel et Cajolet-Laganière ne semblent avoir jamais vraiment compris les implications du principe de légitimation qu'ils préconisent. Quand ils se sont lancés dans l'aventure aménagiste, il y a une quinzaine d'années, le «bon français d'ici» se résumait vraisemblablement dans leur esprit à quelques usages vaguement folkloriques et à quelques mots et expressions désignant des réalités québécoises. Ce que donne d'ailleurs à penser l'affirmation aberrante selon laquelle le corpus qu'ils utiliseraient pour dégager la norme du québécois standard devrait être constitué de «textes et discours [...] exempts de particularismes familiers et critiqués[42]», c'est-à-dire de textes qui respectent pour l'essentiel la norme du français standard... Notons en tout cas que, pour croire qu'il était même possible d'établir un corpus de textes québécois où on ne trouverait pas d'emplois critiqués, il fallait être singulièrement ignorant de la réalité linguistique. Réalité qui n'aura pas tardé à les rattraper : parions qu'ils sont bien embêtés aujourd'hui devant ce qu'ils découvrent en dépouillant le corpus de leur banque de données textuelles. Et encore, c'est certainement peu au regard de ce que des anglicistes chevronnés et des «locuteurs natifs» du français standard pourraient relever comme usages critiquables. S'il devait être appliqué au pied de la lettre, et à tout le vocabulaire indistinctement, le principe de légitimation aménagiste minerait petit à petit les fragiles acquis de quarante ans de francisation. Je le répète : il est évident que ce n'est pas là ce que souhaitent les deux aménagistes. Mais les exaltés de la québécitude sont près à prendre la relève. D'ailleurs, ils sont déjà en poste : le rédacteur

---

42. *Le Français québécois, op. cit.*, p. 126.

principal du très contesté *Dictionnaire québécois d'aujourd'hui*, Jean-Claude Boulanger, n'a-t-il pas été placé aux commandes de leur projet par les deux aménagistes, qui eux-mêmes n'ont pas la moindre expérience de la lexicographie ? M. Boulanger, qui a les idées un peu plus claires qu'eux sur la question de la norme, a dû rapidement leur faire voir que la légitimation du français québécois ne saurait en rester à *Gala de l'ADISQ, caisse populaire* et *abri d'auto*. C'est tout le vocabulaire qui est dans leur collimateur, ou qui le sera à plus ou moins long terme. D'ailleurs, collimateur ou pas, il n'y a qu'à penser au nombre d'impropriétés qu'on risque de trouver dans les définitions de leur dictionnaire : la légitimation du français québécois se fera pour une bonne part « par la bande ».

De la même manière que nombre de particularismes de la langue orale ont fini par acquérir dans les médias électroniques une sorte de légitimité clandestine, pour user d'un oxymore. Qui remarque, dans la langue des animateurs, des chroniqueurs et des artistes, des tournures comme *y a pas aucun problème* ou *les solutions, y sont pas faciles à trouver* ? Le linguiste Philippe Barbaud, qui s'est penché sur le phénomène, en est arrivé à une conclusion, ma foi, assez claire : « le français du Québec se révèle suffisamment divergent dans l'usage qui est propre aux élites d'ici, sur le plan syntaxique, pour que toute tentative d'élaborer une norme *authentiquement québécoise* [je souligne] de français québécois standard conduise inévitablement à une impasse généralisée sur le plan communicationnel[43] ». L'intérêt des travaux de Barbaud est qu'ils remettent en question le fondement même du projet aménagiste de standardisation de notre variété de français : l'idée selon laquelle le modèle proposé par l'élite québécoise instruite est nécessairement un facteur d'amélioration de la langue. Or il ne l'est ni en ce qui a trait à la syntaxe de l'oral — *il suffit d'avoir des oreilles…* —, ni en ce qui a trait au lexique de la langue soignée, où le risque d'« impasse communicationnelle » est infiniment plus grand. On sera parfaitement compris si on dit : *je vais vous expliquer qu'est-ce que je pense* ; mais on risque fort de ne pas l'être si « qu'est-ce qu'on pense » est formulé dans un vocabulaire impropre.

---

43. « Dissidence du français québécois et évolution dialectale », art. cit., p. 107.

CHAPITRE NEUF

L'IMPASSE, FATALEMENT!

L'impasse communicationnelle, nous y voici justement de plain-pied, avec une... communication prononcée dans le cadre d'un congrès de l'ACFAS par Pierre Martel, Hélène Cajolet-Laganière et une de leurs anciennes étudiantes, Nadine Vincent. Quand je dis de plain-pied, je dis de plain-pied : le titre même de la communication heurte le bon sens. Alors qu'au départ elle devait être intitulée «La légitimité du français québécois» — c'est le titre qu'on donnait sur le site Internet du congrès de l'ACFAS, où d'ailleurs le nom de Mme Vincent ne figurait pas —, la communication fut publiée sous le titre abscons «Le français québécois et la légitimité de sa description». Cela n'est peut-être pas évident pour le profane, mais appliquer la notion de légitimité à la description de la langue plutôt qu'à la langue même, c'est donner dans le parfait non-sens. La description, c'est le travail du linguiste, et la question de la légitimité ne se pose pas plus pour lui que pour un plombier ou un électricien. À la différence de ces ouvriers, il est vrai, le linguiste exerce son métier sur un objet, la langue, à propos duquel la question de la légitimité peut se poser. Il se peut également que le linguiste souhaite, par la description qu'il fait d'une langue, contribuer à en fonder la légitimité. C'était, par exemple, le but visé par Claude Poirier et l'équipe de rédaction du *Dictionnaire historique du français québécois*. Mais cela n'autorise pas pour autant à parler de «légitimité de la description», comme le font les trois aménagistes, qui amalgament là description et norme : crime de lèse-linguistique s'il en est !

La légitimité est en fait essentiellement affaire de norme, et son étude est du ressort de la sociolinguistique ; la description relève quant à elle de la linguistique «pure et dure». Voyons d'ailleurs ce qu'en dit le linguiste français Jean-Michel Éloy, qui prononçait justement, au même colloque, une communication sur la notion de légitimité : «Il est évident que la question de la langue légitime est connexe à celle de norme. Pour être plus précis, ce qui est "légitime", c'est un certain usage de la langue, c'est-à-dire un sous-ensemble de la langue délimité par certaines normes[1].» Le plus étonnant est que dans le résumé de leur communication, diffusé sur le site Internet du congrès, les aménagistes posaient correctement la question, celle de la légitimité de la langue, dans les termes de la sociolinguistique : «Nous nous proposons, dans le cadre de cette communication, d'expliciter les principaux facteurs qui fondent la *légitimité d'une langue* [je souligne] reconnue comme variante [*sic*] nationale (critères démolinguistique, historique, idéologique, culturel et linguistique) et de voir comment ces critères s'appliquent à la variété québécoise[2].» Notons l'expression *variante nationale...* une «variante aménagiste», sans doute, pour *variété nationale*. Plus loin, les auteurs reviennent au terme juste, *variété*, comme si les mots étaient interchangeables au gré de la fantaisie. Il se trouve en l'occurrence qu'ils ne le sont pas : on parle de *variété* d'une langue et de *variante* d'un mot, d'une expression.

Et c'est sans doute par la même opération de transmutation sémantique qu'une communication qui devait d'abord porter sur la légitimité du français québécois sera finalement consacrée à la légitimité de sa description. Car il ne s'agit pas d'une simple maladresse dans la formulation du titre du texte publié : il y est bel et bien question, le plus sérieusement du monde, de la légitimité de la description du français québécois. La communication porte en fait sur une description du vocabulaire sociopolitique, et nos aménagistes de demander candidement : «Compte tenu de l'objet du présent débat, on peut se demander s'il est légitime de décrire ce vocabulaire dans son contexte d'utilisation en Amérique du Nord.» «On» peut bien se le demander si «on» veut, je refuse quant à moi de cogiter sur une absurdité : une description de l'usage peut être rigoureuse, complète, utile, mais elle ne peut tout simplement pas être légitime. Mais on insiste... Et, après avoir décrit quelques particularismes lexicaux — ou prétendus particularismes —, les aménagistes posent à nouveau gravement la question : «Si on croit que cette description est légitime, doit-on penser par ailleurs qu'elle soit aussi exclusive, c'est-à-dire limitée à ces écarts? Répondre oui à cette question serait, comme le

---

1. J.-M. Éloy, «Légitimité et légitimisme linguistiques : questions théoriques et pratiques d'idéologie linguistique», *Revue québécoise de linguistique, op. cit.*, p. 45.

2. P. Martel et H. Cajolet-Laganière, «La légitimité du français québécois», 66e Congrès de l'ACFAS, http://www.is.mcgill.ca/acfas66/C3157.HTM (page modifiée le 14 avril 1998).

croient certains, s'acheminer vers un séparatisme linguistique[3] »...
Ma foi, je pourrais bien répondre oui à n'importe quoi si on me
soumettait suffisamment longtemps à cette abominable prose:
*doit-on penser qu'elle soit exclusive... Et s'acheminer vers un
séparatisme linguistique,* **un** séparatisme! Sachons tout de même
gré aux auteurs de nous avoir expliqué ce qu'ils entendent par
exclusif, car l'emploi qu'il font du mot est, disons plaisamment,
une « exclusivité » aménagiste. Nous attendons par ailleurs avec
la plus vive impatience la grammaire du cru qui légitimera le
singulier emploi du subjonctif qu'on relève tout juste avant ladite
« exclusivité ». Nous eussions en outre souhaité quelques éclaircis-
sements sur le sens qui est donné au verbe *devoir,* dans *doit-on
penser?...* Je pinaille? Pas du tout. Ce charabia est en fait tellement abscons que ses auteurs eux-mêmes en perdent le fil. À
preuve, ce n'est pas répondre oui à la question qu'ils posent qui
mènerait, selon certains, au séparatisme linguistique, mais au
contraire répondre non: non, on ne doit pas en rester là dans la
description du français québécois.

Mais enfin, on comprend que les auteurs nous demandent
si nous jugeons leur description légitime, et s'ils devraient la
mener plus avant. Malheureusement, je le répète: on ne peut pas
répondre à pareille question. Le plus beau de l'affaire est que, si
par inadvertance, dans quelque malencontreux élan de sponta-
néité, on y répond malgré tout, alors on est piégé. Répond-on oui
qu'on donne involontairement son aval à un projet de dictionnaire normatif. Car les aménagistes, qui s'abritent ici derrière la
neutralité de la notion de description, proposent en fait un dictionnaire normatif, et le claironnent d'ailleurs généralement sur tous
les toits. Et répond-on au contraire non qu'on se retrouve dans
le camp des obscurantistes, puisque s'opposer à la description
de l'usage, c'est s'opposer à la connaissance. Or est-il besoin de
dire que ce camp des obscurantistes n'existe pas, que personne
ne pense que la simple description de l'usage québécois mènerait
au séparatisme linguistique? Ce que les aménagistes avancent là
relève de la bêtise pure. En lisant cela, la moutarde vous monte
au nez. Et violemment! Puis, vous vous dites: pardonnez-leur, ils
ne savent pas ce qu'ils disent. Car il est évident que les auteurs
de cette communication ne sont pas conscients du caractère à la
fois ridicule et révoltant de ce qu'ils énoncent là. D'ailleurs, on

---

3. « Le français québécois et la légitimité de sa description », art. cit., p. 96, 103.

aurait tort de gaspiller la moutarde, on risquerait d'en manquer pour la suite.

Car cela ne s'arrête pas là. L'intérêt de cette communication ne se réduit pas à cette pathétique illustration de l'impasse où mène l'usage d'un idiome au vocabulaire approximatif. Pour la première fois — à ma connaissance à tout le moins —, les aménagistes y disent clairement qu'ils entendent redéfinir des mots du vocabulaire abstrait. Nous y voilà enfin: c'est là que mène le principe de légitimation préconisé par les aménagistes. Enfin un peu de cohérence entre le principe de légitimation et les exemples cités. Fini les gentilles listes de québécismes de bon aloi: on passe aux «vraies affaires», aux choses sérieuses... Et de fait, c'est sérieux. C'est même grave! Nous parlons déjà une langue dans laquelle la notion de *citoyenneté* est employée à tort et à travers, où *juridiction* et *compétence* sont de parfaits synonymes, où on confond *public* et *gouvernemental*... Mais ça ne suffit pas encore aux aménagistes, qui se proposent tout bonnement de revoir l'ensemble du vocabulaire sociopolitique. À tout le moins les termes pour lesquels, selon eux, les définitions des dictionnaires français ne rendent pas compte de certains sens particuliers que nous leur donnerions. Les spécificités sémantiques qui sont ainsi l'objet de leur aimable attention ont été relevées — vraisemblablement par Nadine Vincent, qui terminait à l'époque une thèse de doctorat sur le vocabulaire sociopolitique — dans un corpus constitué de textes présentés devant la Commission Bélanger-Campeau.

Les trois exemples donnés par les aménagistes dans cette communication sont les notions de *nation*, de *statu quo* et de *souveraineté*. Il devrait suffire, pour donner une idée du manque de rigueur de ce travail, de les voir s'acharner sur la notion de *nation* pour démontrer que les définitions du *Petit Robert* font obstacle à son «incarnation en sol laurentien», comme ils disent. Et pour prouver, s'il en est encore besoin, le manque de clarté de leur langue, il devrait suffire de citer les deux petites phrases qui introduisent le passage en question: «Il y a d'abord des différences de sens entre le corpus et les dictionnaires français. Prenons l'exemple du mot *nation*, appartenant au réseau des groupes humains[4].» Notons que ce n'est pas entre le corpus et les dictionnaires qu'il y aurait des différences de sens, mais entre l'emploi des mots dans le corpus et les définitions des dictionnaires. Mais

---

4. *Ibid.*, p. 103, 98.

c'est un détail au regard de ce qui suit: le mot *nation... appartenant au réseau des groupes humains*! Qu'est-ce que c'est que cette histoire de «réseau de groupes humains», auquel «appartiendrait» le mot *nation*? Ne serait-ce que pour pouvoir comprendre spontanément ce genre de rébus, ça vaudra la peine d'apprendre le québécois standard! Pour pouvoir décoder, il faut en fait avoir présent à l'esprit cette précision donnée au début de la communication: «nous avons analysé trois séries de mots centrés sur les trois thèmes suivants: les groupes humains, les options constitutionnelles et l'identité[5]». Munie de cette clé qui nous permet de comprendre que *réseau* est synonyme de *série*, et sachant — car nous avons bien quelques notions de québécois standard — que la séquence *mots centrés sur des thèmes* serait rendue dans notre langue par *mots classés par sujets*, formulation qui fait spontanément surgir à l'esprit du locuteur du français la notion de *catégorie*, nous pouvons risquer une traduction: *le mot* nation, *qui entre dans la catégorie* groupes humains... Mais ne nous laissons surtout pas désarçonner par ces petites difficultés de compréhension, et poursuivons. Les aménagistes commencent par citer les définitions des trois premières acceptions de la notion. La première étant vieillie et ne présentant aucun intérêt — on se demande d'ailleurs pourquoi ils la citent —, je me contenterai de reproduire les deux autres, qui seront donc évoquées par les auteurs comme étant les deuxième et troisième:

> «Groupe humain, généralement assez vaste, qui se caractérise par la conscience de son unité (historique, sociale, culturelle) et la volonté de vivre en commun.»

> «Groupe humain constituant une communauté politique, établie sur un territoire défini ou un ensemble de territoires définis, et personnifiée par une autorité souveraine.»

L'«analyse» commence par une affirmation lapidaire censée démontrer l'irréductible québécité de l'emploi de *nation* dans l'expression *nation autochtone*: «La deuxième définition pose le problème de la notion floue de groupe *généralement assez vaste* qui s'applique difficilement aux *nations autochtones*.» Voilà, l'affaire est expédiée: il n'y a pas un mot de plus! Malheureusement, pour avoir été bellement expédiée, l'affaire n'est pas pour autant réglée. Ce que disent les aménagistes ne tient tout simplement pas debout.

---

5. *Ibid.*, p. 97.

Où résiderait donc ce «flou» rédhibitoire, sinon dans l'adverbe *généralement*? Or c'est précisément grâce à la restriction apportée par cet adverbe que les nations autochtones, qui ne sont pas des groupes vastes, peuvent être considérées comme des nations. Tout cela est tellement absurde qu'on a peine à y croire : est-on bien dans la revue de linguistique d'une université? À la décharge de la rédaction, disons qu'on a sans doute publié sans discrimination toutes les communications prononcées dans le cadre du colloque de l'ACFAS.

La suite est de la même farine, bien qu'on ait au moins droit à une «analyse» un peu plus substantielle : «La troisième définition, quant à elle, pose un problème majeur, celui de l'*autorité souveraine*. Ce sens ne peut convenir à plusieurs exemples du corpus BC [Bélanger-Campeau], notamment tous ceux traitant de la *nation québécoise*. De fait, notre corpus contient plusieurs exemples qui présentent le concept de nation comme une notion gigogne, c'est-à-dire celui d'une nation qui cohabite avec d'autres nations, ou encore qui peut être intégrée dans un autre regroupement d'individus, dans une autre nation. [...] Dans le corpus BC, une nation peut donc en contenir [*sic*] une autre. Cette nuance de sens relevée dans le contexte sociopolitique québécois et canadien est absente des dictionnaires français ; elle n'en est pas moins fondamentale en ce qui concerne nos usages sociopolitiques. D'après les définitions des dictionnaires français, quand les nations sont regroupées, elles le sont au sein d'une communauté ; par exemple, la Communauté économique européenne regroupe plusieurs nations qui ont en commun l'économie et le territoire.» On ne voit d'abord pas très bien en quoi la question de l'autorité souveraine s'opposerait à la notion de «nations gigognes». Mais, quoi qu'il en soit, cette notion ne repose sur aucune nuance de sens dont les dictionnaires français ne rendraient pas compte : elle s'explique parfaitement à partir des définitions qu'on y trouve. Mais, justement, à partir «des» définitions. L'erreur des auteurs tient vraisemblablement à ce qu'ils tentent de l'expliquer à la lumière d'une seule des acceptions du mot, alors que c'est aux deux qu'il faut recourir. Revenons donc à ces deux définitions du *Petit Robert*. Quiconque a une certaine culture politique aura reconnu dans la deuxième, ce qu'on appelle la nation ethnique, et dans la troisième la nation politique. Et il n'est pas nécessaire d'être la tête à Papineau — pour employer une expression bien de chez nous — pour comprendre qu'une nation politique peut avoir

sur son territoire plusieurs nations ethniques. Mais les aménagistes, eux, ne comprennent manifestement pas cela. On se pince
pour le croire ! Voyons les énoncés qu'ils citent pour étayer leur
explication. Le premier dit ceci : « La structure fédérale actuelle
[...] ne permet pas le libre développement de chaque nation, mais
assure la domination d'une nation, la nation "canadienne" [,] sur
les autres nations, québécoise, acadienne, premières nations. » La
nation qui domine, la nation canadienne, est ici la nation politique ; qui ferait obstacle au développement des nations, ethniques,
acadienne et autochtones. Quant à la notion de nation québécoise, elle peut être entendue dans les deux sens : nation politique
au sein de laquelle vivent trois nations ethniques (francophones,
anglophones et autochtones) ; ou nation ethnique, si pour l'auteur
du texte *québécois* renvoyait essentiellement aux francophones de
souche. Le deuxième exemple donné par les aménagistes est tout
aussi facile à expliquer à la lumière des deux définitions du *Petit
Robert* : « Cet état (*sic*) fédéral n'est qu'une fiction, qui parvient
très maladroitement à camoufler une réalité de toujours [,] "Deux
nations dans un même pays, deux sociétés complètes et bien
distinctes", chacune à la recherche de son état (sic) central[6]. » Les
deux nations correspondent ici à ce qu'on appelle habituellement
les « deux peuples fondateurs », les nations ethniques canadienne
française et canadienne anglaise ; dont chacune, « à la recherche
de son État central », voudrait en fait devenir « la » nation politique. Voilà, c'est simple comme bonjour ! Mais, visiblement, les
aménagistes tiennent mordicus à ce que ce ne soit pas simple :
« d'après les définitions des dictionnaires français », concluent-ils,
les nations ne pourraient être regroupées qu'au sein de communautés, comme la Communauté économique européenne... Mais
où, grands Dieux, sont-ils allés chercher ça ? On ose à peine le
croire, mais il semble bien qu'ils confondent là les définitions et
les exemples. Certes, le *Petit Robert* ne donne comme exemples
de regroupements de nations que des organismes internationaux
réunissant des nations politiques, l'Organisation des Nations
unies et la Société des Nations. Mais rien, strictement rien, dans
les définitions mêmes ne fait obstacle à la description du type
de rapport « entre nations » évoqué par les auteurs — qui n'est
d'ailleurs pas, est-il besoin de le dire, propre à la réalité sociopolitique canadienne.

---

6. *Ibid.*, p. 99.

Quand on songe au degré d'anglicisation des langues de spécialité, il est proprement hallucinant de voir ces trois apprentis lexicographes se proposer ainsi de triturer la définition d'un des rares mots du vocabulaire politique québécois qui n'ait pas été contaminé. Nous aurions, en tout cas, aimé savoir ce que nos cracks en sémantique auraient à proposer *comme définition de* nation. Ne serait-ce que pour savoir si leur trouvaille permettrait de rendre compte de l'emploi déroutant qui est fait du mot dans l'introduction du Rapport Larose : *la nation québécoise doit rassurer... l'ensemble de la nation québécoise...* Ce ne sont plus les nations gigognes, c'est la nation à géométrie variable !

Il n'est sans doute pas superflu de rappeler que ces élucubrations sur le thème de *nation* portent la signature de l'auteur d'une thèse de doctorat sur le vocabulaire sociopolitique. Lors d'un colloque organisé à l'occasion des vingt-cinq ans du Rapport Parent, le spécialiste de l'enseignement du français Gilles Bibeau, en bon défenseur du français québécois, s'étonnait de la récurrence des critiques sur l'état de la langue au Québec : « Pourquoi cela, alors qu'il paraît assez clairement que la situation n'est pas dramatique, du moins au plan social, puisque la communauté réussit sans difficulté à combler ses besoins en langue codifiée et en communication soutenue[7]? » Courte vue, de technocrate de la langue. Comment déterminer exactement quels sont les besoins d'une collectivité en fait de « langue codifiée », et comment savoir s'ils sont satisfaits ? Bien sûr, il y a les journaux, les magazines, les publications de l'Administration, qui sont généralement dans un français tout à fait acceptable. Mais cela suffit-il ? En ce qui me concerne, je suis au contraire persuadée que le Québec, sur le plan social, pâtit de la méconnaissance de la langue. Et à tous les niveaux de l'échelle sociale. Il faudra un jour s'interroger sur le lien entre l'état de la langue dans les classes populaires — où les effets habituels de la sous-scolarisation sont aggravés chez nous par l'usage d'un français quasi dialectal — et les taux exceptionnels de décrochage scolaire et d'illettrisme qui minent notre société. Comme le dit le linguiste français Alain Bentolila, « certains enfants arrivent aux portes de l'école avec un comportement de langage incompatible avec une scolarisation banale » ; et encore : « La lucidité d'un enfant apprenant à lire dépend aussi de la clarté dans laquelle a baigné son apprentissage du langage[8] » — ce que

---

7. G. Bibeau, « L'enseignement du français », dans *L'Éducation 25 ans plus tard ! Et après ?* sous la direction de F. Dumont et Y. Martin, Québec, IQRC, 1990, p. 233.
8. A. Bentolila, *Le Propre de l'homme. Parler, lire, écrire*, Paris, Plon, 2000, p. 178, 166.

Georges Dor a dit dans d'autres termes. À un tout autre niveau, pour exercer depuis de nombreuses années un métier qui me permet de voir l'envers du décor — manuscrits de hauts fonctionnaires, d'ingénieurs, de professeurs d'université, de titulaires de maîtrise et de doctorat —, je crois pouvoir dire que les lacunes de la langue compromettent la qualité de l'enseignement universitaire et de la vie intellectuelle. Et c'est sans parler de la vie civique, pour revenir au vocabulaire sociopolitique. On peut à bon droit se demander, par exemple, ce que pouvait bien signifier dans l'esprit du public le «projet civique» mis en avant par la Commission Larose, quand *civique* a encore chez nous le sens, anglais, de *municipal*. Ce dont témoigne l'existence, dans la très française «capitale nationale» du Québec, d'un parti municipal affublé du nom d'Action civique de Québec — digne successeur du défunt Progrès civique. On peut encore se demander ce que signifiait exactement pour les membres de la Commission Larose cette citoyenneté québécoise qu'ils proposaient, quand dans la langue qu'ils parlent la notion de *citoyenneté* n'a à peu près plus aucun sens ? Pour s'en faire une idée, écoutons le commentaire que fit, à une tribune téléphonique, un des commissaires, l'écrivain Stanley Péan, à la suite de l'appel d'un auditeur de Lac-Brôme selon qui citoyenneté québécoise et citoyenneté canadienne étaient incompatibles : «L'une des deux citoyennetés n'empêche pas l'autre [...]. Il est du Lac-Brôme : il est citoyen du Lac-Brôme [...]. Ce sont des échelles différentes[9].» Alors, je demande : si ça n'est pas plus important que ça, quel sens cela peut-il encore avoir ? Qu'en penserait cette jeune journaliste de Québec qui, rendant compte à la radio d'une manifestation propalestinienne, a tenu à préciser que s'y trouvaient réunis des «citoyens québécois et des membres des communautés ethniques»? Quel sens donnait-elle là à *citoyen*?

Aujourd'hui, je pourrais encore m'appuyer sur le dictionnaire français pour lui faire voir pourquoi elle risque de heurter les Québécois d'adoption, qui, sans nécessairement se considérer comme des «citoyens québécois», veulent être considérés comme des citoyens à part entière. Mais quand l'autonomie de notre variété de français aura été consacrée, et que seul le dictionnaire québécois fera autorité, quelle subtile distorsion sémantique la lexicographie aménagiste aura-t-elle fait subir à la notion de *citoyenneté*? Il vaudrait mieux, en tout cas, ne pas

---

9. *Le Midi-15*, première chaîne de Radio-Canada, 20 août 2001.

compter sur les deux directeurs du projet, Pierre Martel et Hélène Cajolet-Laganière, pour veiller à la rigueur de la définition, si on en juge par cette phrase relevée dans la conclusion d'un de leurs ouvrages : « En tant que citoyens vivant dans une civilisation nord-américaine, nous avons des caractéristiques propres, une vision particulière du monde qui nous entoure et une sensibilité différente de celle des Français[10]. » À cet égard, une chose est sûre : la sensibilité citoyenne n'est pas la même des deux côtés de l'Atlantique. Selon les dictionnaires français, ce n'est pas du tout à titre de citoyens que « nous sommes des Nord-Américains » — comme on se serait justement contenté de dire en français de France. Il suffira de peu, d'une maladresse dans la formulation de la définition, d'un exemple mal choisi, pour conforter dans l'usage des emplois impropres de *citoyen*. Cela pour les maladresses, hautement prévisibles vu le manque d'expérience des aménagistes en lexicographie et leur méconnaissance du français standard. Mais il se peut qu'ayant pris connaissance de l'existence de ce précieux particularisme québécois en lisant *Le Maquignon et son joual*, Martel et Cajolet-Laganière aient déjà passé commande à leur spécialiste du vocabulaire sociopolitique, Nadine Vincent, pour qu'elle voie à « l'incarnation en lexicographie laurentienne » de la notion de *citoyenneté*. Est-ce à elle, au fait, qu'on doit l'idée de cette fantaisiste distinction qui est faite dans *Le Français québécois* entre vocabulaires sociopolitiques fédéral et provincial, qui, avons-nous cru comprendre, pourrait servir à « pelleter quelques anglicismes dans la cours du fédéral », pour user du parler coloré de chez nous ?

Quoi qu'il en soit, nous venons de le voir, à défaut de rigueur, la relève aménagiste ne manque pas d'imagination. D'ailleurs, pourquoi ne pas faire plus ample connaissance avec une représentante de cette génération qui demain tiendra le gouvernail ?

10. *La Qualité de la langue au Québec, op. cit.*, p. 158.

Chapitre dix

Portrait de la relève

Disons d'abord, pour expliquer l'intérêt que nous portons à sa personne, que Nadine Vincent n'est pas une quelconque représentante de la relève aménagiste. On peut légitimement la considérer comme une protégée de Pierre Martel et d'Hélène Cajolet-Laganière, qui en associant leur nom au sien donnent de la crédibilité à son travail, et par ricochet à ses idées sur le français québécois en général[1]. Or il se trouve que Nadine Vincent a des idées qui ne sont pas tout à fait «en phase», comme on dit, avec le discours officiel des aménagistes. Ce que je suis particulièrement bien placée pour savoir. Il y a de cela quelques années, Mme Vincent répliquait dans les pages du *Devoir* à un article dans lequel je disais deux ou trois choses désagréables sur l'état de la langue au Québec, écorchant au passage le projet aménagiste. J'ignorais alors totalement qui était cette fougueuse néojoualisante, et c'est longtemps après seulement que je devais retrouver son nom dans la liste des linguistes qui avaient relu l'ouvrage du tandem aménagiste, *Le Français québécois*. À l'époque de cette petite polémique, qui s'étendit sur quatre articles, mon premier livre n'était pas paru et Nadine Vincent ignorait par conséquent à quel point j'étais engagée dans ce débat sur la norme ; et que je connaissais par cœur tous les articles du petit catéchisme aménagiste qu'elle me récitait sentencieusement. L'eût-elle su qu'elle eût sans doute été plus prudente dans sa défense du français québécois. Le changement de ton fut d'ailleurs saisissant dans son deuxième article. Ses maîtres à penser — qui eux me connaissaient depuis ma critique du *Français au bureau* — lui avaient de

---

1. Raison supplémentaire de s'intéresser à Mme Vincent: comme c'était à prévoir, elle fera partie de l'équipe de rédaction du dictionnaire du français québécois dirigée par les deux aménagistes. C'est ce qu'on pouvait apprendre dans un entrefilet annonçant la fermeture du café-théâtre L'Aparté, dont elle était copropriétaire: «" ... Il faut être réaliste, ce n'est pas mon métier d'administrer [sic] un restaurant. Je passe donc à autre chose." Docteur en linguistique, Mme Vincent poursuit le travail au sein d'une équipe de l'Université de Sherbrooke qui prépare un dictionnaire du français québécois d'usage standard.» («Fin de L'Aparté», *Le Devoir*, 15 mai 2003, p. B7.)

toute évidence fait comprendre qu'elle risquait de nuire à la cause. Mais il était trop tard: la sortie irréfléchie de Nadine Vincent avait déjà laissé entrevoir ce qui grouille et grenouille dans l'entourage du rassurant tandem. Il devenait patent qu'il y a, pour ainsi dire, une division des tâches au sein des vaillantes troupes aménagistes. Pendant que Martel et Cajolet-Laganière, parés du prestige des organismes de la Charte, occupent le devant de la scène en scandant *bon français d'ici, bon français d'ici* — jusqu'à ce que tombe la manne des subventions publiques —, les combattants de l'ombre se chargent du «registre familier».

Dans cet article qui m'attira les foudres de Mme Vincent, j'avais, entre autres propos condamnables, osé exprimer mon étonnement devant la persistance de fautes de genre comme *une autobus*, dans une population aussi scolarisée que la nôtre. Ce qui fit jaillir sous la plume de la linguiste cette réplique inspirée: «Madame le réviseur dénonce la féminisation d'autobus [...]. Quel scandale! La féminisation des noms à initiale vocalique (mots qui commencent par une voyelle) est une caractéristique du français québécois. En fait, c'est plutôt en France que le problème se pose puisqu'on tend à bannir le genre féminin: "En français, la classe des féminins est en voie de fermeture, les mots nouveaux étant le plus souvent masculins" (Marina Yaguello, *Les Mots et les femmes*, Paris, Payot, 1978, p. 101). De plus, cette féminisation québécoise a des racines historiques. Adjutor Rivard écrivait déjà en 1904: "Cela suppose que le passage d'un genre à l'autre s'est fait dans le vieux français ou dans les patois des provinces, avant le XVIIIe siècle, et que nous avons reçu de nos pères ces archaïsmes, classiques ou dialectologiques." La norme française a donc changé après la Conquête, notamment au moment de la Révolution française, et nous n'avons pas suivi le courant. Où est le mal? S'il fallait s'adapter à toutes les fluctuations langagières de la France, c'est pour le coup que nous en perdrions notre latin. Mme Lamonde sait-elle que "sandwich" était féminin dans Littré en 1873 et dans Hatzfeld et Darmesteter en 1924? Que *trampoline* est masculin dans la dernière édition du *Petit Robert* (1993) alors qu'il était féminin en 1985 dans le *Grand Robert*? quelle édition doit-on suivre? quel auteur? à quel gourou de la langue doit-on se soumettre? L'usage populaire détient [*sic*] parfois une logique qu'il appartient aux linguistes de décrire et d'expliquer. [...] La question des genres, parce qu'elle relève souvent d'un arbitraire complet, s'avère particulièrement délicate et il convient de l'étudier avec le recul historique et l'ouverture scientifique [*l'esprit scientifique...*?] nécessaires. Ce n'est pas en dépréciant les locuteurs, qui ont le mérite de se fier à leur instinct linguistique [!] plutôt qu'à leur émotivité élitiste, que Mme Lamonde fera avancer le débat[2].» *Élitiste*, le mot est lâché! L'envolée faisait à peu près le tiers de l'article, et il fallait la citer au complet pour que le lecteur en saisisse parfaitement l'esprit. Par comparaison, les auteurs de la réplique à Georges Dor, qui s'étaient modestement contentés de banaliser la faute, font pratiquement figure d'académiciens. Qu'on se le tienne pour dit, en tout cas: cette tendance à la féminisation est une caractéristique du français québécois... Et c'est plutôt en France que le problème se pose! Il manquait aux joualisants le vernis de la linguistique «scientifique» pour s'avancer jusque-là.

Mais, on aurait tort de se moquer: la linguistique scientifique, ça ouvre des portes, celles de l'Office de la langue française notamment. Un an exactement après la parution de cette réplique dans *Le Devoir*, Nadine Vincent publiait un article dans la revue de l'Office *Terminogramme*. Elle y reprenait la même idée, sur un ton, il va sans dire, adapté à la «situation de communication». Et voici ce que cela donne, dans la version épurée et édulcorée: «Autre type de divergence entre les normes québécoise et française: le genre grammatical des noms communs. Notons que le genre grammatical, donnée arbitraire s'il en est, a fluctué au cours des siècles de façon importante, notamment pour les mots à initiales vocaliques et les mots d'origine anglaise. [...] Si la tendance québécoise à la féminisation est attestée, elle n'a cependant pas accédé à la norme, malgré ses justifications historiques. Cet usage québécois est donc marqué du sceau de la langue familière (*une ascenseur, autobus, avion, habit, orteil*, etc.)[3].» On aura peut-être noté qu'au début de son explication la linguiste présente le genre grammatical des noms communs comme faisant partie des «divergences entre les normes québécoise et française», pour conclure en disant que le trait le plus caractéristique de cette divergence du français québécois, la tendance à la féminisation, «n'a pas accédé à la norme»... Alors, faudrait savoir: c'est une divergence du point de vue de la norme, ou du point de vue de l'usage? Voilà le genre de contradictions dans lesquelles on s'empêtre quand on s'ingénie à vouloir faire de ce que tout le monde considère comme une faute de français un particularisme

2. N. Vincent, «Bon week-end, Madame le réviseur», *Le Devoir*, 17 juillet 1997, p. A 7.
3. N. Vincent, «Le paradoxe québécois», *Terminogramme*, n° 86, mai 1998, p. 14.

légitime — justifié historiquement, rien de moins! Dans la perspective aménagiste d'ailleurs, parler de faute à propos d'usages courants en français québécois serait ni plus ni moins qu'une hérésie. Prenons donc acte: *une autobus* n'est pas une faute, c'est un usage «marqué du sceau de la langue familière». Ce qui constitue déjà une forme de légitimation. Il y a un monde entre la faute, qu'il faut tendre à éliminer de l'usage, et l'emploi familier, qui est parfaitement acceptable dans certaines circonstances.

Mais Nadine Vincent ne voit pas du tout les choses de cette façon: pour elle, faire d'un emploi fautif un simple usage familier, ce n'est en aucune manière le légitimer. C'est que notre linguiste a des idées simples sur la question de la norme: du moment qu'on ne «valorise» pas la parlure populaire, qu'on ne monte pas sur les toits muni d'un mégaphone pour crier *vive le joual!* tout est permis, tout est anodin, rien n'a de conséquences... Mais il y a hélas des natures compliquées qui ne comprennent pas ça, d'où tant de fâcheux malentendus: «Le quiproquo, déplore-t-elle, porte principalement sur la question suivante: en valorisant l'usage québécois, les linguistes valorisent-ils la médiocrité? C'est l'éternelle confusion entre usages standards et usages familiers, les linguistes défendant les premiers et les opposants attaquant les seconds[4]»... Parce que Mme Vincent ne défendait pas du tout les fautes de genre dans sa réplique à mon article: nous aurons rêvé ça! Parce qu'il n'est pas vrai que dix professeurs de linguistique de l'Université Laval s'en sont pris hargneusement à Georges Dor pour défendre le français anémique des petits candidats au décrochage scolaire, sous le prétexte qu'il recèle quelques traits de notre inestimable patrimoine linguistique. Parce que le propre collègue de Mme Vincent, Jean-Marcel Léard, ne cherchait évidemment pas le moins du monde à valoriser la morphosyntaxe du parler québécois oral dans sa *Grammaire québécoise d'aujourd'hui*. Je l'aurai mal lu, et je l'aurai mal cité dans *Le Maquignon*!

Il serait toutefois injuste de cantonner Mme Vincent dans l'odieux rôle de *défenseure* du mal parler; pardon, *des usages marqués du sceau de la langue familière*! La relève aménagiste est pleine de ressources, et Nadine Vincent livrait également, dans cet article publié dans *Terminogramme*, une fine réflexion sur la question des anglicismes en français québécois. Et comme elle n'a pas que d'immenses ressources intellectuelles, qu'elle a aussi

---

4. *Ibid.*, p. 15.

de la suite dans les idées, elle en arrive là encore à la conclusion que… le problème est en France : « Il y a à peine quelques années, l'anglicisme *shopping* était stigmatisé par les Québécois et symbolisait à merveille [de fait, une aubaine pour les démagogues !] la perméabilité hexagonale [*de l'Hexagone*] à l'anglais. Mais par la porte de la mode [*sic*], domaine sur [*sic*] lequel la France règne incontestablement, le mot shopping et bien d'autres, font tranquillement leur niche [*leur nid*] ici. Ainsi, la revue *Elle Québec* et ses semblables [*sic*] suggèrent [*proposent*] leurs *guide shopping*, *look in* et autres *best of* des *news modes*. Attestés, véhiculés par l'écrit, ces anglicismes d'outre-frontières conquièrent ainsi un marché mal protégé[5]. » Voilà que notre marché linguistique serait mal protégé, contre la France ! Il faudrait peut-être songer à mettre *La Recherche* à l'index *because* l'anglomanie d'Odette. Rassurons-nous : en fait, on ne risquera pas de tomber sur une citation de Proust dans le dictionnaire aménagiste, qui sera à cet égard cent pour cent pur québécois. Je voudrais bien, quant à moi, savoir qui nous protégera du volapük aménagiste, qui nous poursuivra jusque dans les pages du dictionnaire de sa syntaxe claudicante, de sa sémantique de l'à-peu-près, de sa logique floue.

Soyons honnête, Mme Vincent ne fait pas que dénoncer le coupable laxisme des Français. Elle n'est pas bête, et elle sait bien qu'il faut tout même faire un p'tit peu semblant de s'intéresser au phénomène de l'anglicisation du point de vue du français québécois. Et que croyez-vous que notre linguiste trouve à dire sur la question ? En bonne élève de Martel et de Cajolet-Laganière, elle nous sert les deux grands clichés aménagistes, grâce auxquels on peut comme de juste poser le Québec en modèle par rapport à la France. D'abord, au mépris du fait que la langue qu'on se propose de consacrer dans le dictionnaire usuel suinte littéralement l'anglais, le français québécois… rempart contre l'anglais : « … le Québec subit naturellement les influences du continent nord-américain. Cette conscience de l'assimilation possible en a fait un chef de file en matière de lois linguistiques, d'autocorrection et de chasse aux anglicismes… » Je trouve toujours extrêmement préoccupant de voir un linguiste prôner à la fois la chasse à l'anglicisme et la légitimation du français québécois : en psychiatrie on appelle cela, je crois, de la schizophrénie. Puis, le mythe — que j'espère être parvenue à ébranler dans ce

---

5. *Ibid.*, p. 14. On notera encore la faute de ponctuation, la virgule après *et bien d'autres*.

livre — de l'absence d'anglicismes dans ce québécois standard qu'on entend proposer pour norme : « Si le français du Québec est truffé d'anglicismes dans l'usage familier, c'est à la norme que ces derniers accèdent en France. » En fait, des problèmes d'anglicismes dans la langue soignée, au Québec, il n'y en a tout simplement pas… Sauf, on l'aura deviné, quand les Québécois se laissent aller à imiter les Français : « Là où le bât blesse, c'est quand le Québec, circonspect face à la langue anglaise, devient candide [sic] et irresponsable face aux emprunts français[6]. » *Irresponsable*, au regard de quoi? je voudrais bien savoir! Mme Vincent défendrait-elle la pureté des langues? On forme décidément de bien drôles de linguistes, à l'Université de Sherbrooke. Pour couronner le tout, pour bien enfoncer le clou, Nadine Vincent s'étendra sur trois de ces emprunts qui menaceraient notre langue — ou plutôt notre «identité», car au fond c'est tout ce qui l'intéresse. En fait, les trois quarts des deux colonnes qui sont consacrées à la question des anglicismes seront utilisés par Mme Vincent pour nous dire tout le mal qu'elle pense de *shopping, week-end* et *cédérom*. L'idée ne lui viendrait évidemment pas de se pencher sur *burn out, lock out* ou *lobbying*, dont on ne sache pas qu'ils aient été importés de l'Hexagone et qui sont fort bien admis en «québécois standard». Mais Mme Vincent, qui n'est jamais à court d'arguments nationalistes, trouverait sans doute à exciper de leur américanité — c'est bien porté par les temps qui courent — quelque valeur identitaire. Il va sans dire qu'il n'y a pas un mot, dans cet article, sur la légitimation des anglicismes du français québécois en lexicographie aménagiste. Pourtant, l'Office de la langue française même a approuvé des anglicismes. Comment les aménagistes pourraient-ils ne pas avoir à le faire, et à très grande échelle, dans un dictionnaire de langue où ils entendent recenser tout le vocabulaire du français québécois?

À ce prêchi-prêcha puriste, je réplique quant à moi ceci : il faut être pétri de mauvaise foi pour réduire le français standard aux emprunts lexicaux, et obnubilé par le nationalisme linguistique pour ne pas reconnaître ce que ce «québécois standard» dont on nous rebat les oreilles doit à son modèle d'outre-Atlantique. Si nous n'avions pas importé tant d'usages français, il y a quelques décennies à peine, nous en serions encore à acheter l'alcool dans des *commissions des liqueurs*, à aller voir les films au *théât'*, et nos fonctionnaires travailleraient toujours dans le *service civil*. Et les

---

6. *Ibid.*

aménagistes n'auraient pas grand-chose à proposer comme bon français «d'ici». Rarement aura-t-on vu linguiste se donner autant de mal pour déformer la réalité linguistique. Tous les moyens sont bons pour occulter cette vérité d'évidence : l'attrait du français standard est, et a toujours été, au Québec un puissant facteur de francisation. Et si les Québécois assimilaient tout le vocabulaire recensé dans les dictionnaires *made in Paris*, emprunts lexicaux compris, ils parleraient une langue cent fois plus française que ne le sera jamais le français d'Amérique. On peut dire de fort belles choses sur la langue de chez nous, j'en conviens, mais certainement pas qu'elle est plus française que le français de France. Comme on dit là-bas : faut pas pousser grand-mère dans les orties !

Mais je perds mon temps : visiblement, la connaissance de la langue, du français québécois, n'intéresse pas beaucoup Mme Vincent. En bonne aménagiste, l'idée qu'elle aime se faire du sentiment normatif des Québécois, cette construction mentale qui lui tient lieu de savoir, lui suffit parfaitement. Et les étudiants qu'elle forme à l'université, à titre de chargée de cours, devront s'en satisfaire. À n'en pas douter, Pierre Martel et Hélène Cajolet-Laganière ne se sont pas trompés en prenant leur ancienne étudiante sous leur aile : elle ne trahira pas leur enseignement. Elle va même un peu plus loin. Ses étudiants à leur tour la dépasseront en audace. Et, armés intellectuellement comme on devine qu'ils le seront, il n'y aura sans doute pas grand-chose pour les arrêter.

CONCLUSION

D ans une communication qu'il prononçait il y a près de quinze
ans, Jean-Claude Corbeil énonçait le principe qui, selon lui,
devrait guider la lexicographie aménagiste en ce qui a trait à la
norme française : « la préoccupation de l'intercompréhension entre
nous et les autres francophones est un facteur de la régulation
lexicale au sein de la communauté, et non un a priori à imposer
à la préparation d'un dictionnaire global du français québécois[1] ».
Qu'est-ce à dire ? Que la seule volonté des Québécois de maintenir
le cap sur le français standard devrait suffire pour ne pas perdre le
nord. Jean-Claude Corbeil résumait là en fait le principe même de
l'autonomie linguistique, défendu par les aménagistes : laissons
jouer l'usage. C'est exactement le point de vue auquel l'Office de
la langue française s'est rallié en renonçant à imposer les usages
du français standard dans les textes officiels, pour laisser, dit-on,
se dégager une norme québécoise. En comptant évidemment que
le « souci d'intercompréhension » joue efficacement son rôle de
régulateur, pour éliminer les usages qui sont opaques pour les
autres francophones.

Or ce souci ne suffit pas. Encore faut-il avoir une connaissance
de la langue qui permette de saisir l'importance de l'écart entre
l'usage québécois et l'équivalent en français standard. En outre,
ce mécanisme de régulation ne peut justement entrer en jeu que
devant un choix clair entre deux usages qui sont en concurrence,
banc de neige et *congère* par exemple. Les auteurs de l'expression
contrainte à l'emploi ne se sont sûrement pas demandé si elle
était compréhensible ailleurs dans la francophonie. Ni d'ailleurs
si elle allait être comprise par leurs propres compatriotes. Et, cela
devrait donner à réfléchir, elle fut manifestement « comprise »
par des hauts fonctionnaires, par une ministre et par les juristes
qui ont participé à la rédaction de la loi dans laquelle elle figure
aujourd'hui. Sans parler des réviseurs linguistiques qui n'y ont
vu que du feu, ou qui auront protesté en vain. Il suffit de voir les

---

1. J.-C. Corbeil, « Assumer ou taire les usages lexicaux du Québec », dans *Pour un dictionnaire du français québécois. Propositions et commentaires, Revue québécoise de linguistique théorique et appliquée*, vol. 7, n° 1, 1988, p. 78.

extensions de sens qu'ont connues ces dernières années des mots comme *rectitude, mandat* ou *citoyen,* pour comprendre que le français québécois — dans sa forme la plus soignée — continue à dériver par rapport au français standard. Ce qui tend à montrer que la simple régulation sociale, la régulation du lexique par un groupe de locuteurs instruits, ne suffit pas pour maintenir le cap.

Si la régulation sociale jouait efficacement, d'ailleurs, il est évident que pas un des linguistes ou des langagiers dont j'ai décrit la langue dans ces pages n'aurait acquis la réputation qu'il a aujourd'hui. C'est dire que non seulement les Québécois qui connaissent bien le français standard sont trop peu nombreux pour exercer une réelle influence sur l'usage — sans compter que leur autorité est aujourd'hui sérieusement minée par le nationalisme linguistique —, mais qu'aucun de nos langagiers n'est capable de «tenir le fort». On peut au mieux espérer que nos gardiens du bon usage ne fassent pas eux-mêmes trop de fautes dans leurs ouvrages, et surtout qu'ils ne légitiment pas trop d'emplois impropres par incapacité à déceler l'écart sémantique dans telle expression en vogue qu'ils recensent. À cela s'ajoute la difficulté pour le profane de s'y retrouver dans les «subtilités et les non-dits» qu'on lui réserve aujourd'hui dans les ouvrages de référence québécois. Et ce n'est encore là qu'une pâle préfiguration de ce qui nous attend. Car l'édifiante neutralité de l'aménagiste devant l'usage ne s'exerce manifestement qu'à l'égard du français standard. En ce qui a trait aux «québécismes», nous avons pu voir que M. Corbeil, qui pose en parangon de vertu linguistique dans les colloques, ne répugnait pas à leur donner un petit coup de pouce dans le *Multidictionnaire.* Fût-ce au détriment de la rigueur la plus élémentaire.

Il est par conséquent évident qu'on ne peut en rester, dans la réflexion sur la norme, à des considérations générales sur la volonté et la vigilance des Québécois. C'est pourtant sur ce genre d'arguments que s'appuie pour nous rassurer le chercheur du Conseil de la langue française Jacques Maurais, qui, rappelant les échecs répétés des dictionnaires de français québécois et l'attachement de la population au français standard, conclut à propos de ma critique du projet aménagiste: «Dans les circonstances, les inquiétudes de Diane Lamonde ne semblent donc guère fondées[2].» Car le chercheur du Conseil a finalement découvert l'existence

---

2. J. Maurais, *Le Français moderne,* vol. 70, nº 2, 2002, p. 253. L'article en question est en fait un compte rendu de l'essai de Chantal Bouchard, *La Langue et le nombril,* où le

du *Maquignon*, dont il fera état, quatre ans après sa parution, dans un compte rendu publié... à Paris, où il ne risquait évidemment pas de soulever de débat. Et c'est cela aussi qui alimente mes «inquiétudes»: la protection dont jouissent les aménagistes dans les organismes de la Charte. Il est parfaitement clair que si le chercheur du Conseil avait voulu attirer l'attention du public sur le projet de Martel et de Cajolet-Laganière dans les divers rapports et avis qu'il a rédigés entre 1990 et 2000, il aurait pu le faire. Et il est non moins clair que le Conseil avait le pouvoir — il en avait d'ailleurs le devoir — d'empêcher le détournement de la Commission Larose par la mouvance aménagiste. Dans ma dénonciation du noyautage du Conseil de la langue française et du Secrétariat à la politique linguistique par les aménagistes, Jacques Maurais dit voir «une certaine paranoïa». Je suis en tout cas, à cet égard, en bonne compagnie maintenant, avec le directeur du Trésor de la langue française au Québec, Claude Poirier. Ce qui s'est passé au cours des années qui ont suivi la parution de mon premier livre n'a certainement pas été de nature à me faire changer d'opinion. N'était ma modestie naturelle, je dirais même que *Le Maquignon et son joual* était l'œuvre d'une visionnaire.

Qu'on ait sciemment cherché à empêcher tout débat sur la question, j'en veux encore pour preuve que le chercheur du Conseil n'est pas le seul à avoir fait l'impasse sur mon livre au moment de sa parution. Il est remarquable que ni Pierre Martel ni Hélène Cajolet-Laganière n'aient daigné y répliquer. Ils y étaient pourtant écorchés à tel point qu'un critique a pu dire que j'avais «Martel en tête»! Silence éloquent, quand on sait qu'une dizaine d'années plus tôt, pour cent fois moins que ça, et alors qu'il n'était même pas directement mis en cause, Pierre Martel me répliquait sur trois quarts de page dans *Le Devoir*[3]. Mais il arrive qu'on n'ait tout simplement pas d'autre choix que de répliquer. Ce fut le cas à la parution, dans un grand quotidien, de ma critique du *Français au bureau*. Sauf à perdre la face, l'Office de la langue française devait «prendre la défense de son personnel»,

---

linguiste parle brièvement des ouvrages parus à la même époque. Il faut lire un compte rendu publié à Paris pour apprendre que le chercheur du Conseil a trouvé détestable la réplique à Georges Dor: «Ce que je déplore, pour ma part, c'est le ton doctoral que l'on y prend pour sermonner Dor, comme si ses inquiétudes devaient nécessairement être considérées comme non légitimes.» (*Ibid.*, p. 252.) Que le même esprit se dégage de l'introduction de l'essai de Chantal Bouchard, qu'il encense, lui échappe par ailleurs complètement: ce que le «ton» peut faire...

3. «Contre le séparatisme linguistique», art. cit.

ainsi que le disait trompeusement le titre de cette réplique. Je dis trompeusement, parce que la défense en question consista pour l'essentiel en une attaque à l'endroit de «cette dame», ainsi qu'on me désignait pour bien marquer son mépris : accusations de malhonnêteté intellectuelle, dénaturation du sens de mes critiques, explications inutiles destinées à me faire passer pour une ignorante, récupération de coquilles pour me les imputer comme des fautes de français, tout a été fait pour me discréditer. La réputation d'aucun des linguistes en cause, qu'il s'agisse de l'auteur de l'ouvrage ou des réviseurs, n'a été entachée par cette affaire. Et, à vrai dire, rien n'a changé à l'Office de la langue française. Certes, *Le Français au bureau* a été entièrement remanié, et c'est aujourd'hui un ouvrage bien conçu et très utile. Mais, malgré une amélioration notable, la qualité de la langue y laisse encore à désirer. C'est peu dire d'ailleurs que la réputation de l'auteur n'a pas été égratignée : elle et son collègue Pierre Martel disposent aujourd'hui de quelques millions de dollars de fonds publics pour nous aménager une langue. On peut à bon droit parler de promotion.

Que retenir de cette navrante affaire, du point de vue qui nous intéresse ici ? Que non seulement la régulation sociale ne se fait pas efficacement, au Québec, mais que les organismes de la Charte peuvent carrément y faire obstacle pour occulter leur propre incurie en matière de norme. Si, par impossible, une voix critique et compétente ose se prononcer — et je crois avoir montré dans ce livre que ma critique de la langue du *Français au bureau* était fondée —, l'Office ou le Conseil sont là pour remettre le trublion à sa place. C'est pourquoi, à ceux qui me reprocheraient d'avoir étalé les lacunes du français de linguistes connus, je dis de ne pas s'en faire pour eux... Ils me traiteront de puriste, et tout le monde les croira.

ANNEXES

ANNEXE 1

LES SOURCES DU CHAPITRE 4
DU RAPPORT LAROSE

Lectrice assidue des deux aménagistes, j'ai immédiatement reconnu leur prose inimitable dans de nombreux passsages du chapitre du Rapport Larose consacré à l'aménagement linguistique. Déformation professionnelle... Je n'ai pu réprimer l'envie d'assortir les passages en question et leur version source d'un petit corrigé.

Rapport Larose	Martel et Cajolet-Laganière
« Dans un premier sens, *l'aménagement linguistique désigne* toute intervention dans les relations entre les langues en présence sur un territoire donné; c'est l'aménagement du statut de la langue, le plus souvent fait au moyen de lois et de règlements, qui s'appliquent à des domaines précis: affichage, étiquetage des produits, raisons sociales, et autres. Ces aspects ont été l'objet des différentes *législations* linguistiques (loi 63, loi 22, Charte de la langue française).	« Dans un premier sens, *l'aménagement linguistique désigne* toute intervention dans les relations entre les langues en présence sur un territoire donné; c'est l'aménagement du statut de la langue, le plus souvent fait au moyen de lois et de règlements qui s'appliquent à des domaines précis: affichage, étiquetage des produits, raisons sociales, et autres. Ces aspects ont été l'objet des différentes *législations* linguistiques (loi 63, loi 22, Charte de la langue française).
Le second sens rattaché à l'aménagement linguistique s'applique à la langue elle-même (la maîtrise et la qualité de la langue). *Il désigne* les phénomènes qui se rapportent à la manière dont la variation d'une langue s'est structurée par l'émergence d'une norme sociale reconnue et légitime [renvoi à un article de J.-C. Corbeil]. *Il vise* de plus à développer les ressources internes de la langue pour qu'elles puissent être utilisées efficacement[1]. »	*Le second sens rattaché à l'aménagement de la langue* s'applique à la langue elle-même (le corpus). *Il désigne* les phénomènes qui se rapportent à la manière dont la variation d'une langue s'est structurée par l'émergence d'une norme (Corbeil 1987: 564). *Il cherche* de plus à développer les ressources internes de la langue pour qu'elles puissent être utilisées efficacement[2]. »

---

1. *Le Français, une langue pour tout le monde*, op. cit., p. 80.
2. *Le Français québécois*, op. cit., p. 15-16.

CORRIGÉ

1) Ce n'est pas *l'aménagement linguistique* qui «désigne», mais *l'expression aménagement linguistique*: confusion, pour le moins étonnante chez des linguistes, entre le signifiant et le signifié.

2) Rappelons-le: l'emploi de *législation* au sens de *loi* est un anglicisme. Il fallait parler ici soit de *la législation linguistique*, soit *des lois linguistiques*.

3) Le sens ici n'est pas *rattaché* au mot, comme s'il en était dissociable: il s'agit du sens même du mot. On dirait d'ailleurs qu'un sens ou une connotation est *attaché* à un mot, et non pas *rattaché*.

4) Le pronom *il* se rapporte grammaticalement à *sens*, alors que logiquement il renvoie à *aménagement linguistique*. Et — même faute que dans le premier paragraphe — il devrait en fait renvoyer à *expression aménagement linguistique*, puisque ce n'est pas l'aménagement linguistique même qui «désigne».

5) Le deuxième pronom *il*, qui devrait avoir le même antécédent que le premier, renvoie en fait logiquement non plus à l'expression *aménagement linguistique* (qui *désigne*), mais à la pratique de l'aménagement linguistique (qui *vise à, cherche à développer les ressources...*).

Enfin, un détail... La définition de la notion d'*aménagement linguistique*, au sens d'aménagement de la langue, est complètement erronée. Il est bien écrit que l'aménagement linguistique *désigne* — et non pas *a trait à, concerne* — «les phénomènes qui se rapportent à la manière dont la variation d'une langue s'est structurée par l'émergence d'une norme». Or, *aménagement* est un nom d'action, et on ne peut par conséquent pas définir l'aménagement linguistique comme étant un ensemble de «phénomènes». Mais peut-être, après tout, est-ce le sens du verbe *désigner* que nos deux linguistes-lexicographes ne comprennent pas...

Rapport Larose	Pierre Martel
« En 1990, Le Conseil de la langue française reprenait à son tour cette définition [du français québécois standard] et proposait un avis au ministre responsable de l'application de la Charte, affirmant l'importance de procéder à une description et à une hiérarchisation des usages linguistiques au Québec. Parallèlement, les linguistes et autres spécialistes de la langue au Québec, réunis lors de nombreux colloques, congrès, ou autres rencontres scientifiques, ont largement adopté cette vision d'un "français standard d'ici". Enfin, en 1996, ces propositions étaient *endossées* par le gouvernement québécois lui-même dans son document *Le français langue commune: promouvoir l'usage et la qualité du français, langue officielle et langue commune au Québec*[3]. »	« En 1990, Le Conseil de la langue française reprenait à son tour cette définition et proposait un avis au ministre responsable de l'application de la Charte de la langue française affirmant l'importance de procéder à une description et à une hiérarchisation des usages linguistiques au Québec. [...] nombreux ont été ceux qui ont adopté le même point de vue, notamment les spécialistes de la langue au Québec lors de plusieurs colloques et congrès. En 1996, ces propositions étaient *endossées* par le gouvernement du Québec lui-même (voir *Le français langue commune: promouvoir l'usage et la qualité du français, langue officielle et langue commune au Québec*)[4]. »

CORRIGÉ

1) Nous l'avons déjà signalé, l'emploi d'*endosser* au sens d'*approuver* est un anglicisme. Au sens figuré, ce verbe signifie *accepter la responsabilité*.

2) Notons la formulation *langue commune au Québec*, alors que le titre de la proposition de politique dit bien *langue commune du Québec*. On reconnaît ici une tendance déjà observée dans l'article que Pierre Martel signait dans l'*Histoire de la langue française* (le *français au Québec*, la *langue au Québec*...).

3. *Le Français, une langue pour tout le monde, op. cit.*, p. 83.
4. P. Martel, *Le Français au Québec: une présence à renforcer et un outil de communication à maîtriser*, mémoire présenté à la Commission Larose, octobre 2000.

Rapport Larose	Martel et Cajolet-Laganière
« Si l'on peut légiférer pour établir le statut d'une langue au sein d'une communauté, c'est-à-dire pour imposer l'utilisation d'une langue et rétablir les rapports de force entre les langues en présence, on ne peut adopter des lois pour *imposer la qualité d'une langue*. Il faut par conséquent élaborer des stratégies particulières. Outre l'enseignement, dont il a été question précédemment, il faut dès lors agir par la voie de l'instrumentation. Cela revient à doter le Québec d'outils linguistiques appropriés (dictionnaires de divers types, grammaires, manuels scolaires, guides, logiciels de rédaction, de traduction et de correction, etc.), de manière à ce que les gens puissent faire des choix linguistiques éclairés quand plusieurs usages sont en concurrence, et ce, compte tenu du public visé et des *types de communication utilisés*. Ces outils de référence sont indispensables pour décrire et promouvoir l'usage linguistique à privilégier au Québec, notamment dans les situations de communication publique[5]. »	« Néanmoins, si l'on peut légiférer pour établir le statut d'une langue au sein d'une communauté, c'est-à-dire pour imposer l'utilisation d'une langue et rétablir les rapports de force entre les langues en présence, on ne peut adopter des lois pour *imposer la qualité d'une langue*. Il faut par conséquent élaborer des stratégies particulières. Quels sont donc les moyens à privilégier pour aménager la langue au Québec et pour définir un certain standard de qualité ? *En effet,* on ne peut pas légiférer pour obliger les gens à utiliser "correctement" la langue. Aussi faut-il se tourner vers l'instrumentation. De fait, il importe de doter le Québec d'ouvrages langagiers appropriés (manuels, guides…), de manière à ce que les gens puissent faire des choix linguistiques éclairés quand plusieurs usages sont en concurrence, et ce, compte tenu du public visé et des *types de communication utilisés*. La production de grammaires, de dictionnaires, d'ouvrages sur la prononciation, sur la syntaxe, etc., est essentielle pour arriver à décrire et à promouvoir un usage linguistique à privilégier, au Québec, dans certaines situations de discours[6]. »

CORRIGÉ

1) *Imposer la qualité d'une langue* se dit en français *imposer le respect de la langue, de la norme.* Sur l'expression *qualité de la langue* et les emplois singuliers qu'en font les aménagistes, voir l'annexe 5.

2) Logique élémentaire : la locution *en effet,* qui sert à confirmer, ne peut se rapporter à un énoncé interrogatif.

3) Plutôt que de *types de communication,* on parle de *types de discours,* qui varient selon la situation de communication. On se demande en outre pourquoi il est question *du public visé,* au singulier, mais de *types de communication,* au pluriel.

---

5. *Le Français, une langue pour tout le monde, op. cit.,* p. 86.
6. *Le Français québécois, op. cit.,* p. 16.

Rapport Larose	Martel et Cajolet-Laganière
« À l'oral, il existe un modèle de prononciation accepté et décrit. Ce modèle a pris naissance notamment chez *les gens de la radio et de la télévison d'État*. Ce modèle "radio-canadien" s'est vite imposé à l'ensemble de la population, qui l'a reconnu comme étant la bonne façon de prononcer le français au Québec[7]. »	« Très tôt s'est developpé un modèle de prononciation du français québécois [...]. Ce modèle a pris naissance notamment chez *les gens de Radio-Canada* et a été largement diffusé par *les journalistes de la radio et de la télévison d'État*. Assez curieusement, ce modèle "radio-canadien" a été peu formalisé, mais il s'est vite imposé à l'ensemble de la population qui l'a reconnu comme étant la bonne façon de prononcer le français au Québec[8]. »

CORRIGÉ

Voir l'annexe 7, sur l'article publié par Pierre Martel dans *L'Histoire de la langue française*, où on retrouve la curieuse phrase où il est question à la fois des «gens de Radio-Canada» et des «journalistes de la radio et de la télévision d'État».

Rapport Larose	Pierre Martel
« Au Québec, ce bon usage est communément appelé "français standard", *il* renvoie à la somme des usages utilisés au Québec; il constitue un tout, et non plus *une espèce de marginalité de la France*[9]... »	« En ne relevant que les traits distinctifs de notre langage, on peut facilement laisser croire que la légitimité de l'usage se situe hors du Québec. Au contraire, le français du Québec constitue un tout et non *une sorte de marginalité linguistique de la France*[10]. »

CORRIGÉ

1) Il fallait écrire ici soit *le bon usage est communément appelé «français standard», l'expression renvoie à...*, soit *le bon usage est communément appelé «français standard», il [le bon usage] correspond à...* Signalons encore l'absurdité de

---

7. *Le Français, une langue pour tout le monde, op. cit.*, p. 86.
8. «Le français au Québec: un standard à décrire et des usages à hiérarchiser», art. cit., p. 381.
9. *Le Français, une langue pour tout le monde. op. cit.*, p. 83.
10. P. Martel, «Les préoccupations du Conseil de la langue française en matière de qualité et d'aménagement de la langue», dans *Actes du colloque sur l'aménagement de la langue au Québec*, Conseil de la langue française, 1989, p. 12; cité dans *Le Français, une langue pour tout le monde, op. cit.*, Annexe 5 «Consensus sur la norme du français au Québec», p. 220.

l'affirmation selon laquelle le bon usage serait *la somme des usages utilisés au Québec*: si le bon usage se confond avec l'usage, alors il n'y a tout simplement pas de «bon usage»!

2) Outre l'invraisemblable expression *être une marginalité de quelque chose*, on notera la comparaison bancale entre une langue, le français québécois, et un pays, la France.

Rapport Larose	Martel et Cajolet-Laganière
«De fait, c'est dans tous les domaines de la vie courante et professionnelle que l'on *retrouve* des *spécificités entre* le français québécois et le français décrit dans les dictionnaires rédigés en France. Ces écarts sont en outre de divers types: mots nouveaux, sens nouveaux, référents nouveaux, associations ou groupements de mots nouveaux, *et ce, afin de s'adapter* au contexte québécois et nord-américain[11]. »	«Comme le font voir les exemples qui suivent, c'est dans tous les domaines de la vie courante et professionnelle que l'on *retrouve* des écarts entre le français québécois et le français de référence, c'est-à-dire celui qui est décrit dans les dictionnaires français. Ces écarts sont en outre de divers types: mots nouveaux, sens nouveaux, référents nouveaux, associations ou groupements de mots nouveaux, *et ce, afin de s'adapter* au contexte québécois ou tout simplement nord-américain[12]. »

CORRIGÉ

1) Il y a ici confusiom — courante en québécois standard — entre *retrouver* et *trouver*.

2) On ne dit évidemment pas *spécifités entre*; la version initiale, celle qu'on trouvait dans l'ouvrage des deux aménagistes, disait bien *écarts entre*. On aura mal transcrit…

3) Mauvaise construction syntaxique: le sujet grammatical de l'infinitif *s'adapter* est *écarts* (*ces écarts sont de divers types… et ce, afin de s'adapter*); alors que, bien sûr, ce sont les Québécois qui, pour *adapter leur langue* au contexte, *ont créé* des mots de divers types.

---

11. *Le Français, une langue pour tout le monde, op. cit.*, p. 85.
12. *Le Français québécois, op. cit.*, p. 99-100.

Rapport Larose	Martel et Cajolet-Laganière
« *De puriste* à ses débuts, *l'OLF est devenu* de plus en plus favorable à l'acceptation de particularismes québécois[13]. »	«… *(de très puriste au début, l'Office est devenu* de plus en plus favorable à l'acceptation de particularismes québécois)[14]. »

CORRIGÉ

Il y a ici télescopage de deux formulations : *puriste à ses débuts, L'OLF est devenu* et *de puriste qu'il était à ses débuts, l'OLF est devenu*. On notera au passage la maladroite et redondante tournure *de plus en plus favorable à l'acceptation*, pour *plus réceptif*.

Rapport Larose	Martel et Cajolet-Laganière
«Même si les interventions de l'OLF concernent surtout *la langue publique au Québec* et se limitent esentiellement à la portion spécialisée du vocabulaire, ces énoncés indiquent clairement l'intention *des Québécoises et Québécois* d'autogérer cette part qui leur est propre en matière de langue. Ils s'inscrivent dans une démarche plus globale qui vise à définir pour le Québec une norme appropriée[15]. »	«Toutefois, même s'ils se limitent à la "portion spécialisée" du vocabulaire français, ces énoncés indiquent clairement l'intention *des Québécoises et Québécois* d'autogérer cette part qui leur est propre en matière de langue. Ils s'inscrivent dans une démarche plus globale qui vise à définir pour le Québec une norme appropriée[16]. »

CORRIGÉ

1) En bonne syntaxe, le complément *au Québec* — au demeurant absolument inutile —, devrait être rattaché à un verbe.

2) La règle veut que *de* soit répété devant chaque mot : on devait donc écrire *des Québécoises et des Québécois*. Peccadille, qui a le mérite alléger ces insupportables doublets.

---

13. *Le Français, une langue pour tout le monde, op. cit.*, p. 82.
14. *Le Français québécois, op. cit.*, p. 54.
15. *Le Français, une langue pour tout le monde, op. cit.*, p. 82.
16. *Le Français québécois, op. cit.*, p. 57.

Rapport Larose	Martel et Cajolet-Laganière
« De fait, toutes les grandes nations ont procédé à la description de leurs usages et les ont consignés dans un dictionnaire usuel. Ce fut le cas pour l'Italie, l'Espagne, la France. Ce fut également le cas, dès 1782, pour les États-Unis (le *Webster*), qui ont vu la nécessité d'*écrire des ouvrages de référence* distincts du modèle anglais[17]. »	« … il n'y a pas de nation qui n'ait son dictionnaire. Historiquement, le dictionnaire a été un instrument qui a forgé l'âme des peuples ou des communautés linguistiques. Ce fut le cas pour l'Italie, l'Espagne, la France… Plus récemment, il en a été de même pour les États-Unis (Noah Webster vit, dès 1782 [,] la nécessité d'*écrire des ouvrages de référence* américains, distincts du modèle anglais …[18] »

CORRIGÉ

Si on *écrit* un roman, un poème, un essai, on *rédige* un dictionnaire.

Rapport Larose	Martel et Cajolet-Laganière
« Règle générale, le français écrit utilisé au Québec se conforme aux *règles traditionnelles de la grammaire* et de la syntaxe françaises[19]. »	« Règle générale, le français écrit utilisé au Québec se conforme aux *règles traditionnelles de la grammaire* et de la syntaxe françaises[20]. »

CORRIGÉ

Il n'existe pas de règles de grammaire *traditionnelles*, pas plus, par conséquent, qu'il n'y a de règles de grammaire non traditionnelles. Enfin, pas encore…

17. *Le Français, une langue pour tout le monde, op. cit.*, p. 82.
18. *Le Français québécois, op. cit.*, p. 113.
19. *Le Français, une langue pour tout le monde, op. cit.*, p. 84.
20. *Le Français québécois, op. cit.*, p. 99.

ANNEXE 2

TOUS NE CONNAISSENT PAS LA RÈGLE...

(Voir p. 85.)

Que la règle de la négation incomplète ne soit pas maîtrisée par l'auteur du *Français au bureau*, on peut le vérifier à la lumière d'un autre exemple, tiré celui-là de *La Qualité de la langue au Québec*, ouvrage rédigé en collaboration avec son collègue Pierre Martel. Dans la page des remerciements, après l'habituelle liste des collaborateurs, on lit ceci: «Il va de soi que toutes ces personnes ne sauraient être tenues responsables d'éventuelles erreurs ou omissions[1]». Dire que *toutes ne sauraient être* tenues responsables, c'est laisser entendre que *certaines pourraient l'être*. Ce qui n'est évidemment pas ce qu'on voulait dire.

À moins, bien sûr, qu'on ait fait là discrètement allusion aux réviseurs, qui de fait en ont laissé passer quelques-unes... Dont, dans cet énoncé même, l'emploi impropre d'*éventuel*, au sens de *qu'il pourrait y avoir*, alors que l'adjectif signifie *qui peut se produire*. Et encore, plus loin dans l'ouvrage, cette abomination: «les quelques évaluations de français écrit disponibles d'élèves de nos écoles primaires et secondaires[2]». Outre la syntaxe anarchique, on note un autre exemple remarquable du recours abusif au tour indéfini, dans *évaluations de français d'élèves*, l'usage voulant bien sûr qu'on dise: *évaluations* du *français* des *élèves*. Enfin, il est impossible de ne pas signaler, dans une description

---

1. *La Qualité de la langue au Québec*, op. cit., p. 7.
2. *Ibid.*, p. 154. Rappelons que c'est de cet ouvrage, de la première page en fait, qu'est tiré l'énoncé abscons que j'ai cité au début de l'avant-propos: «Pour assurer sa survie, une langue de qualité est aussi importante que son statut.» (*Ibid.*, p. 9.) Quelques lignes plus haut, on pouvait encore lire: «le gouvernement québécois a dû se doter, à partir de 1969, d'un véritable plan d'aménagement et de politique linguistiques» — outre la confusion entre *gouvernement* et *État*, on notera l'emploi fautif de la locution *à partir de*: le verbe *se doter* exprimant une action ponctuelle, il fallait évidemment dire *en 1969*, et non pas *à partir de 1969*. Signalons en outre qu'on voulait vraisemblablement dire: *d'un plan d'aménagement et d'une* [et non pas *d'un plan de*] *politique linguistiques*. Tout cela — et pour ne parler que des fautes qualifiées — dans la première page d'un ouvrage consacré à la qualité de la langue.

du québécois standard, la traduction passe-partout de *available*, *disponible*, qui devrait être rendu ici par *que nous possédons*. S'il existe de telles évaluations, on ne voit pas en effet pourquoi elles pourraient ne pas être *disponibles*.

Dans le deuxième ouvrage de Cajolet-Laganière et Martel, *Le Français québécois*, la formulation fautive relevée dans la liste des remerciements sera reprise. En outre, dès les deux premières phrases de l'ouvrage surgit un tour où l'emploi maladroit, et parfaitement inutile, d'adjectifs indéfinis rend l'énoncé complètement absurde : «Toute langue identifie [*sic*] le peuple qui la parle. Elle est de plus la représentation du monde et de l'univers que chaque culture a élaboré[3].» Ce qu'on se trouve à dire ici, c'est : *toute langue est la représentation du monde de chaque culture...* L'amphigouri provoqué par le recours à des adjectifs indéfinis se trouve aggravé ici par l'emploi du pronom personnel *elle* pour renvoyer à un mot qualifié par un de ces adjectifs : le pronom personnel ne peut avoir pour antécédent qu'une personne, une chose définie. Encore une fois, un «locuteur natif» du français standard recourrait spontanément à l'article défini pour formuler ces énoncés généraux : *La langue qu'il parle «identifie» un peuple. Elle est en outre la représentation du monde qu'il a élaborée...* ; ou encore : *Les langues sont en outre les représentations du monde que les cultures ont élaborées...*

On notera au passage que Mme Cajolet-Laganière n'avait toujours pas appris le sens exact d'*identifier*, cinq ans après la critique que j'avais faite des emplois fautifs de ce verbe que j'avais relevés dans *Le Français au bureau*. La langue qu'il parle n'*identifie* pas un peuple, elle est un *trait de son identité*.

---

3. *Le Français québécois, op. cit.*, p. 13.

ANNEXE 3

LA LETTRE ET L'ENVELOPPE
(Suite de la page 100.)

C'est l'auteur de *La Lettre et l'enveloppe* qui vous le dit : «Aucune virgule ne figure à la fin d'une ligne»... Ne vous posez donc plus de questions : y en a-t-il deux, y en a-t-il trois ? C'est clair : on ne met absolument *aucune virgule* à la fin de la ligne ! Pardon : à la fin d'*une* ligne...

On se demande vraiment par quel miracle le réviseur qui a pu lire sans frémir un énoncé pareil a pu, un peu plus loin, être troublé par l'emploi abusif de la notion d'*ajout* au point de daigner faire une correction. Emploi intéressant, d'ailleurs, en ceci qu'il témoignait encore une fois du mépris de ces dames de l'Office pour le verbe *écrire*. Voulant tout simplement dire que, dans la formule d'appel de la lettre, c'est-à-dire après *Monsieur* ou *Madame*, on n'écrit pas le nom de famille, l'auteur de *La Lettre et l'enveloppe* nous conseillait : «Éviter [...] l'ajout du nom de famille». L'ennui est que — à supposer qu'on admette d'abord l'idée qu'il s'agit d'*ajouter* ou de ne pas *ajouter* le nom de famille —, tout ce qui est *ajouté* n'est pas nécessairement *ajout*. *Ajout* : «Élément ajouté à l'original ou au plan primitif», dit le *Petit Robert*. Dans la nouvelle version du dépliant, on s'est contenté de remplacer *ajout* par *mention* — pas question, il va sans dire, de réhabiliter le verbe *écrire* ! L'occasion était pourtant belle de reformuler tout cela avec plus de précision. Il ne s'agit pas en effet d'«éviter» d'écrire le nom de famille, comme il faut éviter de prendre froid, pour ne pas attraper le rhume : dans le courrier administratif, cela ne se fait tout simplement pas.

Les corrections apportées dans la deuxième version du dépliant portaient en fait principalement sur des fautes de ponctuation. Pour être plus précis, sur une faute, l'omission de la virgule précédant la relative explicative. Une seule faute, mais dont la fréquence donne à penser que l'auteur ignorait jusqu'à l'existence de cette règle de ponctuation qui permet de distinguer relative explicative et relative déterminative. Voici par exemple ce qu'on pouvait lire à l'article *Dénomination sociale* : «Majuscule au premier mot du générique [,] qui indique la nature ou l'activité de l'entreprise, et au premier mot du spécifique [,] qui distingue l'entreprise.» Ce sont en tout six virgules qui manquaient ainsi, dans un texte d'environ deux pages, ce qui exclut évidemment l'hypothèse de la coquille. Dans la nouvelle version du dépliant, on a ajouté quatre des virgules manquantes, un des énoncés a été complètement reformulé et, dans un autre, la ponctuation n'a pas été modifiée : «Lieu d'origine — Cette mention précède l'indication de la date [,] dont elle est séparée par la virgule.»

* * *

Quelques années après la parution de *La Lettre et l'enveloppe*, son auteur publiait un guide de rédaction destiné au personnel des administrations municipales. On y retrouve sans surprise le même laborieux québécois standard. Et les incontournables *initiales d'identification,* avec en prime cette fois une faute de syntaxe : «Les initiales d'identification ont pour but de retrouver les responsables de l'écrit administratif[1].» Voilà maintenant que les initiales devraient *retrouver* elles-mêmes l'auteur de la lettre et sa secrétaire... (Après le roman policier, la science fiction !) Si on se fie en tout cas à sa bonne vieille grammaire : le sujet de la locution *avoir pour but* devant également être l'agent de l'action exprimée par l'infinitif qui en dépend, grammaticalement ce sont bien les initiales qui doivent «retrouver» les... «responsables de l'écrit».

Et puisque les initiales peuvent elles-mêmes se mettre à la recherche des «responsables», pourquoi ne pourraient-elles pas également les identifier, une fois qu'elles leur auront mis le grappin dessus ? Rien ne s'oppose à cela quand on s'exprime en québécois standard, et qu'on confond *identifier* et *désigner* : «par convention les rédacteurs sont identifiés par des lettres majuscules, et les dactylos, par des lettres minuscules[2]». Il n'est pas sans intérêt de

---

1. *Le Français à l'hôtel de ville,* Office de la langue française, 1994, p. 57. Il est intéressant de rapprocher cette formulation de celle de la définition des références qui était donnée dans la première édition du *Français au bureau* : «Les références [...]. Il s'agit d'un groupe de lettres ou de chiffres qui ont pour objet de retrouver le correspondant» (*Le Français au bureau* [1ʳᵉ éd.], *op. cit.,* p. 14) ; et de la reformulation maladroite qu'on trouvait dans les deux éditions suivantes : «[Il] s'agit généralement d'un groupe de lettres ou de chiffres qui ont pour objet de classer le document» (*Le Français au bureau* [3ᵉ éd.], *op. cit.,* p. 23).
2. *Ibid.*

signaler ici que le réviseur de cet ouvrage avait également collaboré à la révision de la troisième édition du *Français au bureau*. À ce titre, il avait cosigné la réplique de l'Office à ma critique, où on admettait qu'il y avait bien anglicisme dans les emplois du verbe *identifier* que j'avais relevés. Trois ans plus tard, il laissera pourtant imperturbablement passer la faute dans un autre guide de rédaction.

Celle-là et bien d'autres, dont cette énormité qui figure dans la deuxième page de l'introduction : «le guide se défend d'avoir une portée juridique[3]»... Rappelons que la locution *se défendre de*, suivie de l'infinitif, signifie *s'empêcher, s'interdire, se refuser*, et ne s'emploie évidemment qu'avec un sujet de personne.

Et encore cet autre extrait de l'introduction, portant sur la bibliographie commentée présentée dans le dernier chapitre : «Nous avons voulu donner un aperçu du contenu ou de la consultation de la plupart des ouvrages présentés, afin de guider utilisateurs et utilisatrices dans le choix d'ouvrages de référence qui leur seront le plus utiles compte tenu de leurs difficultés et de leurs besoins personnels.» Signalons d'abord l'étonnante tournure *un aperçu de la consultation des ouvrages*, où *consultation* prend inopinément le sens de *façon de consulter*. Puis, l'emploi de l'article indéfini dans *le choix d'ouvrages de référence*, là où le français recourrait au défini : *le choix* des *ouvrages de référence qui seront le plus utiles* — ce ne saurait être plus «défini».

Phrase suivante : «Nous espérons que, par ce moyen, ils pourront mieux reconnaître les outils susceptibles de les aider sur les plans linguistique et administratif.» C'est le verbe *reconnaître* qui se signale ici par sa parfaite incongruité : avez-vous déjà *reconnu* un ouvrage de référence ? Moi, jamais. J'en ai *choisi, trouvé*, mais *reconnu*... Il est vrai que *choisir* et *trouver* sont deux verbes que leur simplicité condamne d'emblée : le québécois standard exècre la simplicité.

Et abhorre la justesse du vocabulaire, comme en témoigne éloquemment ce passage, qui figure quelques lignes plus bas : «Il nous a semblé nécessaire de miser sur ceux-ci [les exemples] pour faire comprendre les applications des normes linguistiques, quelle que soit la matière abordée.» Les *applications des normes linguistiques*... On croit rêver : la linguiste confond ici *règle de grammaire* et *norme linguistique*; et *l'application*, c'est-à-dire la mise en pratique, et *les applications*, c'est-à-dire les utilisations.

---

3. *Ibid.*, p. 18.

C'est en effet le sens qu'a généralement *application* employé au pluriel : «Utilisation possible, cas d'utilisation. *Les applications d'un remède, d'un procédé*, les cas dans lesquels il est applicable» (le *Petit Robert*). On voit mal ce que des secrétaires qui consultent un guide de rédaction pourraient faire d'exemples *des applications des normes linguistiques* — d'autant plus d'ailleurs qu'on se demande ce que peut bien vouloir dire *applications des normes*. On voit cependant fort bien le profit qu'elles pourraient tirer d'exemples de l'*application des règles de grammaire*. Pourvu, évidemment, que les exemples en question soient rédigés en français.

Et ça continue : «En effet, il s'agit de réutiliser vocabulaire et règles dans un discours écrit et parlé, de manier les termes et de construire des phrases avec cohérence et habileté. Sous cet aspect [entendre *à cet égard*], les exemples [,] réels ou fictifs [,] sont donc un apport essentiel à l'ouvrage, car il importait qu'ils soient reconnus [?] par le public visé et qu'ils montrent comment les normes sont adaptées [?] au contexte municipal[4].» On en perd carrément son latin! D'abord, on ne comprend pas la logique de l'énoncé : l'idée selon laquelle les exemples seraient un apport essentiel *car* il importait qu'ils soient «reconnus» par le public auquel ils sont destinés. Dans notre effort pour comprendre, nous butons sur un nouvel emploi inusité du verbe *reconnaître*, qui se dérobe cette fois à toute tentative d'interprétation : que peut bien vouloir dire *reconnaître un exemple*? La suite nous laisse sans voix : nous n'ignorions pas les progrès au Québec du relativisme normatif, mais de là à penser que les «normes» — vraisemblablement, encore, les règles de grammaire — pouvaient être adaptées selon les contextes! Mais ne baissons pas les bras, et risquons une tâtonnante interprétation à partir du verbe *reconnaître* et de la notion d'*adaptation*. Et si la linguiste avait voulu dire que les *exemples* avaient été *adaptés* au contexte municipal, de façon à ce que les *situations* décrites soient *familières* au public visé — d'où l'idée que les exemples seraient «reconnus»...

Voilà pour l'introduction. Après l'avoir lue, une seule envie vous vient : refermer ce «guide de rédaction» et tenter de vous ressaisir, de retrouver votre calme. Et c'est là que vous tombez sur la quatrième de couverture, où on vous apprend qu'il y a, dans l'ouvrage, «un index détaillé qui favorise la découverte des éléments traités»... *Favoriser* la *découverte*, et la découverte des

---

4. *Ibid.*, p. 20.

éléments ! Il ne manquait plus que « les éléments » pour compléter le tableau... Ou la table de Mendeleïev, on ne sait trop, tant ces notions de *découverte* et d'*élément* évoquent des idées étrangères au contexte.

Et pour comble, ce vasouillage sémantique nous est livré dans le plus complet cafouillis syntaxique. Le texte de la quatrième de couverture est présenté sous la forme d'une série de questions, dont la première sert en quelque sorte de matrice aux suivantes : « Dans quel ouvrage trouve-t-on à la fois les règles d'écriture [...] ? La façon de rédiger [...] ? », etc. Jusque-là, tout va bien, on peut raccorder les deux énoncés : *Dans quel ouvrage trouve-t-on la façon de rédiger... ?* La suite est prévisible : pour éviter la répétition de *la façon de*, on se rabat sur *comment* : « Comment organiser les données [*sic*] dans un imprimé [..] ? » Or l'adverbe *comment* peut soit introduire une interrogation (*comment allez-vous faire ?*), soit, dans un énoncé affirmatif, exprimer l'interrogation indirecte (*je me demande comment vous allez faire*). Et il se trouve que *comment* n'a aucune valeur interrogative dans le tour : *Dans quel ouvrage trouve-t-on comment organiser les données... ?* Le raccourci qui consiste à remplacer *la façon de* par *comment* est une faute très répandue à l'oral, dont on peut dire qu'elle n'attire plus guère l'attention. Il en va autrement à l'écrit, et sur la quatrième de couverture d'un guide de rédaction de l'Office de la langue française.

On a tôt fait cependant d'oublier la faute — même si elle est répétée à trois reprises — en lisant le dernier volet de la question : « Où trouver une bibliographie [...], et un index détaillé qui favorise la découverte des éléments traités ? Un seul ouvrage réunit tous ces éléments, c'est *Le français à l'hôtel de ville.* » Inutile de se répandre en explications sur la maladresse de la formulation : *Dans quel ouvrage trouve-t-on... Où trouver... ?* Signalons simplement, au passage, cet implacable témoignage de la pauvreté et de l'imprécision du vocabulaire de notre langagière que constitue la répétition d'« éléments » : les premiers désignant les *sujets* consignés dans l'index, et les seconds l'énumération qui vient d'être faite de *tout ce qu'offre* l'ouvrage.

En conclusion, je demande : dans quel ouvrage trouvera-t-on enfin, tout simplement, un français précis et correct ?

* * *

Les hauts faits langagiers de la linguiste ne s'arrêtent pas là. L'année même de la parution de ce guide de rédaction, son auteur, pourtant si manifestement incapable de trouver les mots justes pour parler des ouvrages de référence, publiait deux articles sur les «outils de consultation», dans la revue *La francisation en marche*[5]. Où elle put à loisir continuer à diffuser son vocabulaire approximatif, grâce à quoi nous eûmes le bonheur d'apprendre qu'il y a des *données* dans les dictionnaires : «Un dictionnaire de difficultés [...] présente le plus souvent les données dans un ordre alphabétique». Et dire que nous commencions à peine à nous faire aux «éléments»...

Il est cependant une chose à laquelle nous n'arriverons décidément jamais à nous faire, c'est au recours abusif aux articles indéfinis, si caractéristique pourtant de notre variété de français. Or on peut difficilement en trouver plus remarquable illustration que dans ces articles, où la linguiste compare deux types d'ouvrages de référence, *la* grammaire et *le* dictionnaire de difficultés, en opposant systématiquement *une* grammaire et *un* dictionnaire, dans le plus pur style anglais. L'énoncé précédent constitue d'ailleurs déjà un excellent exemple : *Un dictionnaire de difficultés présente le plus souvent...* ; là où le français dirait : *le dictionnaire de difficultés présente le plus souvent*. L'article défini s'imposait ici avec d'autant plus d'évidence que le caractère général de l'assertion est mis en relief par la locution adverbiale *le plus souvent*. Les quelques exemples qui suivent montrent bien qu'il ne s'agit pas là d'une maladresse isolée. Les maladresses sont d'ailleurs rarement isolées en québécois standard, comme en témoigne encore une fois ce petit texte. Si bien qu'il nous a paru nécessaire de souligner les plus gênantes et de rétablir le français dans ses droits, en introduisant entre crochets articles définis, virgules manquantes et corrections diverses.

> «... une [*la*] grammaire enseigne toute [*toutes les*] règle[*s*] *de formation du pluriel ou* [*et*] *du féminin* des noms, alors qu'un [*que le*] dictionnaire signale [*uniquement*] les exceptions et les irrégularités *dans la formation du pluriel ou du féminin*, laissant de côté les règles *générales* [,] qui sont *généralement* acquises.»

Outre l'absence de virgule devant la relative explicative, on remarquera particulièrement l'inutile et balourde répétition du

---

5. «Les outils de consultation», *La Francisation en marche*, hiver 1994, p. VII.

complément *dans la formation du pluriel...* L'implicite? Connaît pas!

> «Une [*La*] grammaire [,] qui a davantage [*sic*] pour but [*objet*] de répertorier tous les usages [*toutes les règles*] et de les enseigner tout en les explicitant [*de les expliquer*] [,] est souvent rédigée dans les termes propres à la linguistique et à la didactique.»

Encore une relative explicative qui n'est pas ponctuée, doublée de surcroît d'une incise qui ne l'est pas davantage. Cette fois, la preuve est faite: on peut accéder au plus haut niveau dans la hiérarchie des langagiers de l'Office de la langue française sans rien connaître à la ponctuation.

> «Une [*La*] grammaire contient l'ensemble des règles en usage qui permettent de [*règles qu'il faut suivre pour*] parler et d'écrire correctement, alors qu'un [*que le*] dictionnaire de difficultés propose plutôt [*resic*] des solutions aux problèmes de nature linguistique qui *sont source de préoccupation du fait qu'ils* surviennent [*se présentent*] fréquemment dans les communications écrites ou verbales.»

Notons que *survenir* signifie *arriver à l'improviste, brusquement*; et qu'on ne dit pas de règles qu'elles sont *en usage*, puisque des règles ça ne s'utilise pas. Quant à la séquence en italique, elle devrait carrément être retranchée: les problèmes de nature linguistique, les difficultés de la langue, sont rarement assez graves pour devenir une «source de préoccupation». On aimerait pouvoir en dire autant des problèmes de langue de certains linguistes.

> «À [*De*] prime abord, la consultation d'une grammaire peut sembler rébarbative en raison de la terminologie grammaticale largement employée [*du recours fréquent à la terminologie grammaticale*], ce qui n'est pas le cas d'un [*dans le*] dictionnaire de difficultés. Cependant, l'index d'une grammaire [*des grammaires*] s'adresse tant [*autant*] aux spécialistes qu'aux utilisateurs et utilisatrices [*aux profanes*] et emploie tant [*aussi bien*] le vocabulaire spécialisé qu'un langage qui soit [!!!] à la portée de tous.»

Prenons d'abord un moment pour nous remettre de cet éprouvant subjonctif, puis remontons à la séquence *en raison de la terminologie grammaticale largement employée*, pour voir où le bât blesse. L'énoncé est en fait à mi-chemin entre deux formulations: *en raison du fait que la terminologie grammaticale y est largement employée* et *en raison de la terminologie employée*. Or ce n'est évidemment pas ici la *terminologie employée* qui pose problème — ce qui reviendrait à dire qu'il n'est pas normal d'employer la terminologie grammaticale dans une grammaire —, mais *le fait qu'elle soit* employée, et largement. Notons encore le manque de rigueur dans l'opposition entre *spécialistes* et *utilisateurs*, comme si les spécialistes qui utilisent l'ouvrage n'en étaient pas des *utilisateurs* ! On a en outre raté là une belle occasion de nous épargner, avec l'épicène *profane*, un autre de ces horripilants *teur-trice*.

Il faudrait en fait pouvoir citer la page en entier — car, il faut le dire, toutes ces fautes sont agglutinées dans une petite page. Il n'y a à peu près pas une phrase sur laquelle il n'y ait rien à redire. Ce qui frappe surtout, c'est la méconnaissance des expressions les plus courantes avec lesquelles on parle de langue, de grammaire, de bon usage. Quelques exemples :

«... ces pluriels ne soulèvent aucune difficulté particulière... »

Il y a confusion ici entre *soulever* et *poser* ou *présenter* une difficulté : *soulever une difficulté*, c'est la faire naître, la provoquer.

«... ces noms [en *al*] suscitant généralement des difficultés... »

Sauf à les considérer comme des fauteurs de troubles, les mots ne *suscitent* pas des difficultés ; pas plus qu'ils n'en *soulèvent*. Encore une fois, ils en *posent* ou en *présentent*, ce qui est bien assez. Et même visiblement trop pour certains linguistes.

«Ceux-ci [les «écrivantes et écrivants»] peuvent alors, dans le feu de l'action [ou «en cours d'écriture», formule qu'affectionne la linguiste], s'appuyer sur des règles générales correctes... »

Qui sont, on ne le dira jamais assez, infiniment préférables aux «règles incorrectes».

«... la subtilité des usages... »

L'expression consacrée est *les subtilités de l'usage* : les usages ne sont pas *subtiles*, ils comportent *des subtilités*, c'est-à-dire par exemple des nuances de sens qui sont fines et difficiles à saisir... Comme la différence entre *la subtilité* et *une subtilité*.

> «Les éléments de discussion proposés par les linguistes et gram-
> mairiens ne sont retenus [dans le dictionnaire] que dans la
> mesure où ils s'avèrent utiles...»

Les *éléments de discussion proposés* sont, selon toute vraisemblance, les *commentaires* des grammairiens. Des *éléments de
discussion*, qui seraient *proposés*... Si le contexte ne nous éclairait,
on pourrait croire qu'il est question d'un débat entre grammairiens et linguistes, qui ont au départ proposé des sujets de discussion. Pardon, des *éléments* de discussion !

Dans le numéro suivant de la revue paraissait la suite de
cet article[6]. Il s'agissait cette fois essentiellement de petits exercices sur la façon d'utiliser les dictionnaires de difficultés, le tout
présenté dans un encadré et formulé dans une langue sobre et
succincte. On ne peut pas en dire autant du petit texte d'introduction, qui fait moins de sept lignes, dans lequel j'ai relevé ces
quelques navrantes illustrations du québécois standard :

> «Ces ouvrages présentent les éléments qui sont une source de
> difficulté dans les communications écrites et verbales.»

Encore ces détestables *éléments* ! Un *élément* qui pose une
difficulté, cela s'appelle en français standard une *difficulté*. On
pouvait également parler d'*usages*, de *règles* qui posent une difficulté. Et non pas qui sont *une source de difficulté* : d'abord, parce
que dans *source de difficulté*, *difficulté* devrait être au pluriel ;
ensuite, parce que l'expression *être source de* signifie *créer*,
produire (*être source d'inspiration, de tracas, de malentendus...*),
et que les usages en question ne créent pas des difficultés, ils
constituent une difficulté. C'est d'ailleurs pourquoi on les appellent des *difficultés*.

> «... la familiarité acquise par la fréquentation des ouvrages
> contribue à simplifier les démarches...»

Voilà maintenant qu'on ferait des *démarches* dans les dictionnaires ! Pour y trouver des *éléments* et des *données*, sans doute...

> «Le premier pas consiste à analyser l'origine de la difficulté ;
> ainsi, dans la séquence *une secrétaire des plus compétentes*, la
> question est de savoir si l'adjectif est au singulier ou au pluriel,

---

6. «Les dictionnaires de difficultés», *La Francisation en marche*, printemps-été 1994,
p. VII.

mais l'origine de la difficulté vient de l'emploi de *des plus* et non de l'adjectif.»

Le contexte est clair : il ne s'agit pas d'«analyser l'origine» de la difficulté, mais d'*analyser l'énoncé*, pour *trouver l'origine*, ou mieux la cause, de la difficulté. On remarquera également, plus loin, le tour *l'origine vient de,* télescopage de deux formulations : *la difficulté vient de* et *l'origine de la difficulté réside dans.*

Phrase suivante :

«En effet la séquence *une secrétaire compétente* n'engendre aucun doute...»

Des formulations qui *n'engendrent pas de doute*! Autrement dit : *sur lesquelles on ne se pose pas de questions...*

Voilà justement ce qu'on serait heureux de trouver sous la plume de la linguiste, qui, rappelons-le, faisait partie de l'équipe de rédaction des deux dernières éditions du *Français au bureau,* à titre de... réviseur.

ANNEXE 4
La *Qualité de la langue*
SELON LES AMÉNAGISTES
(Voir p. 201.)

Comment, à partir de la limpide notion d'*amélioration de la qualité de la langue*, le québécois standard a-t-il pu accoucher d'une absurdité aussi patente que l'expression *promotion de la qualité de la langue*? L'explication de cette étonnante évolution nous est donnée dans l'ouvrage que Pierre Martel et Hélène Cajolet-Laganière ont consacré à la qualité de la langue au Québec. Dans l'introduction de l'ouvrage, les deux aménagistes nous livrent cette candide réflexion sur la notion de *qualité de la langue*: «Paradoxalement, ce concept demeure vague. En général, la notion de "qualité" est définie à partir de critères positifs (degré élevé d'une échelle de valeurs); au contraire, la "qualité de la langue", au Québec, est perçue d'une manière négative et renvoie le plus souvent à des textes qui en seraient dépourvus[1].» Le «paradoxe» que croient voir nos deux docteurs en linguistique s'explique tout simplement par la polysémie du mot *qualité*, qui dans *qualité de la langue* n'a tout simplement pas le sens de «degré élevé d'une échelle de valeurs». En outre, l'idée qu'ils tentent d'exprimer là est mal formulée: ce qu'ils veulent en fait dire, ce n'est pas que «la notion de *qualité* est définie à partir de critères positifs» — auquel cas il n'y aurait rien d'étonnant à ce qu'elle soit «perçue de manière négative» lorsqu'elle ne satisfait pas à ces critères —, mais que la notion de *qualité* est une notion positive. Mais ce n'est vrai que «en général», comme ils le disent. Et il se trouve que ce n'est pas le cas en ce qui concerne l'expression qui nous intéresse, dans laquelle la notion de *qualité* est «neutre». Voyons les choses en face: les deux auteurs de *La qualité de la langue au Québec* ne comprennent pas le sens de l'expression *qualité de la langue*. Et le fait qu'ils considèrent la notion de *qualité* comme essentiellement positive les amène à confondre *qualité de la langue* et *bon usage*... Comme en témoigne cette

---

1. *La Qualité de la langue au Québec, op. cit.*, p. 12.

définition amphigourique, tautologique et complètement erronée, qu'on trouve deux pages plus loin : «Pour nous, la "qualité de la langue au Québec" devrait équivaloir à la notion de "bon usage", lequel devrait être défini comme la *norme* du français au Québec, soit l'ensemble des règles qu'il faut respecter pour bien parler et bien écrire le français au Québec, selon les divers types de communication et le public visé[2].» Trois fois *Québec* dans la même phrase : faut-il conclure que la répétition fait partie du bon usage d'ici ?

La logique, en tout cas, ne semble pas faire partie du «système» du québécois standard. Si, comme le disent les deux linguistes dans cette définition, l'expression *qualité de la langue* «équivaut à» — où on ne peut qu'entendre *est synonyme de* — la notion de *bon usage*, comment ont-ils pu écrire ceci, dans la première page de l'ouvrage : «On constate toutefois que *l'état de la langue* elle-même, *ou sa "qualité"*, n'a pas évolué de manière aussi nette que son statut, n'a pas reçu la même attention ni fait l'objet d'autant de mesures correctives de la part du gouvernement [*sic*][3].» Faut-il comprendre qu'en québécois standard l'expression *qualité de la langue* signifierait à la fois *état de la langue* et *bon usage*…? Et si *qualité de la langue* «équivaut» vraiment à *bon usage*, comment peuvent-ils écrire, plus loin, ceci : «il nous est donc impossible d'affirmer avec certitude que la qualité de la langue orale des élèves s'est améliorée ou détériorée globalement au Québec depuis les années 1960[4]»? Comment le «bon usage», qui est la norme établie, pourrait-il s'améliorer ou se détériorer? Et si les deux linguistes peuvent parler d'amélioration et de dégradation de la qualité de la langue — ce qui suppose évidemment que *qualité* ait le sens neutre d'*état* — comment peuvent-ils en même temps proposer qu'on fasse la «promotion de la qualité de la langue», comme ils le font dans cet autre passage : «La promotion de la qualité de la langue enseignée […] doit être d'abord faite par l'autorité gouvernementale [*sic*][5]»? Et s'ils peuvent, à la page 137, parler d'amélioration et de dégradation de la qualité de la langue

---

2. *La Qualité de la langue au Québec, op. cit.*, p. 14.
3. *Ibid.*, p. 9. On notera ici, encore une fois, la confusion, caractéristique du français québécois, entre *gouvernement* et *pouvoirs publics*. Si *gouvernement* était employé au sens français, le pluriel s'imposerait : il est évident que plusieurs gouvernements se sont succédé au cours de la période évoquée par les deux linguistes. Plus loin, on relèvera encore *autorités gouvernementales*, pour *autorités publiques*.
4. *Ibid.*, p. 137.
5. *Ibid.*, p. 146.

des élèves, n'est-il pas pléonastique de parler, comme ils le font à la page suivante et dans la conclusion, de l'«état de la qualité» du français: «nous ne possédons que très peu d'études globales, objectives et comparables sur l'état de la qualité du français écrit des élèves au Québec»; «Que doit-on retenir de ce tour d'horizon de l'état de la qualité du français parlé et écrit au Québec[6]?»

Nos deux aménagistes ne semblent pas non plus comprendre que l'expression *qualité de la langue* est un syntagme, une expression figée, où *langue* ne désigne pas une langue en particulier, mais la langue en tant que système normé. Si bien que, dans *Le Français québécois*, ils parleront de la *qualité d'une langue*: «on ne peut pas adopter des lois pour imposer la qualité d'une langue[7]». Cette formulation est aussi dénuée de sens que le serait — pour reprendre le parallèle avec *qualité de l'environnement* — un énoncé comme: *on ne peut pas imposer la qualité d'un environnement*, pour *on ne peut pas imposer le respect de l'environnement*. De même, à propos de la langue, il fallait dire: *on ne peut pas imposer le respect de la langue, de la norme.*

Sur le thème «français et qualité», cette curiosité, encore, *avoir des qualités en français*: «Les élèves des facultés des sciences de l'éducation, futurs enseignants et enseignantes de français [pour *professeurs de français*], ne brillent pas non plus par leurs qualités en français écrit[8].» Peut-être les choses s'amélioreraient-elles si on cessait de faire la «promotion» de la qualité de la langue, pour se consacrer enfin à son amélioration. Encore faudrait-il, évidemment, que ceux qui dissertent doctement sur la qualité du français au Québec sachent de quoi ils parlent.

---

6. *Ibid.*, p. 138 et 151.
7. *Le Français québécois, op. cit.*, p. 16. Cette formulation aberrante devait aboutir dans le chapitre 4 du Rapport Larose, consacré à l'aménagement du français québécois (voir l'annexe 1).
8. *La Qualité de la langue au Québec, op. cit.*, p. 140.

ANNEXE 5

LE « BON FRANÇAIS D'ICI » DANS LE RAPPORT LAROSE

(Suite de la page 205.)

La lecture de l'introduction du Rapport Larose est trop instructive, du point de vue de la nouvelle norme, pour qu'on se limite à en examiner le vocabulaire. Car il faut savoir que les «écarts» entre le français tel que nous le connaissions et la novlangue ne sont pas que d'ordre lexical. Si bien d'ailleurs qu'il faudrait sérieusement songer à assortir le dictionnaire national d'une grammaire. Reste à savoir, il est vrai, si le locuteur-contribuable acceptera de se fendre de quelques millions de dollars de plus. Si on parvient à lui faire croire qu'*il n'y a pas de nation qui n'ait sa grammaire*, ma foi...

Voici en tout cas quelques énoncés sur lesquels notre Vaugelas local pourrait se pencher :

«... la population de langue française dans *la région et l'île de Montréal...*»

Il fallait en fait dire *dans l'île de Montréal et dans la région* — sous-entendu, *de l'île de Montréal*. Si on tenait à dire *dans la région de Montréal et dans l'île de Montréal*, c'est ce qu'on aurait dû écrire en toutes lettres, car le déterminant *de Montréal* forme un syntagme avec *île* et ne peut se rapporter à d'autres mots de l'énoncé.

«... chacun dans son *secteur respectif d'activités...*»

C'est le même type de faute qu'on relève ici : *secteur d'activité* est un syntagme, une expression figée dont les termes ne peuvent être séparés par un adjectif. Il fallait donc écrire : *chacun dans son secteur d'activité respectif*. En outre, l'expression désignant des secteurs de l'activité économique, professionnelle, *activité* se met au singulier.

«Elle [la Commission] a très bien saisi les principaux indica-teurs, en particulier *celui du taux* de transferts linguistiques, *qui lui ont été présentés et qui influencent* la situation et l'avenir de la langue française au Québec.»

Que la Commission ait bien «saisi» les choses m'amène à conclure qu'elles ne devaient pas être formulées dans ce français bringuebalant. Commençons par la syntaxe — car il y a également embrouillamini sémantique. La phrase comporte trois sérieuses maladresses. La première réside dans l'interruption inopinée de l'énoncé par une incise mal placée. La deuxième, dans la coor-dination de deux propositions qui ne sont pas du tout du même ordre : les indicateurs *qui lui ont été présentés et qui influencent la situation*. On pouvait pourtant aisément faire l'économie de la première, qui ne dit rien de vraiment utile. Enfin, la troisième réside dans l'emploi du pronom démonstratif dans la séquence : *les principaux indicateurs, en particulier* celui du *taux de trans-ferts* ; où on comprend : *l'indicateur du taux de transferts*, quand en fait le taux de transferts *est* un indicateur. Abordons enfin le problème sémantique, qui se trouve dans la formulation : *les prin-cipaux indicateurs... qui influencent*. Il y a confusion évidente entre *indicateurs* (ici, le taux de transferts) et *facteurs* (les trans-ferts mêmes). Ce sont les facteurs «qui influencent» — comme on ne peut guère *influencer l'avenir*, il aurait été plus juste de dire *qui ont des effets* ou *des répercussions* —, et non pas les indicateurs, qui ne servent qu'à mesurer l'«influence». Voyons maintenant ce que pourrait être une version en français d'outre-Atlantique : *Elle a très bien saisi les principaux indicateurs qui permettent d'éva-luer la situation du français au Québec et d'en prévoir l'évolution, en particulier le taux de transferts linguistiques.*

«Les deux premiers [principes fondateurs de la politique linguis-tique] *touchent l'aménagement des langues* autour de *la langue française prédominante et un régime* d'exception pour l'accès à l'école anglaise et *l'emploi des langues* amérindiennes et de l'inuktitut *comme langues* d'enseignement.»

Nous nous trouvons ici devant un cas grave de dislocation syntaxique. C'est rebutant, je sais, mais ne nous braquons pas ! Ce genre de texte peut en fait être extrêmement tonique pour l'esprit, qui à n'être jamais exposé qu'à des lectures faciles risque de s'encroûter. Voici par exemple ce qu'avec un peu d'imagina-tion on peut arriver à constituer à partir des pièces de ce puzzle :

Les deux premiers principes, qui portent sur l'aménagement des langues minoritaires, prévoient les conditions d'admission à l'école anglaise ainsi qu'un régime particulier pour l'enseignement dans les langues amérindiennes et inuit. Je ne sais pas si c'est exactement ce qu'on voulait dire : peut-être après tout existe-t-il au Québec deux langues françaises, dont une serait « prédominante », comme le donne à penser l'absence de ponctuation. Quoi qu'il en soit, le lecteur reconnaîtra que j'ai fait là un bel effort. Un tel effort d'ailleurs, que le courage me manque pour ce qui est des explications. D'autant que la phrase qui suit n'est pas de tout repos non plus. Il n'est pas sans intérêt de signaler que les deux phrases se suivent dans le texte...

> « *Désormais,* pour que le français soit vraiment la langue de la vie civique, *sa maîtrise devrait pouvoir revêtir un caractère fondamental* afin que tous puissent exiger, au besoin, d'y avoir accès. »

L'idée que cette phrase laborieuse, obscure et emphatique exprime tant bien que mal est fort simple : pour que le français soit vraiment la langue de la vie civique, tous doivent en avoir une bonne maîtrise. Or il s'agit là d'une condition *sine qua non*, qui vaut d'ailleurs pour toutes les langues et sous tous les cieux, à laquelle le temps ne peut rien changer : cela était vrai hier, ce l'est aujourd'hui et ce le sera demain. Il est donc parfaitement aberrant de dire que *désormais* cela *devrait pouvoir* être. Ce qui « désormais devrait pouvoir » être, c'est que le français soit la langue de la vie civique, ce n'est pas la condition à laquelle elle peut le devenir.

> « Et il devra l'être encore davantage pour faire contrepoids à *l'anglais dont l'usage se répand* à la faveur de la mondialisation. »

Sans être essentielle pour le sens, une virgule devant la relative explicative aurait été la bienvenue : *l'anglais, dont l'usage se répand.*

> « ... la promotion du français, *tant sur la scène* nationale *qu'internationale...*[1] »

Enfin, une autre petite faute toute simple : il fallait écrire *tant sur la scène nationale que sur la scène internationale.*

---

1. *Le Français, une langue pour tout le monde, op. cit.,* p, 3, 5, 3-4, 5, *ibid., ibid.,* 6.

Ce petit répit nous aura permis de reprendre notre souffle avant d'aborder la série des *comment*. Dans le *Répertoire des délicatesses du français contemporain*, l'écrivain français Renaud Camus dit voir dans la tendance à recourir à l'adverbe *comment* dans des tournures affirmatives «un des points centraux de ce qu'on pourrait appeler, hélas, *l'effondrement syntaxique*[2]». Le seul exemple relevé dans la langue écrite que cite Camus est justement tiré du rapport d'une commission : «La commission devait étudier comment obtenir la mise en examen de Milosevic» — où *comment* aurait pu être rendu par *les moyens qui sont à sa disposition...* Certes, ce n'est pas ce qu'il y a de plus rigoureux comme formulation, mais c'est parfaitement clair[3]. On ne peut pas en dire autant des vasouillards *comment* qu'on nous sert à répétition dans l'introduction du Rapport Larose, où l'effondrement syntaxique ne va pas sans entraîner un déstabilisant flou sémantique. Attention : dans les énoncés qui suivent, la subordonnée introduite par *comment* en cache une autre, qui devrait être introduite par *que*.

> «Nous verrons, dans le chapitre premier, *comment l'établissement* d'une citoyenneté québécoise *devra confirmer* cette évolution.»

La rencontre ici de l'adverbe *comment* et du verbe *devoir* au futur rend l'assertion particulièrement difficile à appréhender pour un esprit rationnel : l'instauration d'une citoyenneté québécoise étant en l'occurrence une simple proposition, dont il s'agit de nous faire valoir les avantages, le conditionnel s'imposerait. Ne fût-ce d'ailleurs que par habileté, pour ne pas donner à voir avec autant d'impudence qu'on entend nous imposer ses vues. Une fois le mode conditionnel rétabli, on peut reformuler en remplaçant *comment* par *que* : *nous verrons que c'est par l'établissement d'une citoyenneté québécoise que pourrait se confirmer cette évolution* ; ou encore, en remplaçant *comment* par une tournure plus explicite : *nous verrons de quelle manière l'établissement d'une citoyenneté québécoise permettrait de...*

---

2. R. Camus, *Répertoire des délicatesses du français contemporain*, Paris, P.O.L., 2000, p. 113.
3. Tout comme le sont d'ailleurs les exemples relevés sur la quatrième de couverture du guide de rédaction *Le Français à l'hôtel de ville* (voir l'annexe 3).

«Nous examinerons, dans le chapitre trois, *comment le système d'enseignement* québécois *devra être l'un des principaux leviers* d'une politique linguistique globale qui élève au rang de priorité absolue la maîtrise du français ainsi que le développement des compétences linguistiques actuelles des Québécoises et des Québécois.»

Nous retrouvons ici la même formulation, toujours avec le verbe *devoir* curieusement conjugué au futur : *nous examinerons comment le système d'enseignement devra être un levier...* Limpide ! Voulait-on dire : *nous examinerons de quelle manière le système d'enseignement pourrait devenir ?* À moins qu'il ne faille carrément remplacer *examiner* par *voir*, et *comment* par *que : nous verrons que le système d'enseignement doit devenir...*

«Nous verrons, dans le chapitre 4, *comment, grâce à un vaste plan* d'aménagement linguistique liant statut et qualité de la langue, *le français* standard qui est *en usage au Québec doit être légitimé...*»

Cette fois encore, il y a imbrication de deux idées : *nous verrons que* et *nous verrons comment...* Enfin, le message est clair : *nous verrons que le français en usage au Québec devrait être légitimé par un vaste plan d'aménagement...* Hélas, est-on tenté de dire, car s'il est une chose que nous préférerions ne pas voir, c'est bien la manière dont on entend légitimer ce français-là. M'est avis que le «vaste plan» en question devrait prévoir des camps de rééducation pour reformater les esprits cartésiens.

«Nous verrons, dans le chapitre 5, *comment de nouvelles stratégies doivent être mises en place pour redonner un nouveau souffle* au processus de francisation des lieux de travail [...] et *comment l'on peut consolider* le caractère français de la société québécoise...»

Ici, dans le premier membre de l'énoncé, *comment* doit d'abord absolument être remplacé par *que : nous verrons que de nouvelles stratégies doivent être mises en place* ; ce qui n'empêche pas de poser la question de la manière, mais dans un deuxième temps : *et de quelle manière cela pourrait être fait...* Dans le second membre de l'énoncé *comment* exprime bien l'idée de manière, qui serait toutefois rendue avec plus de précision par une formulation comme *par quels moyens : nous verrons par quels moyens on peut consolider le caractère français.* Notons au passage la préciosité de ce *comment l'on...*

« Nous verrons, dans le chapitre 8, *comment l'avenir* de la langue française *est lié à cette approche...*[4] »

Enfin, on a le choix cette fois encore entre *nous verrons que* l'avenir de la langue française est lié à cette approche, et *nous verrons pourquoi...*

Devant cette surenchère d'abusifs *comment*, la suprématie québécoise en matière de déconstruction syntaxique ne fait plus guère de doute. Qu'à Paris on se le tienne pour dit ! La différence québécoise en matière de langue ayant assez souvent une origine anglo-saxonne, voyons si on peut trouver quelque explication de cet ordre dans les ouvrages consacrés à notre variété de français. Le *Dictionnaire québécois-français* recense un calque de l'anglais, très répandu dans notre usage, qui consiste à former une locution conjonctive avec *comment* précédé d'une préposition : « des cours sur comment congédier des employés », *on how...* La longue habitude de ces tournures expéditives expliquerait-elle le penchant québécois pour le *comment*, dont nous venons de voir les effets délétères ? C'est possible.

Quoi qu'il en soit, de manière générale, le contact avec l'anglais ne peut qu'inviter à la paresse syntaxique. Ce dont témoigne encore le recours fréquent, en québécois standard, au participe présent, là où le français articulerait l'énoncé avec une subordonnée introduite par un pronom relatif. Il y a bel et bien là un trait caractéristique du français d'ici. Nous en voulons pour preuve cette attestation relevée dans l'ouvrage des aménagistes Martel et Cajolet-Laganière, *La Qualité de la langue au Québec* : « Ainsi, quelqu'un voulant se conformer à un idéal esthétique ou socioculturel, et qui veut donc "bien parler" ou "bien écrire", doit respecter cette norme[5]. » En français, la tournure *quelqu'un voulant se conformer... doit respecter* est incorrecte : « quelqu'un voulant » se dirait *celui qui veut*, ou encore *quiconque veut*. Dans cette langue tatillonne, on pourrait toutefois parfaitement dire : *quelqu'un voulant m'empêcher d'entrer, j'ai dû insister* ; on aura saisi le rapport logique : *quelqu'un voulant* signifie ici *étant donné que quelqu'un voulait*. Autrefois — c'était avant la légitimation de notre variété de français —, Dagenais mettait en garde contre l'insidieuse altération du sens à laquelle mène fatalement l'hybridation sauvage des langues : « Il faut se garder, écrivait le

---

4. *Le Français, une langue pour tout le monde, op. cit.,* p. 5, *ibid., ibid.,* 6, *ibid.*
5. *La Qualité de la langue au Québec, op. cit.,* p. 11.

grammairien, d'utiliser inconsidérément le participe présent sous l'influence de l'anglais. L'un des principaux facteurs de la précision du français est son articulation[6].» L'introduction du Rapport Larose ayant été rédigée en québécois standard, il fallait s'attendre à y trouver quelques-uns de ces emplois «inconsidérés». La phrase qui suit en fournit deux exemples du coup, dont l'un est de surcroît «commis» avec un verbe dont l'emploi même constitue un anglicisme sémantique, l'incontournable *identifier*. Ce qui nous permettra de faire en beauté la transition entre les fautes de syntaxe et les anglicismes, dont l'introduction du Rapport Larose ne pouvait évidemment être exempt.

> «Dans le document de consultation qu'elle [la Commission] a publié à l'automne 2000, *identifiant* les principaux éléments sur lesquels elle souhaitait entendre et recevoir divers points de vue et analyses, elle présentait "le contexte démographique lié à l'accroissement naturel de la population, l'immigration [...]" comme la première tendance lourde *influant* sur l'attraction du français.»

Donnons d'abord une traduction en français épuré et structuré: *Parmi les sujets qu'elle souhaitait voir aborder dans les mémoires, recensés dans le document de consultation publié à l'automne 2000, la Commission plaçait au premier rang pour ce qui est du pouvoir d'attraction du français la question démographique («l'accroissement naturel de la population, l'immigration...»).* Voilà qui est un peu plus digeste. Revenons maintenant à la formulation du Rapport Larose et aux emplois qu'on y fait du participe présent. L'incise rend la maladresse particulièrement évidente dans le premier cas, où on lit: *dans le document publié en 2000, identifiant les principaux éléments...,* — oui, *les éléments!* qui sont en l'occurrence des *sujets.* En français, l'incise aurait dû être articulée comme il sied à une relative explicative de l'être: *dans le document publié en 2000, où étaient identifiés...* — et *sic* pour cet *identifier,* qu'on a même trouvé moyen de faire figurer sur la quatrième de couverture. Quant au second emploi: *la première tendance lourde influant sur l'attraction du français,* il ne serait correct que dans des énoncés de portée générale, règles, avis, etc. Dagenais illustre cet emploi particulier par les deux exemples suivants: «*on refusera l'entrée à toute personne portant une*

---

6. G. Dagenais, *Dictionnaire des difficultés de la langue française au Canada* (2ᵉ éd.), Boucherville, Les éditions françaises, 1984, P. 381.

arme et *voici comment on peut abréger les mots commençant par une consonne*». Que dire enfin du vocabulaire, de cette «première tendance lourde», décidément très lourde. Je dirais même *heavy*, tant cela sent l'anglais.

> «Nous verrons aussi que le reste de la francophonie doit accéder à un niveau supérieur de complicité et qu'*une solidarité doit se développer avec* des États de langues autres que le français[7].»

Les francophones d'Europe et d'Afrique, qui seront certainement ravis d'apprendre qu'ils ont, par rapport à nous, qualité de «reste», ne seront sans doute pas moins enthousiastes à l'idée de pouvoir «accéder à un niveau supérieur de complicité». Encore qu'ils pourraient bien se demander comment on s'y prend — ou par où on passe! Mais qu'en est-il au fait de nous? Il n'y a pas de souci à se faire, Big Brother aménagiste nous a établi un petit programme de «complicités» tout désigné pour renforcer le sentiment d'autonomie linguistique: «la solidarité du Québec doit se manifester d'abord envers les locuteurs nord-américains du français», peut-on lire dans la phrase précédente. C'est bien! comme ça, nous pourrons cultiver nos petits anglicismes entre nous. Comme cet emploi du verbe *développer* dans la séquence «une solidarité doit se développer avec des États». Notons d'abord que la forme réflexive ajoute le barbarisme à l'anglicisme: une solidarité ne *se développe* pas, toute seule, comme un virus ou une semence se développent. Entre qui et qui cette solidarité doit-elle d'ailleurs «se développer»? On n'en dit rien. Après l'habituelle opération de décodage, on comprend qu'il est question, pour le Québec, d'*établir*, de *créer*, de toutes pièces, des liens de solidarité avec des pays avec lesquels nous n'en avons pas. Si on voulait dire qu'il faut *développer* au sens français, au sens de *renforcer*, un lien de solidarité, qui existerait déjà, alors c'est l'article défini qu'il fallait employer: *le Québec doit développer les liens de solidarité qu'il a tissés avec certains États de langues autres que le français*. Mais, nous l'avons vu, la surexposition à l'anglais a rendu le locuteur du québécois standard totalement inapte à distinguer le défini et l'indéfini.

Si on en doutait encore, ces quelques énoncés devraient suffire à nous en persuader...

---

7. *Le Français, une langue pour tout le monde. op. cit.*, p. 3, 6.

« Volonté encouragée par *une* tendance mondiale à maintenir la diversité des langues et des cultures. »

La tendance dont il est question ici n'est pas qu'une vague évolution, qu'on verrait poindre. Ce qu'on aurait appelé plus justement le *mouvement en faveur de la diversité culturelle* a à sa tête un État comme la France. C'est, il nous semble, une « tendance » suffisamment affirmée pour justifier l'article défini. Quant à la curieuse expression *tendance à maintenir*, elle résulte d'un télescopage d'idées : il peut y avoir une *volonté de maintenir*, qui donnera lieu à une *tendance à défendre*.

« La Commission n'a pas la prétention de clore un débat, qui est en quelque sorte *un élément de vie* de la société québécoise… »

Un *élément de vie*… Qu'est-ce que c'est que ça ? Un atome de carbone organique, peut-être ! En français, l'idée qu'on tente ici d'exprimer s'articule avec l'article défini : *un élément de la vie*, de *la* vie des Québécois. On aurait en outre pu nous épargner un autre de ces lamentables *éléments*, en disant que ces débats *font partie* de la vie des Québécois. Signalons au passage qu'un chapitre du rapport a été intitulé, dans le même style, *La langue de participation à la vie civique* ; où il fallait parler non pas de *langue de participation*, mais de *langue de* la *participation*.

« … crainte de la communauté québécoise d'expression anglaise d'être exclue du débat et de perdre *une* reconnaissance historique… »

On croirait que la communauté anglophone a plusieurs « reconnaissances historiques », et qu'elle craint d'en perdre une ! On aurait pu parler ici de la crainte de perdre *son statut de minorité historique*.

« Elles servent à mieux évaluer *les mesures de politique* linguistique… »

Elles, ce sont « les analyses démolinguistiques et les études de comportement linguistique des Québécoises et des Québécois » — notons le solécisme *étude de comportement* : quand *étude* désigne l'ouvrage qui résulte du travail intellectuel, on dit *étude sur* et non pas *étude de* ; si d'ailleurs la préposition *de* était appropriée, c'est *étude* du *comportement linguistique des Québécois* qu'il faudrait dire, et non pas *étude* de *comportement*… Et que servent-elles à évaluer, ces analyses et ces études ? « les mesures de politique linguistique», les *mesures de politique...* L'anglais se satisferait parfaitement de cette formulation sans article; pas le français, qui dirait: *les mesures de* la *politique linguistique, politique* étant au singulier. L'ennui est qu'il n'est question d'aucune politique particulière dans les phrases qui précèdent. Il faudrait donc plutôt parler des mesures *des* politiques linguistiques, en général. Parions qu'on voulait dire: *évaluer l'efficacité des mesures mises en œuvre dans le cadre des politiques linguistiques*, ou plus simplement *l'efficacité des politiques linguistiques.*

> «Pour être efficace, elle [une politique linguistique globale] nécessite de rompre avec *une* approche cloisonnée et *une* gestion bureaucratique[8].»

S'il est question de rupture, c'est nécessairement avec des pratiques qui ont cours. On doit donc *rompre avec l'approche cloisonnée* et la *gestion bureaucratique.*

Fin!

Et il était temps... Rivarol n'en finissait plus de se retourner dans sa tombe.

---

8. *Ibid.*, p. 2, *ibid.*, *ibid.*, 4, 6.

ANNEXE 6

L'HISTOIRE DU QUÉBÉCOIS STANDARD

(Suite de la page 210.)

Et pour ne parler que de la première page... Il aurait fallu, en fait, décortiquer l'article en entier pour pouvoir donner une idée juste des lacunes de la langue de son auteur. Dont les énoncés qui suivent ne donnent encore qu'une pâle idée.

On relève, par exemple, de graves fautes de ponctuation :

« Au lendemain de la conquête anglaise, s'est formée à nouveau une élite [,] "canadienne", principalement religieuse... »

Sans la virgule avant *canadienne*, on comprend que l'élite d'avant la Conquête était aussi canadienne, alors qu'elle était française. En outre, cette élite ne s'étant pas « formée » en Nouvelle-France, on aurait dû dire *il s'est formée une nouvelle élite*, plutôt que *il s'est formé à nouveau une élite*.

« ... il est nécessaire, croyons-nous, d'examiner les causes qui ont justifié l'intervention des deux gouvernements [,] fédéral et provincial, dans les affaires linguistiques... »

On pouvait bien sûr également écrire, sans virgules : *l'intervention des gouvernements fédéral et provincial dans les affaires linguistiques*.

« ... la description de la variété québécoise du français est essentielle pour [...] inciter [les concepteurs d'outils informatiques] à adapter leurs logiciels compte tenu [*pour tenir compte*] de l'identité culturelle *des Québécois vivant en contexte nord-américain.* »

La faute de ponctuation est doublée ici d'un emploi abusif du participe présent. La proposition relative s'imposait : *qui vivent en contexte nord-américain*; et il aurait fallu la faire précéder d'une virgule, pour en faire une explicative. La formulation du linguiste — qui correspond à une relative déterminative — donne à penser qu'il y a «des Québécois vivant en contexte nord-américain» et des Québécois ne vivant pas en contexte nord-américain...

On relève d'ailleurs un nombre étonnant de ces emplois non idiomatiques du participe présent, dont certains sont extrêmement maladroits :

> «Ainsi, à l'ancienne classe supérieure représentée par le clergé, s'associe dorénavant une nouvelle classe sociale, instruite et laïque. *Ces personnes, constituant* cette nouvelle classe moyenne, fonctionnaires...»

Où il fallait évidemment écrire : *Les personnes qui constituaient cette nouvelle classe.* On notera ici encore la curieuse ponctuation.

> «Les Québécois s'identifient grâce [*sic*] à ce modèle [radio-canadien] et *tout emploi de prononciations* familières, *en prononçant*, par exemple [...], *et en accentuant* les /a/ postérieurs très graves (popul**â**tion), des [*sic*] diphtongues fortement marquées (ta**ê**te au lieu de tête), etc., *ou en affectant* des voyelles pointues à la parisienne, est automatiquement repéré et marqué sociolinguistiquement...»

Non, vous n'avez pas la berlue. Et je n'ai pas mal transcrit...

> «*Les Québécois trouvant des phénomènes* [*sic*] de la langue parlée (sacres, jurons, anglicismes, etc.), *n'ont sans doute pas trouvé dans ces deux dictionnaires* l'outil dont ils avaient besoin pour guider leur bon usage [*sic*]...»

Là encore, on pourrait croire que j'ai mal transcrit la phrase, tant la syntaxe est déroutante. Reformulons en clair : *Parce que ces deux dictionnaires recensaient un grand nombre d'expressions de la langue familière, les Québécois ont sans doute estimé qu'ils ne pouvaient pas y trouver le bon usage.* On remarquera la répétition maladroite du verbe *trouver*, l'absence de pronom au début de l'énoncé pour renvoyer aux ouvrages dont il était question dans la phrase précédente (le *Dictionnaire du français Plus* et le *Dictionnaire québécois d'aujourd'hui*) ainsi que la faute de ponctuation (sans la virgule avant *trouvant*, la virgule qui suit la parenthèse est «orpheline»). Notons encore qu'on ne parle pas de *phénomène de langue*, mais de *fait de langue*. Quant à l'idée qu'on puisse guider le bon usage de quelqu'un — comme si chacun avait son bon usage, et comme si le bon usage demandait à être guidé —, elle est proprement absurde.

À cela s'ajoute une kyrielle de fautes diverses, dont voici seulement quelques exemples :

> «*Le français au bureau* est considéré comme un véritable succès de librairie au Québec, *toute publication confondue...*»

Il va sans dire que l'expression *tous ... confondus* doit logiquement être au pluriel, et en outre ce n'est pas de *publications* (brochures, périodiques), mais de *genres littéraires* ou *genres d'ouvrages* qu'il est question.

> «Ce modèle a pris naissance chez les gens [*sic*] de Radio-Canada et a été largement diffusé par les journalistes [*sic*] de la radio et de la télévision d'État...»

On se demande comment des lecteurs étrangers peuvent interpréter un énoncé pareil. N'importe quel esprit logique, en tout cas, conclurait de cette formulation que les «gens de Radio-Canada» ne sont pas les mêmes personnes que les «journalistes de la radio et de la télévision d'État» — à plus forte raison parce qu'il y a une différence entre *radio publique* et *radio d'État* —, en se disant que l'auteur aurait autrement recouru à un pronom dans le deuxième membre de la phrase. Notons au passage que les mots *animateur* et *présentateur* ne semblent pas faire partie du lexique du québécois standard. Il n'est pas sans intérêt de signaler qu'on trouve la même phrase dans un article signé Martel et Cajolet-Laganière, et qu'on en trouve trace dans le chapitre 4 du Rapport Larose (voir l'annexe 1).

> «En ce qui a trait au code typographique, les usages sont différents entre les conventions utilisées au Québec et celles employées en France...»

«Les usages sont différents entre les conventions» se dit en français : *les conventions sont différentes*, ou *les conventions ne sont pas les mêmes au Québec et en France*.

«Les Québécois considèrent la langue française comme l'instrument de communication qui leur permet *d'entrer* et de garder *contact avec l'extérieur*, même si l'anglais domine *au plan* international...»

La faute de syntaxe est si évidente qu'elle se passe d'explication. Signalons encore, le tour *au plan* pour *sur le plan*.

«Situé[s] au sein d'un continent où l'anglais est la langue d'usage de 98 % de la population *et qui*, de surcroît, est devenu la *langue d'échanges* internationaux, les Québécois n'avaient pas le choix et *n'auront jamais le choix de protéger* et de promouvoir le français par le moyen de lois linguistiques...»

On notera, outre la faute d'accord du participe *situé* — une coquille, peut-être —, le choix même du mot, qui est une flagrante impropriété: on ne dit évidemment pas d'une population qu'elle est située quelque part, mais qu'elle y vit. Ensuite, la construction syntaxique boiteuse: *l'anglais est la langue d'usage... et qui est devenu la langue d'échanges internationaux*. On notera encore la formulation *langue d'échanges internationaux*, pour *langue des échanges internationaux*. Et enfin, le tour *n'auront jamais le choix de protéger*, pour *n'auront jamais d'autre choix que de...* Cette formulation, rare à l'écrit, est très répandue dans la langue parlée. Le *Dictionnaire québécois-français* la recense, d'ailleurs, et signale qu'elle est calquée sur l'anglais *to have no choice but to do something*.

Notons que le tour *langue d'échanges internationaux* n'est pas le seul exemple de l'emploi non idiomatique de l'article indéfini. En voici deux autres:

«... grâce aux nouvelles *règles de commerce* international...»

Pour *règles* du *commerce international*.

«Cette série de plus de six cents monographies lexicographiques de québécismes est le fruit d'un travail philologigue important qui renseigne non seulement sur l'origine *d'un* particularisme québécois, mais aussi sur son histoire jusqu'à l'époque moderne incluse [*sic*]...»

Un travail philologique aussi «important» renseigne nécessairement sur *l'origine des particularismes québécois*, en général.

Et, au contraire, là où le tour indéfini s'imposerait, le linguiste recourt à l'article défini:

> «La prise en compte de la variation linguistique remet en cause *la notion* même *de la langue française...*[1]»

Il fallait dire *la notion* de *langue française*. Mais on voulait peut-être plutôt dire ici *la conception de la langue française...*

Il va sans dire que cet article a été relu par quelque confrère, ou consœur..., aménagiste. On ne publie pas dans un ouvrage d'une telle importance sans se faire soigneusement relire. À plus forte raison quand on fait carrière en tandem. On en conclut donc que, comme les aménagistes se tuent à nous le dire, «il y a un consensus» sur cette langue-là. Dans leur camp, en tout cas, c'est évident. Et, soyons réaliste, un français pareil ne ferait sans doute pas sourciller grand-monde dans cette «nouvelle classe dominante francophone [...] maintenant suffisamment instruite et nombreuse pour constituer une force et *jouer un "leadership"* culturel et linguistique au sein de la société québécoise[2]».

C'est bien pourquoi d'ailleurs nos deux aménagistes peuvent tranquillement «jouer un leadership» linguistique depuis des années...

---

1. P. Martel, «Le français du Québec: statut et corpus», art. cit., p.730, 732, 745, 732, 740, 739, 738, 740, 741, 744, 747, 744, 739, 746.
2. *Ibid.*, p.732.

ANNEXE 7

NOS LEXICOGRAPHES CONNAISSENT-ILS LE LEXIQUE ?

(Suite de la page 214.)

Les aménagistes ne comprennent pas le sens de la locution *propre à*: «Tous les mots en usage ici [au Québec] sont *propres au français québécois*[1].»

Proprement aberrant! *Propre à* signifie *particulier à*, qui appartient à quelqu'un d'une manière particulière ou exclusive. Ce qu'on voulait dire ici, de toute évidence, c'est simplement que tous les mots du français standard appartiennent également au français québécois.

▪ Les aménagistes emploient à mauvais escient la locution *en présence* et la préposition *envers*: «... le processus menant à l'acquisition de ces connaissances [grammaire, syntaxe, orthographe] est trop souvent *subordonné aux conceptions* idéologiques et pédagogiques *en présence*. Cette subordination se traduit par [...] le peu d'*exigence générale envers un français vraiment châtié*[2].»

La locution *en présence*, employée absolument, signifie *en opposition l'un vis à vis de l'autre* (*les parties, les thèses en présence*). Or il n'y a dans le contexte aucune idée d'opposition, bien au contraire l'idéologie et la pédagogie se conjuguent pour faire obstacle à l'apprentissage du français standard. On pouvait parler ici des conceptions idéologiques et pédagogiques qui *ont cours* ou qui *dominent*, qui *prévalent*. Quant à la tournure *avoir des exigences envers un français châtié* — et «vraiment» châtié! — elle est complètement absurde. On a beau avoir beaucoup lu les deux aménagistes, on s'étonne toujours de les voir ainsi détourner de leur sens des mots d'usage aussi courant: on peut avoir des exigences envers quelqu'un, mais pas envers

---

1. *Le Français québécois, op. cit.*, p. 81.
2. *La Qualité de la langue au Québec, op. cit.*, p. 135.

quelque chose. Il est évidemment question ici d'exigences *en ce qui a trait au français*...

◄ Les aménagistes ont quelque mal à saisir le sens de l'adjectif *francophone*: «il est important d'établir des liens entre les mots québécois et les autres *mots francophones*, car les premiers ne sont pas en concurrence avec les seconds, mais plutôt en situation [*sic*] de complémentarité...[3]»

Des expressions absurdes comme «mots francophones» et «français francophones» sont utilisées depuis quelques années en France par certains spécialistes des variétés régionales du français, par crainte sans doute d'être taxés d'«hexagonalocentrisme» s'ils parlaient de français régionaux. Ce qui, évidemment, n'excuse rien: on pourrait au moins dire *de la francophonie*! Nos deux aménagistes, qui n'en ratent jamais une, se sont empressés de reprendre ces expressions ridicules, et, pour comble, ils les utilisent à contresens. Dans l'énoncé cité, il est en effet parfaitement clair que les «mots francophones» — qui sont dans un rapport (et pas *en situation*) de complémentarité avec les québécismes — sont les mots du français standard. Dans l'article qu'il signe dans l'*Histoire de la langue française*, Pierre Martel parle d'ailleurs de «liens obligatoires à établir entre les mots d'ici et les mots francophones[4]», donnant comme exemples d'usages «francophones» *surf des neiges* et *week-end*. On notera le changement de formulation: il n'est plus question des «autres» mots francophones, ce qui revient à dire que les mots québécois ne seraient pas des mots... francophones! Le manque de rigueur de ces linguistes n'aura décidément de cesse de nous étonner.

◄ Les aménagistes ne comprennent pas le sens de *méconnu*, confondent *mettre à jour* et *mettre au jour* et ne saisissent pas les connotations de la locution *au su et au vu*: «Il y a lieu [..]

---

3. «Le français au Québec: un standard à décrire et des usages à hiérarchiser», art. cit., p. 388.
4. «Le français du Québec: statut et corpus», art. cit., p. 745. À la lumière de ces curieux emplois, on goûtera pleinement la sortie que faisait le lexicographe Claude Poirier à une émission de radio, diffusée à Québec, où il animait un jeu-questionnaire sur le français québécois: «Vous ne me croirez peut-être pas, mais la semaine dernière, dans une réunion à Paris, quelqu'un nous parlait du français, et du français francophone. Imaginez-vous! Qu'est-ce que c'est le français francophone? Alors, moi, j'ai protesté immédiatement, en disant: il faut arrêter de dire des âneries pareilles. Le "français francophone", c'est insultant pour nous. Le français francophone, ça voulait dire le français qui est parlé à l'extérieur de la France.» (*Qu'est-ce qu'on attend pour être heureux?*, première chaîne de Radio-Canada, 24 mars 2001.)

d'expliciter et de *faire connaître* [aux médias] *les critères, souvent méconnus, de la qualité du français* dans son usage au Québec. La *mise à jour de ces critères* et la réflexion qu'elle occasionnera permettront de *faire progresser cette dimension* de la communication journalistique *au vu et au su de tous*[5]. »

L'adjectif *méconnu* signifie qui n'est pas *reconnu*. Or ce qu'on veut manifestement dire ici, puisqu'on se propose de les «faire connaître», c'est que les critères du bon usage québécois ne sont pas *connus*. «Expliciter et faire connaître» ces critères, ce n'est pas les *mettre à jour*, c'est-à-dire les *mettre à date* comme on dit en québécois, mais les *mettre au jour*, c'est-à-dire les *mettre en lumière*. Quant à la locution *au su et au vu*, elle évoque l'idée d'*ostentation*, voire de *provocation*, qui ne convient pas dans le contexte.

◗ Non contents de confondre *développer* et *concevoir*, les aménagistes confondent aussi *développer* et *établir* : «Que les linguistes de ces sociétés *développent des partenariats* pour maximiser l'impact de leurs recherches et de leurs interventions.»

L'expression consacrée — en français, bien sûr — est *établir un partenariat*. Les puristes me feraient sans doute reproche de ne pas signaler également l'emploi d'*impact* au sens d'*effet*, d'*efficacité*, qui, bien que très répandu, est toujours critiqué.

◗ Les aménagistes ne distinguent pas *rendre des services* et *fournir* ou *offrir des services* : «chaque ministère et organisme a défini et adopté une politique institutionnelle de la langue française adaptée à sa mission et aux *services qu'il doit rendre à la population* du Québec».

La faute, nous l'avons vu, s'est glissée dans la cinquième édition du *Français au bureau*. Chaque édition de l'ouvrage apporte son lot de nouvelles attestations du québécois standard : on n'arrête pas le progrès !

◗ Les aménagistes ne semblent pas avoir une idée très juste de ce qu'est un régime : «le Québec s'est doté de régimes politique, social, culturel, éducatif, et autres, conformes à ses besoins et à ses aspirations[6]».

Et autres… On ne voit déjà pas ce que peuvent signifier des expressions comme *régime culturel, régime éducatif* et *régime*

5. *Le Français, une langue pour tout le monde, op. cit.*, p. 91.
6. *Ibid.*, p. 93, 90, 85.

social: on imagine ce que peut receler de farfelus «régimes» ce sibyllin *autres*!

Et on frémit en pensant au «régime linguistique» qui nous pend collectivement au bout du nez.

TABLE DES MATIÈRES

AGMV Marquis

MEMBRE DE SCABRINI MEDIA

Québec, Canada
2004